교실 밖
세계사
여행

교실밖 세계사여행

1998년 1월 20일 1판 1쇄
2009년 2월 20일 1판 17쇄
2010년 8월 31일 2판 1쇄
2021년 1월 31일 2판 4쇄

지은이 김성환

편집 정은숙·서상일 **교정** 송혜주 **디자인** 권지연
제작 박흥기 **마케팅** 이병규·양현범·이장열 **홍보** 조민희·강효원
출력 (주)블루엔 **인쇄** 코리아피앤피 **제본** 경원문화사

펴낸이 강맑실 **펴낸곳** (주)사계절출판사 **등록** 제406-2003-034호
주소 (우)10881 경기도 파주시 회동길 252
전화 031)955-8558, 8588 **전송** 마케팅부 031)955-8595 편집부 031)955-8596
홈페이지 www.sakyejul.net **전자우편** skj@sakyejul.com
블로그 skjmail.blog.me
트위터 twitter.com/sakyejul **페이스북** facebook.com/sakyejul

© 김성환 1998

ISBN 978-89-5828-507-6 03900
ISBN 978-89-5828-406-2 (세트)

이 도서의 국립중앙도서관 출판시도서목록(CIP)은 e-CIP 홈페이지(http://www.nl.go.kr/cip.php)에서
이용하실 수 있습니다. (CIP제어번호: CIP2010033116)

세계사 여행

김성환 지음

사□계절

개정판에 부쳐

책을 낸 지 어느덧 12년이 되었다. 12간지의 한 바퀴가 돌 동안 세계는 20세기에서 21세기로 '세기적인 전환'을 하는 등 많은 변화를 겪었다. 매일매일 다람쥐 쳇바퀴 돌듯 살다 보면 변화의 속도를 쉽게 느끼지 못하지만, 이렇게 잠시 멈춰 서서 12년 전을 생각하면 세상이 참 많이 변했다는 것을 실감하게 된다.

무엇보다도 가장 큰 변화는 1998년이 세계화의 초기 단계였다면 지금은 세계화가 상당히 진척되어 글자 그대로 지구촌이 되었다는 것을 피부로 느낄 수 있다는 점이다. 이제 우리는 저녁 9시 텔레비전 뉴스의 첫머리에 뉴욕과 런던의 주식 시장 관련 소식이 나와도 아무렇지도 않게 받아들일 정도가 되었다. 세계에 대한 관심이 얼마나 넓고도 깊은가는 세계 구석구석을 누비고 다니는 우리 젊은이들을 보면 알 수 있다. 히말라야 산맥의 깊은 골짜기에서부터 아프리카의 구석진 마을까지 이제 우리 젊은이들의 발길이 닿지 않는 곳은 없지 않나 싶다.

우리 젊은이들이 세계 곳곳을 누비는 만큼 서점에는 그 경험을 글로 옮긴 새로운 여행기가 매일같이 쏟아져 나오고 있다. 이렇게 왕성하고 진취적인 활동력은 분명 긍정적으로 볼 일이다. 그러나 그 여행기 중에는 인문적인 깊이가 얕음이 너무나도 분명하게 드러나는 책들이 적지 않다. 특히 그 나라가 겪어 온 역사에 대한 이해 없이 그저 수박 겉 핥는 식으로 여행하는 이들이 많다는 것은 안타까운 일이다.

그러므로 지금은 세계사에 대한 지식이 더욱 필요한 시점이라고 확신하게 된다. 우리가 세계 여러 나라 사람들과의 접촉을 늘려 갈수록 그들이 왜 우리와 다른 생각과 풍습과 문화를 갖게 되었는지 알고 싶어질 것이다. 그렇기에 변변치 않은 이 책이 12년 동안 끊이지 않고 독자들의 사랑을 받았다고 생각한다.

이번 개정판에서는 그동안 변화된 세계에 맞춰 연도와 통계 수치를 수정하였다. 특히 1998년 이후 동유럽에서 일어난 변화를 일정하게 반영하여 서술하였다. 아울러 청소년들이 읽기에 난해한 표현들을 좀 더 쉬운 글로 고쳤다. 당시에도 쉽게 쓴다고 썼지만 지금에 와서 또 고쳐 써야 한다는 것 또한 역사 발전의 한 측면이라고 생각하게 된다. 가장 큰 변화는 그동안 발굴된 많은 유물과 유적의 도판을 활용해 훨씬 더 시각적인 편집을 시도한 것이다.

하지만 전체적인 짜임새는 손대지 않았다. 2000년을 전후로 전개되고 있는 세계사적인 대변환은 아직 그 실체가 확연하게 드러나지 않은 상태라고 보기 때문이다. 이 책을 읽고 자란 청소년들이 나중에 21세기를 역사 서술의 대상으로 삼아 역사를 이어 가기를 바랄 뿐이다.

2010년 8월 20일
김성환

글을 시작하며

세계사를 공부할 때 우리는 수많은 사건들과 그 사건이 일어난 연도를 외우려고 애쓰는 경우가 많다. 그런데 과연 세계의 역사를 제대로 이해한다는 것은 무엇을 의미하며, 또 제대로 이해하기 위해서는 어떻게 해야 할 것인가? 이 점이 내가 늘 고민하는 문제였다.

내가 학교에서 그리스와 페르시아의 일대 격전이었던 페르시아 전쟁에 대해 배울 때였다. 그때 세계사 선생님은 조금 독특한 방법으로 수업을 하는 분이었다. 그분은 그리스가 승리하게 된 주요인인 보병의 중무장 밀집대형을 우리들에게 더 잘 이해시키기 위해 교단 위를 쿵쿵거리며 왔다 갔다 하셨다. 하지만 그때는 그리스 보병의 중무장 밀집대형이 왜 그렇게 중요한지 이해하지 못했고 또 이해하려고도 하지 않았다. 그런 것은 시험에 나오지 않았으니까.

내가 중무장 밀집대형의 중요성을 알게 된 것은 학교를 졸업한 뒤 공교롭게도 시위대와 마주 선 전투 경찰의 모습을 보고 나서였다. 전투 경찰이 바로 세계사 선생님이 그토록 열심히 설명했던 중무장 밀집대형을 하고 있었던 것이다. 그러나 중무장 밀집대형은 원래 국가 운영에 참여할 수 있는 평등한 권리를 부여받은 자유로운 시민들의 자발적 애국심에서 나온 단결력의 표상이었다. 암기하기에 바빠 그냥 지나쳤던 것을 그 일을 계기로 비로소 제대로 알게 되었다. 중무장 밀집대형은 그리스 사회를 이해하는 중요한 통로였던 것이다.

우리는 막연히 그리스가 민주 사회였다고만 알고 있을 뿐 조금만 깊이 들어가 보면 이처럼 어설프게 알고 있는 것들이 너무 많다.

우리가 역사를 배우는 이유에 대해 어떤 사람은 교훈을 얻기 위해서라고 하고, 또 어떤 사람은 더 나은 미래로 나아가는 방향을 알기 위해서라고 한다. 물론 모두 옳은 말이다. 그러나 우리는 현실적 목적을 앞세우기 전에 과거에 무슨 일이 일어났는가 하는 사실(史實) 자체를 명확하게 알아야만 한다.

그런데 우리가 관심을 갖는 과거의 사실들은 보는 사람에 따라 다다르다. 즉, 보는 사람의 세계관과 인생관에 따라 역사적 사건들이 다르게 해석된다는 말이다. 따라서 어떤 눈으로 역사를 보느냐 하는 것은 매우 중요한 문제이다.

지금까지 우리는 누구의 눈으로 역사를 보아 왔을까? 혹시 우리 자신의 눈보다는 서양인의 눈을 통해 본 것은 아닐까? 만약 그렇다면 우리는 어떤 눈을 가져야 할까?

내가 변변치 않은 필력으로 세계사를 쓰게 된 것은 이와 같은 의문을 풀기 위해서였다. 그래서 너무도 당연하다고 생각해 온 점들에 대해 의문을 던져 보았다. 그리고 많은 자료들을 섭렵하여 비교적 타당하고 객관적인 입장에서 답을 구성하려고 노력했다. 이런 과정을 통해 세계사에 대해 우리가 알고 있는 사실들이 얼마나 잘못되었는가를 알 수 있었다.

세계사는 결코 암기 과목이 아니다. 자기 나름의 눈을 가지고 역사적 사실들을 해석할 수 있다면 이처럼 재미있는 과목도 없다. 이 책을 통해 이런 재미를 조금이라도 느낄 수 있다면 좋겠다.

책을 내는 데 노고를 아끼지 않은 사계절출판사의 모든 직원들에게 감사드린다. 아울러 글을 읽고 내용을 꼼꼼하게 살펴 준 아내에게도 고마움을 표한다.

1998년 1월
필자

차 례

Chapter 1

고대

인류 문명의
여명

인간은 왜 두 발로 걷게 되었을까

직립보행의 진화 혁명

동물원에서 사람들의 발길을 가장 많이 끌어당기는 동물은 침팬지 같은 영장류이다. 신체 구조, 특히 얼굴 모습이 사람과 너무나도 비슷하기 때문일 것이다. 그리고 대부분의 어른들은 데리고 온 아이들에게 "우리 인간은 저런 침팬지로부터 진화했단다."라고 말해 준다. 하지만 이것은 사실과 조금 다르다. 침팬지와 인간은 현재 그 실체를 알 수 없는 공통의 조상에게서 갈라져 나온 별개의 종으로 친척 관계로 치면 사촌쯤 되는 사이이지, 인간이 침팬지로부터 직선적으로 진화한 것은 아니다.

그러나 인간과 침팬지는 같은 영장류에 속해 있어 어느 동물보다 가까운 친척 관계인 것은 사실이다. 그러면 인간과 침팬지를 구별하는 기준은 무엇일까? 두개골의 형태와 뇌의 크기 등 여러 가지가 있지만 가장 중요한 것은 직립보행이다. 인간은 지구상에 존재하는 수많은 포유동물 가운데 유일하게 직립보행을 하는 동물이다. 그리고 바로 이 직립보행 때문에 인간은 오늘날 지구 생태계의 최정상에 군림하고 있는 것이다.

그러면 인간은 왜 직립보행을 하게 된 것일까? 약 400만 년 전의 초기 인류가 오늘날과 같은 문명의 발달을 예상하고 의도적으로 직립을 결행한 것이 아님은 분명하다. 직립보행은 당시의 피치 못할 환경에 적응하기 위한 하나의 시도였을 뿐이다. 그러면 인간에게 직립보행을 강요한 피치 못할 환경이란 어떤 것일까?

현생 인류의 정확한 분류 명칭은 호모(Homo) 속 사피엔스(Sapiens) 종이다. 호모 사피엔스가 지구상에 출현한 시기는 대체로 약 160만 년 전 홍적세로 추정된다. 그러나 처음으로 직립보행을 한 종은 호모 사피엔스가 아니고, 약 1000만 년 전 마이오세 중기에 살았던 라마피테쿠스(Lamapithecus)이다. 그러나 라마피테쿠스는 여러 가지 측면에서 살펴볼 때 호모 사피엔스와 비슷한 점이 거의 없어, 호모 사피엔스의 조상으로 보기 힘들다. 호모 사피엔스의 직접 조상으로서 최초로 직립보행을 한 종은 약 350만 년 전인 플라이오세 중기에 출현한 오스트랄로피테쿠스 아파렌시스(Australopithecus aparencis)라고 할 수 있다. 결국 인류의 가장 오래된 조상은 오스트랄로피테쿠스 아파렌시스인 것이다. 하지만 직립보행이라는 진화상의 혁명을 결행했던 종은 어쨌든 라마피테쿠스이다.

라마피테쿠스가 직립보행을 하게 된 환경적 요인은 흔히 기후 변동에 따른 주변 환경의 급격한 변화로 설명되어 왔다. 마이오세 중기에 아프리카 대륙에 건조기가 닥치면서 열대우림이 급격히 줄고 키 작은 관목이 펼쳐진 평원인 사바나의 면적이 넓어졌다. 이에 따라 열대우림 속에서의 생존 경쟁은 치열해졌고, 그 결과 열대우림 속 나무 위에서 생활하던 어떤 유인원 종(현생 침팬지와 인류의 공통 조상)이 사바나로 밀려 나오게 되었다. 그런데 그들이 이렇게 사바나로 나오면서 직립보행을 시작했다는 것이다. 왜냐하면 사바나에서는 우뚝 서게 되면 상당히 먼 거리까지 볼 수 있고, 이렇게 하면 맹수의 공격을 미리 알고 피하는 데 유리하기 때문이다.

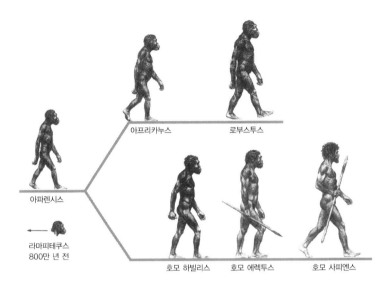

100만 년(전)　　　3　　　　　　　2　　　　　　　1

아프리카누스　　　로부스투스

아파렌시스

← 라마피테쿠스
800만 년 전

호모 하빌리스　　호모 에렉투스　　호모 사피엔스

인류의 조상 지금까지 발견된 화석들을 기초로 살을 붙여 본 인류의 모습이다. 약 350만 년 전에 살았던 인류의 조상인 오스트랄로피테쿠스 아파렌시스는 1974년 미국의 고고학자 도널드 조핸슨이 에티오피아에서 발굴하였다.

그러나 이 주장은 결정적인 약점을 가지고 있다. 두 발로 서게 되면 멀리 볼 수 있을지는 몰라도 두 발로 뛰어서 도망가는 것은 오히려 불리하다. 인간은 비슷한 크기의 어떤 포유동물보다도 달리기에서 뒤지는데, 바로 직립보행 때문이다. 오늘날 아프리카 사바나 지대에 사는 다른 동물들에서 보듯이 오로지 멀리 보고 맹수의 접근을 미리 알아차리기 위해서라면 직립보행말고도 얼마든지 다른 방향으로 진화할 수도 있었을 것이다.

더구나 직립보행은 건강에도 전혀 도움이 되지 못한다. 직립보행을 하면 허리가 상체의 무게를 떠받치느라 많은 하중을 받게 되어 신체에 무리가 간다. 척추 디스크나 치질 같은 질병이 인간에게서만 생기는 것은 바로 이 때문이다.

그렇다면 다른 설명이 필요하다. 그중에서도 가장 유력한 설명은 이런 것이다. 열대우림이 축소되자 인류의 조상은 민꼬리원숭이와 치열한 생존 경쟁을 벌일 수밖에 없었는데, 그 결과 손의 사용이 진화했다는 것이다. 한정된 먹이를 두고 두 종이 생존을 건 투쟁을 벌이는 과정에서 우리의 조상인 유인원 종은 돌멩이나 나무 막대기를 무기로 사용하기 위하여 두 손을 이용할 필요가 있었다. 이는 현재도 민꼬리원숭이가 돌이나 나무 막대를 든 상대가 나타나면 본능적으로 몸을 피하는 행태를 보이는 것으로도 알 수 있다. 이렇게 볼 때 직립보행은 두 손으로 도구를 사용한 데 따른 결과로 시작된 것이 된다. 이는 인류가 초기에 수렵 생활을 한 것과도 관련이 있어 설득력이 높아 보인다.

그러나 라마피테쿠스 이후 수백만 년 동안 인류가 도구를 발달시킨 속도는 너무나 느리다. 석기와 같은 간단한 도구를 사용하기 시작한 인류는 호모 사피엔스 직전의 호모 에렉투스이고, 본격적으로 사용한 것은 호모 사피엔스이다. 오로지 두 손으로 도구를 사용하기 위해 직립보행을 하게 된 것이 맞다면 거의 700만~800만 년 동안 자연물 이상의 아무 도구도 만들어 내지 못했다는 것은 이상한 일일 수밖에 없다.

이렇듯 만족할 만한 설명이 나오지 않자 오웬 러브조이(Owen Lovejoy)라는 동물 행태학자는 섹스가 직립보행과 밀접한 관련이 있다는 주장을 내놓았다. 사실 인간은 어떤 포유동물과도 다르게 수컷이 암컷의 뒤에서가 아니라 정면으로 마주 보며 교미하는 특이한 동물이다. 이것 또한 맹수로부터의 공격에는 치명적인 약점을 가지고 있는 행태이다. 더구나 인간은 어떤 포유동물과도 다르게 발정기가 없이 아무 때나 섹스를 한다. 이 덕분에 현대 사회에서는 섹스가 돈으로 거래되는 하나의 상품이 되고 있기도 하다.

하지만 초기 인류가 이런 방식의 섹스 행태를 진화시킨 것은 오로지 종족 보존과 깊은 관계를 맺고 있었을 것이다. 두뇌가 발달한 포유동물일수록 아기를 적게 낳고, 그 대신 양육 기간이 길다. 그런데 침팬지를 비롯해서 이러한 방식을 채택한 포유동물들은 한결같이 개체 수가 감소하는 추세를 보여 왔고, 어떤 종들은 오늘날 멸종 위기에 놓여 있기도 하다.

결국 인류는 자신을 멸종에서 구하기 위해 발정기 없이 아무 때나 교미를 하는 다산(多産) 전략을 세우지 않을 수 없었다. 그리고 이렇게 연거푸 아이를 낳아 기르기 위해서는 이동 거리가 되도록 짧아야만 했

오스트랄로피테쿠스 아파렌시스 발굴된 골격을 토대로 재구성한 상상화이다. 전체 골격의 50% 정도가 완벽하게 발굴되었으므로 사실에 가까운 모습일 것이다. 일명 루시라고 부른다.

다. 대부분의 포유동물이 빨리 이동하려고 네 발을 사용한다고 볼 때, 빠른 이동을 포기한 인류에게는 굳이 네 발을 사용할 필요도 없어지는 것이다.

이 경우 자식의 양육 기간이 긴 어미는 늘 아기를 안고 다녀야 하고 한편으로 아기를 안은 채 먹이를 집어야만 한다. 결국 네 발 중 앞의 두 발은 더 이상 이동하는 데 사용되지 않고 아기를 안거나 먹이를 집는 데 사용되는 방향으로 진화하게 된 것이다. 이러한 과정이 수백만 년 지속되면서 두 발로 걷는 직립보행이 정착하게 되었고, 그러한 상황을 전제로 좀 더 빠르게 이동하기 위해 두 발은 늘씬한 긴 다리로 진화했다.

한편 여성은 발정기가 없어지면서 남성을 유혹할 다른 방법을 찾아야만 했다. 아마도 귀걸이나 코걸이로 멋을 낸다든지, 섹스를 할 때 쾌락을 증대시키기 위한 기교를 부려 남성이 자신을 다시 찾도록 했을 것이다. 결국 한 남성이 자신에게 지속적으로 관심을 갖게 하는 사회적 약속인 '사랑'이라는 추상적 개념도 만들어 냈을 것이다.

이 설명은 직립보행이 인간에게 여러 가지로 도움 되지 않는 점이 있는데도 그러한 방향으로 진화할 수밖에 없었던 것에 대해 비교적 설득력을 지닌다.

하지만 이러한 설명들 중에 아직까지 완벽한 것으로 인정된 것은 없다. 어쩌면 인류의 직립보행은 앞에 든 모든 설명이 복합적으로 작용한 것일지도 모른다. 어쨌든 직립보행을 결행한 뒤부터 인류는 두 손을 자유롭게 놀려 도구를 만들고, 아이를 위험으로부터 보호할 수 있게 되었다. 오늘날 유아학자들이 어린아이가 유아기에 손가락을 많이 사용하는 놀이를 할수록 IQ가 높아진다고 말하다시피, 인류가 두 손으로 도구를 만들기 시작하면서 지능이 급작스레 발달하기 시작했을 것이다. 또 이동거리를 줄이고 한곳에 모여 살기 시작하면서 사회성이 진화하기 시작했을 것이다.

이렇게 진화라는 것은 다름 아닌 환경에의 적응 결과이다. 그리고 그 적응에는 수많은 우연적 요소들이 개입되어 있다. 이를테면 인류는 종족 보존을 위해 반드시 직립보행이 아닌 다른 진화 양태를 선택할 수도 있었을 것이다. 만약 그랬다면 우리 인류는 오늘날 아프리카 초원 지대를 거니는 평범한 포유동물 가운데 하나였을지도 모른다.

역사도 마찬가지라고 할 수 있다. 앞으로 살펴볼 많은 역사적 사건들은 그 시대 상황에서 인간 집단이 선택한 하나의 행동 양태이다. 그러나 그 결과는 인간 집단이 의도했던 것과는 전혀 다른 결과를 낳곤 했다. 어쩌면 이것이 역사의 속성인지도 모른다.

함무라비는 왜 '법대로' 왕이 되었을까

4000년 전의 함무라비 법전

1901년, 프랑스의 자크 드 모르강이 이끄는 탐사대는 이란 남서부 페르시아 만 연안 수사 지역의 고대 엘람 왕국 유적지를 발굴하던 중 뜻하지 않게 거대한 현무암 비석을 발견했다. 높이 2.5미터, 둘레 1.8미터의 비석에 쐐기 문자로 빼곡히 쓰인 내용은 해독 결과 기원전 1750년경 바빌로니아 왕국의 함무라비 왕 시대에 만든 282개조에 이르는 성문법 조문임이 밝혀져 고고학계에 충격을 던져 주었다.

바빌로니아의 수도 바빌론은 이곳으로부터 북서쪽으로 약 400킬로미터나 떨어져 있다. 수사는 고대 엘람 왕국의 수도였으며, 엘람 왕국은 기원전 13세기 무렵에 메소포타미아 지방을 정복한 바 있다. 아마도 이때 함무라비 법전을 약탈해 수사로 가져온 것으로 보인다. 어쨌든 바빌로니아 왕국과 비슷한 시기에 우리나라의 고조선이 고작 8개조로 된 법률을 가졌던 것과 비교하면, 함무라비 법전이 엄청나게 발달된 법체계였음을 알 수 있다.

법체계가 복잡하다는 것은 사회관계가 그만큼 고도화되었음을 반영하는 것이고, 이는 또한 그 사회의 산업 발달 수준이 상당히 높았음을 의미한다. 실제로 함무라비 법전은 많은 부분이 교역과 채권·채무 관계 등 경제 조항으로 이루어져 있다. 또 "제 아비를 때린 자식은 그 때린 손을 부러뜨린다."는 조항이 있는데, 자식이 부모를 때리는 일이 잦아 법률 조항을 둘 정도였다는 것은 뒤집어 보면 부모에 의지하지 않고도 삶을 영위할 수 있는 사회적 영역이 그만큼 넓었다는 뜻이다.

그렇다면 이렇게 사회관계가 복잡해진 근본적인 동력은 어디에서 나온 것일까? 먼저 한 지역에 사람이 많이 모여 살게 된 것을 들 수 있다. 사람들이 모여 살게 되면 여러 가지 갈등이 생기기 마련이고, 이를 해결하기 위한 장치로서 법이 반드시 필요해진다.

그런데 한정된 지역에 많은 사람이 모여 살기 위해서는 우선적으로 먹고사는 문제가 해결되어야 한다. 이것을 가능케 한 것은 바로 농업의 발명이었다.

오늘날 우리는 농업이 더 이상 산업의 주요 부문이 아닌 세상에 살고 있지만 인류 역사 전체를 놓고 볼 때 농업의 발명보다 더 획기적인 발명은 없다고 해도 결코 지나친 말이 아니다. 어떤 학자는 지구의 자연조건 자체가 부양할 수 있는 인구는 3억 명에 불과하다고 한다. 그러나

함무라비 법전 비석의 윗부분에는 함무라비 왕이 태양신 샤마시로부터 계시를 받는 모습이 부조되어 있고, 그 밑으로 '눈에는 눈' 식의 가혹한 형벌 조항이 든 법률이 새겨져 있다.

현재 지구에는 60억 명이 넘는 인구가 살고 있다. 바로 농업의 발명 덕택이다.

인류는 직립보행을 한 이래 수천 년 동안 이곳저곳을 떠돌아다니며 열매를 주워 먹거나 가끔 동물을 사냥하여 단백질을 보충하며 살았다. 그러다 기원전 6000년에서 기원전 5000년으로 추정되는 어느 시기에 곡물의 씨앗을 뿌려 싹을 틔우고 정성스레 가꾸어 다량의 수확물을 거둬들이는 농업을 발명한 것이다. 이러한 농업 덕분에 더 이상 떠돌아다닐 필요가 없어졌고, 높은 생산성으로 말미암아 한 장소에 많은 사람들이 모여 살 수 있게 된 것이다.

그러나 이러한 농업의 혜택을 누리기 위해서는 조건이 필요했다. 기후와 토양이 곡물 재배에 적합해야만 하고 무엇보다도 물을 언제나 조달할 수 있어야 했다. 인류 초기의 거대 문명이 모두 온대 지방이나 아열대 지방의 강가에서 꽃핀 것은 이러한 조건 때문이었다.

고대 바빌로니아 왕국이 자리 잡고 있던 메소포타미아 지방도 이러한 자연조건에 적합한 지역이었다. 이곳은 현재 이라크의 영토로 온통 유전 지대뿐이지만, 당시에는 북부에서 발원한 티그리스 강과 유프라테스 강이 나란히 흐르다 페르시아 만으로 흘러들면서 둘 사이에 비옥한 삼각형의 충적 평야를 펼쳐 준 천혜의 땅이

흑해
카스피 해
터키
지중해
레바논
이스라엘
이란
비옥한 초승달 지대
이집트
이라크
바빌론
수사
사우디아라비아
쿠웨이트
페르시아 만
(아라비아 만)
유프라테스 강
티그리스 강

비옥한 초승달 지대 메소포타미아 평원의 티그리스 강과 유프라테스 강 유역에 비옥한 충적 평야가 펼쳐져 있었다.

었다.

그러나 농업에는 자연조건뿐만 아니라 파종과 수확 시기에 한꺼번에 막대한 인력을 투입해야 하는 인적 조건이 필요했다. 사람들을 동원하여 일을 시키고 감독할 '능력 있는 자'가 필요해진 것이다. 이렇게 사람들을 관리하는 집단이 바로 정치권력이다. 즉, 농업의 발명과 함께 정치권력도 발생된 것이다. 바빌로니아의 권력자들은 오늘날 우리가 사용하는 1시간 60분, 1일 24시간, 1주 7일, 1년 12개월의 60진법에 따른 시간 배열을 창안해 냈는데, 이것도 순전히 사람들의 노동을 효율적으로 관리하기 위한 것이었다.

한편, 아무리 천혜의 땅이라고 하더라도 가끔씩 닥치는 가뭄과 홍수 등 자연재해를 피할 수는 없었다. 자연에 대한 두려움과 경외감은 필연적으로 종교를 탄생시켰고, 사람들이 농업에 전적으로 의존하는 한 종교의식을 주관하는 제사장의 권한은 절대적이었다. 정치권력과 함께 종교권력도 출현한 것이다.

이들 세속적 정치권력과 제사장 계급은 모두 농업을 매개로 존립하는 한, 둘이 아니라 하나일 수밖에 없었다. 인류 역사의 보편적 현상으로서 농업이 있는 곳에서는 예외 없이 제정일치(祭政一致)의 정치권력 구조, 즉 전제 왕국이 형성되는 것이다. 바빌로니아 왕국은 이러한 점에서 가장 고도로 발달한 고대 전제 왕국이었다.

이렇게 해서 형성된 정치권력은 생산물의 분배도 관장했는데, 농업의 생산성이 워낙 높아 다량의 잉여 생산물이 발생했고 이 잉여 생산물의 분배 과정에서 어쩔 수 없이 빈부의 격차가 생겨났다. 그리고 이러한 빈부 격차를 영속적으로 보장하기 위해 '제사장-귀족-평민-노예'로 계층화된 계급 구조를 만들어 냈다.

그런데 빈부 격차와 계급 차별에 대해 하층민들이 분노하고 가진 자들에 대해 저항하는 것은 필연적이었다. 지배 계급이 이를 해결하는 방법은 두 가지밖에 없었다. 하나는 이데올로기를 통해 피지배 계급이 계급 질서에 순응하도록 세뇌하는 것이고, 또 하나는 법률 제도를 통해 복종을 강제하고 이를 어겼을 때 형벌로 응징하는 것이다.

바로 바빌로니아 왕국이 이러한 발전 단계에 도달해 있었다는 것을 함무라비 법전에서 찾아볼 수 있다. 함무라비 법전이 새겨진 비석의 머리 부분에는 함무라비 왕이 태양신으로부터 법전을 받는 모습이 새겨져 있는데, 이것은 지배자인 자신을 신과 동일시하려는 것이다. 바꾸어 말하면, 자신의 지배는 곧 신의 지배라는 것을 과시함으로써 피지배층의 저항을 이데올로기적으로 봉쇄하려는 것이다. 그리고 그 아래에 새겨진 법조문들은 기존 계급 질서를 어겼을 때 가해질 끔찍한 응징의 조항들이다.

함무라비 법전에는 특히 절도와 상해에 관한 죄목이 세밀하게 열거되어 있고 그에 대한 처벌은 상당히 가혹한 것으로 유명하다. 이를테면 '다른 사람의 눈을 상하게 한 자는 자신의 눈을 상하게 한다.'거나 '다른 사람의 딸을 때려 유산케 하면 자기 딸을 사형시킨다.'는 조항이 있다. 이처럼 철저한 보복주의는 다름 아니라 계급 질서를 유지하기 위한 강력한 의지의 표현이다.

절도나 상해는 아주 개인적인 사정에서 비롯된 것일 수도 있지만 그것이 법조문에 포함되고 엄격한 중형으로 다스려져야 했다면, 그러한 범죄가 하나의 사회 현상으로 일반화되어 있었음을 나타내는 것이다. 그것은 그만큼 지배 계급에 대한 피지배 계급의 도전이 거셌음을 반영하는 것임이 틀림없다. 평등한 사회라면 남의 재산을 훔치고 남의 눈을 찌르거나 남의 딸을 폭행하는 일이 다반사로 일어날 까닭이 있겠는가.

지구라트 함무라비 시대에 바빌로니아 곳곳에 세워졌던 성탑인 지구라트와 그 복원도이다. 맨 위는 사원인데, 이곳에서 왕이 종교 의식을 거행했다. 지구라트를 중심으로 거대한 도시가 형성되어 있었다.

따라서 지금으로부터 거의 4000년 전인 아득한 고대에 메소포타미아 지역에 고도화된 문명이 성립되어 있었다는 것에 단순히 놀라기만 하고 만다면, 마치 우리가 이집트의 거대한 피라미드를 보고 그 웅장함에 감탄만 하고 그것을 만들기 위해 동원된 수많은 사람들의 노동을 생각하지 않는 것과 똑같이 천박한 역사 인식을 드러내는 것이다. 우리가 흔히 '법 없이도 살 사람'을 가장 좋은 사람으로 여기듯이 법률 조항이 많아졌다는 것은 그만큼 사회적 문제도 많아졌고, 그에 대한 통제의 필요성이 커졌음을 뜻하는 것이다.

오늘날 우리 사회에서도 새로운 법률을 자꾸 만들어 낼수록 그것은 사회의 불평등이 그만큼 심화되어 간다는 징표일 수 있다. 반면, 기존 법률이 하나하나 폐지된다면 그만큼 사회가 평등을 향해 한 걸음 전진했음을 반영하는 것일 수 있다.

처음에는 남자도 치마를 입었다

기마 민족의 발명품, 바지

오늘날 옷 중에서 바지는 남녀가 모두 입기 때문에 어느 한 성(性)의 전유물이라고 생각하지는 않는다. 그러나 만약 남자가 치마를 입고 다닌다면 당장 커다란 뉴스거리가 될 것이 틀림없다. 치마는 여성의 전유물이라는 고정관념이 그만큼 강한 것이다.

그러나 인류 최초의 일반적인 옷 형태는 치마였다. 바지는 치마보다 훨씬 뒤에 특정한 생활양식, 즉 유목 생활에 맞추어 발명된 것이다. 최초로 바지를 만들어 입은 민족은 기원전 8세기 무렵 유라시아 대륙에 강력한 기마 민족 국가를 건설한 스키타이인이었다.

인류가 옷을 만들어 입게 된 이유는 적도 부근에서 고위도 지방으로 이동하면서 추위로부터 체온을 유지하고 몸을 보호하기 위해서였을 것이다. 이것은 오늘날 아프리카나 호주와 같은 열대 지방에 살고 있는 원주민들이 옷이라고 할 만한 것을 걸치고 있지 않은 것을 보면 알 수 있다.

추운 지방으로 이동한 인류가 손쉽게 고안해 낸 옷의 재료는 아마도 동물의 가죽이었을 것이다. 질겨서 자르기 힘든 짐승 가죽으로 옷을 만든다고 할 때 어떤 모양이 될까? 가위질을 많이 하고 복잡하게 꿰매야 하

로마 시대의 옷 남자들이 한결같이 치마를 입고 있다. 트라야누스 기념주 부조의 한 부분.

는 바지보다는 대충 몸에 걸치고 끈으로 허리를 졸라매면 되는 원피스 비슷한 옷이 되었을 것이라고 쉽게 예상할 수 있다. 그리고 시간이 지나면서 아마와 같은 식물에서 섬유를 채취해 옷감을 만드는 데 성공했지만, 이러한 치마 형태의 옷은 그리스 시대와 로마 시대를 거쳐 중세 후반에 이르기까지 변하지 않았다.

실제로 유럽에서는 18세기 중반까지만 해도 남녀 모두 치마를 입는 것이 일반적이었다. 〈쿠오바디스〉나 〈벤허〉와 같이 로마 시대를 배경으로 한 영화들을 보면 군인들까지도 남자들은 한결같이 치마나 온몸을 천으로 두른 것 같은 옷을 입고 있는 것을 볼 수 있다. 르네상스 시대에 들어와서 남자들이 바지 비슷한 것을 입기는 했지만 오늘날과 같은 것은 아니었다. 요즘의 핫팬츠 비슷한 짧은 옷에다 다리에 착 달라붙는 스타

르네상스 시대의 옷 피부에 착 달라붙는 호즈에 짧은 치마나 긴 치마 형태의 겉옷을 걸치고 있다.

킹 같은 호즈(hose)를 신고 한껏 각선미를 뽐내며 다녔다. 유럽에서 남자들이 발목까지 내려오는 헐렁한 긴 바지를 입은 것은 산업혁명 이후였다.

그러나 기마 유목 민족인 스키타이인들은 현실적으로 이러한 치마 형태의 옷을 변형시켜야만 했다. 간단하게 말해서, 치마를 입고 말을 탄다고 상상해 보자. 치마가 펄럭거려서 말에 올라타기도 힘들거니와 말을 타고 달릴 때에도 허벅지와 사타구니의 맨살이 말가죽이나 안장과 마찰을 일으켜 꽤 고통스러울 것이다. 또 달리면서도 치마가 바람에 펄럭여 여간 성가시지 않을 것이다. 어쩌다 가끔 말을 타는 것도 아닐뿐더러, 사회의 특정 구성원만 타는 것도 아니고 사회 구성원 모두가 늘 말을 타고 이동해야 하는 기마 유목 민족에게 치마는 전혀 도움이 안 되는 옷이었다. 이런 이유로 만드는 과정이 상당히 복잡한데도 바지를 만들어 입지 않을 수 없었다.

기원전 1000년 이전에 현재의 이란 부근 북부 지역에서 형성된 스키타이인들은 기원전 7~8세기 러시아 남부 우크라이나 지방으로 이주하면서 강대한 국가를 건설했다. 그리고 이들 중 일부가 우랄 산맥을 넘어 시베리아를 거쳐 중국 북부 지역까지 진출해 흉노족과 선비족의 원류가 되었다. 여러 유물이나 유적지 조사에 따르면, 우리 민족의 선조인 부여족이나 고구려족도 이들에게서 갈라져 나온 부족이거나 이들로부터 강력한 문화적 영향을 받은 것이 확실하다.

우리 민족이 일찍부터 바지를 입은 것도 이러한 배경에서이다. 쌍영총이나 무용총 같은 고구려의 고분 벽화를 보면 남녀를 가리지 않고 바지를 입은 사람이 많이 등장한다. 이것은 우리 민족의 원류가 스키타이인들의 후손이거나, 아니면 적어도 그들의 기마 문화로부터 상당한 영향을 받았기 때문이다.

이러한 기마 유목민의 출현 배경에 대해서는 크게 두 가지 학설이 제기되고 있다. 하나는 인류가 채집과 수렵의 시대를 지나 한 갈래는 정착 농경으로, 또 한 갈래는 유목으로 진화했다는 것이다. 다른 하나는 인류는 대개 예외 없이 정착 농경으로 진화했으며 그중에서 일부가 분업화하여 목축을 전업으로 담당하면서 유목민이 갈라져 나갔다는 주장이다. 전자에 근거할 경우 유목민의 특성은 정착 농경민에 대한 약탈과 정복으로 표출되는

바지를 입은 스키타이인 기마 유목민인 이들은 당시 풍요로운 농경 지대인 오리엔트를 자주 침범했다. 스키타이인들의 전투 장면을 조각한 빗장 식이다.

데 스키타이인들이 바로 그 시조에 해당한다고 할 수 있다. 반면, 후자에 근거할 경우 유목민들은 서로 떨어져 있는 정착 농경민들 사이의 교역에 종사하면서 농경을 보완해 주는 역할을 하게 된다. 아프리카와 오리엔트 지방(지중해 동쪽의 여러 나라를 말하며, 주로 고대 이집트·메소포타미아 일대를 가리킨다.)의 유목민들이 이에 해당한다. 그러나 대체로 기마 유목민들은 정착 농경민들에 대한 침략과 약탈을 주요 생활 기반으로 삼았다고 볼 수 있다.

스키타이인들은 당시 풍요로운 농경 지대인 오리엔트 지방을 자주 침범했는데, 그리스의 역사가 헤로도투스는 『역사』에서 이에 대해 상세히 묘사하고 있다. 스키타이인들은 기원전 5세기 무렵 남진하기 시작해서 메소포타미아를 거쳐 이집트까지 쳐들어갔다.

헤로도투스는 그 무렵의 재미있는 이야기를 한 가지 전한다. 스키타이인들은 농경민들을 정복해서 노예로 삼고 이들이 도망가지 못하도록 모두 장님을 만들었다고 한다. 그런데 이집트를 수년간 공략하다 고향으로 돌아가 보니 노예들이 자기 아내들과 정을 통해 실권을 장악하고 있었다. 분노한 스키타이인들은 이들을 격퇴하기 위해 중무장을 하고 몇 개월이나 공격을 했으나 좀처럼 평정되지 않았다. 그러던 중 무리의 일부가 "장님인 저들이 우리가 주인인 줄 모르고 대항하고 있는 것 같다. 무기를 거두고 채찍을 휘두르며 '주인이 왔다.'고 소리치면서 쳐들어가 보자."고 했다. 그렇게 하니 과연 노예들이 순순히 복종했다는 것이다. 이 이야기를 통해서도 우리는 기마 유목 민족인 스키타이인들이 늘 이동해 다녔으며, 피정복민들을 가혹하게 다스렸음을 알 수 있다.

스키타이인들이 이렇게 농경민족에 대한 침략과 약탈을 일삼을 수 있었던 것은 말을 이용해 빨리 이동한 때문이기도 하지만 무기의 우수성도 한몫을 했다. 그들은 일찍부터 철기 문화를 도입해 질적으로 우수한 무기를 갖추었다. 역사상 철기 문화가 도입된 시기는 대략 기원전 15세기 무렵 오리엔트의 히타이트 제국으로 보지만, 이후 철기 문화는 농경민족에게보다는 기마 유목 민족에게 더욱 유용하게 활용된 것이다. 기원전 3세기 무렵 우리나라에 도입된 철기 문화도 그 원류는 스키타이 계통이다.

스키타이인들은 정착 농경민들의 청동기 문화보다 훨씬 진보한 철제 무기를 가지고 강력한 제국을 형성할 수 있었지만, 농경민들이 철기 문화를 받아들인 후에는 스키타이인들의 우월성이 그리 오래갈 수 없었다. 우선 그들은 늘 이동하며 유목 생활을 해야 하는 까닭에 강력한 중앙집권적 정치권력을 수립할 수 없었다. 또 경제적으로도 유목은 농업이라는 안정된 생산력과의 경쟁에서 이길 수 없었다. 스키타이인들이 강력한 군사력으로 농경 지역을 정복하고 강대한 제국을 건설했지만 결국 정복지의 농경문화에 동화되어 버리고 만 것은 이 때문이다.

한 예로, 스키타이인들의 후예인 몽골족은 정착 농경민족들을 무자비하게 정복하여 12세기 무렵에 세계 역사상 가장 커다란 제국을 건설한 바 있지만 바로 이런 이유로 곧이어 소멸해 버렸다. 오늘날에도 아랍과 아프리카 일부에 흩어져 있는 기마 유목민들은 세계 주류 문화의 변방에서 근근이 명맥을 유지하고 있을 뿐이다.

기마 유목민들은 현실 세계에서 사라져 가고 있지만 그들의 발명품인 바지 문화만은 산업혁명기를 거치면서 남녀 의복의 대종으로 자리를 잡았다. 아마도 산업혁명 당시의 먼지 많고 불결한 공장 환경에서는 바지가 제격이었기 때문일 것이다. 그러나 오늘날 우리는 공장 위주의 산업에서 먼지 없는 정보 산업 시대로 접어들고 있다. 그렇다면 남성복 패션에 다시금 치마가 등장할 수도 있지 않을까?

『논어』에서 공자가 말하고자 한 것은

공자의 현실 정치가적 됨됨이

각급 학교의 교양 도서 목록에 빠지지 않고 올라 있고, 학교 문턱에라도 가 본 사람이라면 그 내용 한 구절쯤 모르는 사람이 없지만 반면에 끝까지 읽어 본 사람은 드문 책이 있다. 바로 『논어』(論語)이다. 공자가 살아생전에 제자들과 주고받은 대화를 그가 죽은 뒤 뒷사람들이 엮어 펴낸 『논어』는 중국 문화의 영향권 아래에 있는 동양에서는 시대를 초월한 진리를 담고 있는 고전 중의 고전이다.

더욱이 최근 서양의 학자들은, 우리나라를 비롯해 타이완, 싱가포르 같은 동아시아 신흥 공업국들의 눈부신 경제성장을 가능케 한 중요한 요인으로 이들 나라가 공통적으로 가지고 있는 유교적 문화 전통을 꼽기도 한다. 공자와 비슷한 시기에 활동했고 공자와 마찬가지로 직접 저술은 하지 않았지만 제자들이 기록한 어록으로 유명해진 소크라테스가 서양 문명의 원류를 형성한 사람 중 하나로 존경받고 있는 것과 비슷한 경우이다.

『논어』가 이렇게 중요한 저작으로 꼽히는 이유는 물론 『맹자』, 『대학』, 『중용』과 함께 유교의 경선인 4서(四書)를 이루고 있기 때문이지만,

무엇보다도 다른 경전에 비해 『논어』는 시대를 초월해 읽힐 수 있는 대목이 많다는 강점이 있기 때문일 것이다.

예를 들어 『논어』를 펼치면 나오는 첫 구절인 "학이시습지 불역열호"(學而時習之 不亦說乎)를 보자. 이것을 해석하면 '배우고 때로 이를 실천하면 그 또한 깨닫게 되지 않겠는가.'라는 뜻이다. 어떤 해석서에는 이 문장을 '배우고 때로 익히면 그 또한 즐겁지 아니한가.'라고 풀어 놓았지만, '습'(習)은 사전적인 뜻이 '익히다'이기는 하나 이 문장에서 '배울 학'(學)과 대비되어 쓰인 점을 생각한다면 '(배운 것을) 실천하다'라고 해석하는 것이 자연스럽다. 또 '열'(說)에는 '말하다'와 '기쁘다'의 두 가지 뜻이 있어서 뒤의 것으로 해석하는 경우가 많다. 하지만 이렇게 두 가지 뜻을 갖게 된 이유가 '말을 통해 깨닫게 되니 기쁘다.'는 데 있다는 주장이 있다. 이렇게 본다면 '깨닫다'로 해석해도 무리가 없을 것이다.

어떻게 해석하든 이 구절은 오늘날의 관점에서도 학문에 대한 열정을 표현한 것으로 받아들일 수 있다. 『논어』가 갖는 매력은 이렇듯 시대를 초월한 진리를 담고 있다는 것이다.

그러나 이 구절을 다시 한 번 잘 살펴보자. 학문을 연구하고, 그것을 실생활에 적용해 보고, 그래서 진리를 깨닫게 된다는 것은 솔직히 누구나 할 수 있는 말로 그다지 심오한 내용을 담고 있지 않다. 이를테면 「안연 편」(顔淵篇)에서 계강자(季康子)가 "정치란 무엇입니까?" 하고 묻자, 공자가 "정치란 바르게 하는 것이다."(政者 正也)라고 대답한 구절도 마찬가지이다. '무엇'을 연구해서 '어떤' 이치를 깨달으라는 것인지, 정치가 '무엇'을 '어떻게' 바르게 해야 하는 것인지 구체적으로 명시하지 않는 한 이런 말들은 공허한 것이다.

그러나 공자가 실제로 이렇게 공허한 말을 한 것은 아니다. 그는 자신이 말하고자 하는 구체적인 대상을 가지고 있었다. 왜냐하면 공자는 속세를 떠나 관념의 세계를 추구한 사람이 전혀 아니었고, 오히려 현실 정치의 개혁에 커다란 관심을 가지고 있었으며 자신의 개혁안을 손수 실천해 보려고 갖은 노력을 한 현실 정치인이었기 때문이다. 『논어』가 조금 공허하고 다의적(多義的)으로 해석될 여지가 있는 것은, 공자 자신이 직접 저술한 것이 아니라 2대쯤 되는 제자들이 공자의 사후에 구전되어 오거나 여기저기에 기록되어 있던 어록을 한 군데로 모아서 편찬한 저술이기 때문이다.

따라서 공자가 살았던 시대와 그의 삶의 궤적을 추적해 보면 『논어』에 나오는 구절들이 지칭하고 있는 구체적인 대상을 거의 다 확인해 볼 수 있다.

공자는 춘추 시대 말기인 기원전 551년 지금의 산둥 성 취푸 지방에 있던 노(魯)나라에서 태어났다. 그가 태어난 날로 알려진 9월 28일은 현재 타이완에서 스승의 날로 지정되어 있다. 춘추 시대는 강력한 주(周)나라가 쇠퇴하면서 각지의 이른바 봉건 제후들이 저마다 독립하고 나서서 한때 200여 국(國)이 난립한 극도로 혼란스러운 시대였다. 그런데 이들 나라는 대부분 이전 시대인 주나라 때는 주 왕실의 지배 아래 있었다. 주나라는 전성기에 약 70개에 이르는 국을 거느렸는데, 이들을

공자 공자는 주나라를 이상으로 삼아 정치를 개혁하려고 노력했다.

효과적으로 통치하는 방식이 바로 봉건제였다.

주는 황하 중류 지방의 농경지를 터전으로 세워진 부족 연합체인 은(殷)을 멸망시키고, 은이 장악하고 있던 영역을 훨씬 넘어 강대한 왕국을 건설했다. 그런데 청동기 시대에서 철기 시대로 넘어가던 당시의 상황에서 주가 이 넓은 영토를 일원적으로 통치하는 것은 역부족이었다. 사실 은이 멸망한 것도 이 때문이었다.

따라서 주는 이미 부족의 기반을 가지고 자급자족적 공동체를 이루고 있는 각 지역, 즉 국의 실력자에게 기득권을 그대로 인정해 주는 대신 중앙 왕실에 공납과 군사 조달의 의무를 지게 하는 방식의 국가 통치 체계를 고안해 낸 것이다. 주 왕실과 각국 제후 사이의 이러한 분봉(分封) 절차와 양측이 지켜야 할 도리를 기록한 책이 바로 『주례』(周禮)이다. 이러한 통치 체제는 넓은 지역을 주 왕실에 안정되게 묶어 두는 데 아주 효율적이었다. 우리나라 조선 시대에 국왕이나 사대부들이 난국에 빠질 때마다 그 해법으로 반드시 참고한 책도 바로 『주례』였다.

그러나 이러한 봉건제는 중앙 왕실이 강력한 통치력을 가지고 있어야 한다는 전제 조건이 충족되어야만 유지될 수 있다. 그런데 기원전 800년 무렵부터 주 왕실 내부에서 왕위 계승 문제를 두고 내분이 일어난 데다 때마침 북쪽에서 기마 민족인 흉노족이 침입해 옴에 따라 주 왕실은 매우 쇠약해졌다. 왕실의 쇠약에 반비례해서 각국 제후들이 중앙으로부터 이탈해 독립하려는 원심력은 강해졌고, 기원전 771년에 흉노족에게 수도인 호경을 함락당하고 쫓겨나면서 마침내 춘추 전국 시대가 도래한다. 공자가 태어난 노나라 역시 이렇게 주로부터 이탈한 국이었다.

수많은 국들이 생겨나면서 서로 먹고 먹히는 정복 전쟁이 끊이지 않는 극도의 혼란이 발생했다. 패권을 차지하기 위해 서로 제휴하거나 연합하는 일을 가리키는 합종연횡(合縱連橫)이라는 말도 이때 생겨났다. 그런데 어느 시대나 위대한 사상은 난국 속에서 생겨나는 법이다. 각국의 유력자들이 자기 나름대로 난국에 대한 해법을 들고 나와 서로 토론하는 이른바 제자백가(諸子百家)의 백가쟁명(百家爭鳴)이 일어난 것이다.

본격적인 제자백가의 쟁명은 공자 사후 전국 시대에 본격화되지만, 공자 당시에 이미 사회적으로 영향력이 있던 주요 학파는 법가와 묵가, 그리고 도가였다.

법가는 사회 혼란의 원인이 인간의 이기심에 있다고 보았기 때문에 국가의 강력한 통제와 권위에 대한 절대복종만이 혼란에 대한 수습책이라고 여겼다. 하지만 공자는 법보다는 덕(德)에 의한 통치가 바람직하다고 생각했다. 실제로 공자는 『논어』의 곳곳에서 법가적 사고방식을 비판하고 있다. 그러나 법가는 훗날 전국 시대 말기 중국에서 최초로 통일제국이 된 진(秦)나라의 국가 사상이 될 정도로 사회적 호응을 얻었다.

이에 반해 묵가는 겸애, 즉 박애주의를 주장했다. 백성들과 통치자들이 이 세상 모든 사람들을 차별 없이 사랑한다면 모든 문제는 해결된다는 것이다. 그러나 이러한 이상주의는 매력적이기는 하지만 바로 그렇기 때문에 현실 속에서 세력을 넓힐 수는 없었다. 공자가 생각하기에도 이들이 주장하는 차별 없는 보편적 사랑은 그가 가장 중요시하는 의례와 절차를 무시하는 것이었다.

한편, 도가는 혼란스러운 일체의 현실로부터 떠나 자연으로 돌아갈 것을 주장했다. 현실 정치로부터 아예 눈을 돌려 버린 것이다.

이러한 사상 풍조 속에서 공자는 "예로 돌아갈 것"(復禮)을 주장했다. 여기서 '예'라는 것은 구체적으로 '주나라의 예'를 말한다. 당시와 같은 혼란과 무질서 이전의 상태, 즉 왕실과 봉건 제후와 백성이 조화로운 질서 속에서 평화롭게 살아가던 주나라의 상태로 돌아가자는 것이다. 따라서 공자는 복고주의자 또는 보수주의자라고 할 수 있다. 또 주의 봉건제는 가정 안에서 부모와 자식 간의 위계질서를 국가 사회로 확장한 것이었기 때문에 주례를 연구하던 공자가 가족 질서의 중요성을 깨닫고 삼강오륜을 강조한 것도 당연한 귀결이었다.

다만 공자는 예절과 질서만을 주장한 것은 아니고 그러한 질서를 유지시켜 주는 기본 바탕이 되는 것으로서 '인'(仁)을 제시했다. 인간의 마음, 곧 심성이 인자해야 하며 이것은 끊임없는 수양으로 얻을 수 있다는 것이다.

이렇게 볼 때 공자가 "배우고 실천하라."고 한 대상은 주례이며, "깨닫게 된다."는 것도 주례가 현실적 대안임을 알게 된다는 뜻이다. "정치는 바르게 하는 것"이란 말도 왜곡된 주례를 바로잡으라는 것이다.

그러나 공자는 살아생전에 자신의 꿈을 실현시키지 못했다. 자신이 태어난 노나라에서는 창고 관리직에서 시작해 최고 재판관의 직위에까지 올랐으나 주위 관료들의 시기와 모함을 받아 자리에서 물러나야 했다. 그 뒤 각국을 떠돌며 자신의 포부를 펼칠 기회를 잡으려 했으나 그를 등용해 주는 제후는 없었다. 그가 "사람들이 알아주지 않아도 노여워하지 않으면 그 또한 군자가 아니겠는가."(人不知而不慍 不亦君子乎)라고 한 것은 아마도 자신의 처지를 스스로 위안한 말일지도 모른다.

공자의 보수적 철학이자 정치관인 유학이 세상에서 빛을 발하게 된 것은 그가 죽은 훨씬 뒤 명실상부한 중앙집권적 전제 군주국이 된 한(漢)나라에 이르러서였다. 광활한 중원 대륙을 강력한 군주제 아래에서 효과적으로 통치하기 위해서는 그만큼 강력한 이데올로기가 필요했는데, 유학이 바로 그러한 필요에 정확하게 부응하는 것이었다.

아테네 민주주의의 허와 실

상업과 노예를 기반으로 한 극단적 민주주의

오늘날 우리가 누리고 있는 민주주의 체제는 기원전 5세기 중엽 그리스의 아테네에서 그 원형이 이루어졌다. 구체적인 시기는 아테네 민주주의가 전성기를 누린 기원전 461년부터 기원전 430년, 곧 페리클레스가 집권한 시대이다.

시오노 나나미는 『로마인 이야기』에서 당시의 민주주의 발전이 어느 수준이었는가를 보여 주는 이른바 도편 추방제와 관련된 재미있는 이야기를 전하고 있다. 도편 추방제란 시민들에게 마음에 들지 않는 집권자나 정부 관료의 이름을 아테네의 특산물인 도자기 조각에 적어 내도록 하여 과반수가 넘으면 아테네에서 10년 동안 추방하는 제도다.

어느날 도편 추방 투표장에서 아테네 정계의 거물인 아리스티데스는 어떤 시민으로부터 부탁을 받았다. "미안하지만 글을 쓸 줄 몰라서 그러는데 이 도자기 조각에 아리스티데스라고 좀 써 주시겠습니까?" 물론 그가 당사자인 줄 모르고 한 부탁이었다. 아리스티데스는 그 사람에게 "그가 무슨 나쁜 짓을 했습니까?" 하고 물었더니, 그는 "사람들이 하도 아리스티데스가 위대한 인물이라느니 정의의 사도라느니 해서 진절머리

도편 참주가 될 것으로 보이는 사람의 이름을 써서 투표하던 도자기 조각이다.

가 나서 그럽니다."라고 대답했다. 아리스티데스는 아무 말 없이 도편에 자기 이름을 써 주었고, 결국 아테네에서 추방당했다.

아테네에서는 실제로 이런 식의 도편 추방 제도로 권좌에서 물러나는 지도자들이 흔했다. 오늘날의 국민 소환 제도나 탄핵 제도가 도편 추방제에 뿌리를 두고 있으나 아테네 당시만큼 자유롭게 행사되지는 못하고 있다. 특히 우리나라에서는 1948년 건국 이후 부정에 연루되지 않은 대통령이 단 한 명도 없지만 재직 중에 합법적으로 소환되거나 탄핵을 당한 대통령은 전혀 없다.

하지만 위의 이야기는 민주주의의 성숙도를 보여 준다기보다는 그 도를 지나쳐 중우 정치로 타락한 것이 아닌가 하는 낌새를 보이기까지 한다. 실제로 아테네는 스파르타와 치른 펠로폰네소스 전쟁을 계기로 국력이 쇠퇴하면서 중우 정치가 현실로 나타났고 결국 역사의 전면에서 사라지게 된다. 당시를 살았던 철학자 플라톤이 『국가론』에서 국가의 지도자는 완벽한 인격을 갖춘 철학자가 담당해야 한다고 주장한 것은 이러한 중우 정치의 폐해를 직접 경험했기 때문일 것이다.

기원전 594년에 아테네에서 민주주의를 시작한 사람은 솔론이었다. 그는 귀족이든 평민이든 구별하지 않고 일정한 재산을 가진 사람이면 누

구나 정부에 참여할 권리, 즉 참정권을 가지도록 개혁을
단행했다. 이로써 소수의 귀족이 다스리던 정치가 시민
모두가 참여하는 공화정으로 바뀌었다. 뒤이어 클레이
스테네스가 더욱 과감한 개혁을 단행해 만 20세 이상
의 아테네 시민으로 민회를 구성하고 거기에서 행정
관과 재판관을 선출하도록 했다. 그것도 모자라 도편
추방 제도를 두어 위정자들을 감시하는 체제를 갖춘
것이다.

페리클레스 페리클레스 시
대는 직접 민주주의가 확대
되어 공직자 대부분을 추첨
으로 뽑았다.

　　도편 추방 제도와 아울러 아테네에서 실시된 민주
주의의 또 하나의 정점은 관리 선발 제도였다. 페리클
레스는 공직자 선거 제도 자체를 없애고 국가 안보상 중
요한 군사와 재정 담당관을 제외한 모든 공직자를 추첨
으로 뽑는 제도를 도입했다. 따라서 신분과 재산과 학
식에 관계 없이 누구나 국가의 공무원이 될 수 있었다.

　　이렇게 되면 무능하거나 독재적 성격을 지닌 자가
행정을 담당하게 될 가능성이 있지 않겠느냐고 생각할지 모르지만, 그런
공무원들은 도편 추방 제도에 의해 언제라도 권좌에서 물러나게 되어 있
었으니 염려할 것은 없었다.

　　당시는 인구 규모가 적어서 이런 식의 직접 민주주의를 할 수 있었
다고 단순하게 생각할 문제가 아니다. 당시 아테네에서 참정권을 가진
시민은 3만~4만 명이고 보통 민회가 소집되면 1만 명가량이 참석했다고
한다. 1만 명이 아크로폴리스 광장에 모여 토론하고 정책을 결정한다고
생각해 보라. 오늘날 어느 나라의 국회도 이런 정도의 규모에 미치지는
못한다. 아테네는 오히려 오늘날보다도 더 큰 규모의 민주주의를 시행

아크로폴리스 언덕 파르테논 신전 아래로 넓은 광장이 있다. 이곳에 1만여 명이 모여 국가의 정책을 토론하고 결정했다. 고도의 토론 규칙과 능력이 없었다면 불가능한 일이다.

했던 것이고, 이는 뛰어난 회의 진행 기술과 토론 규범이 있었기에 가능한 것이었다.

아테네에서 이러한 극단적인 민주주의가 꽃피게 된 것은 물론 페리클레스라는 뛰어난 정치가가 있었기 때문이다. 그러나 영웅은 시대가 만들어 내는 법이다. 아테네의 민주주의도 아테네 사회가 놓여 있던 특정한 시대 상황의 산물인 것이다.

인간이 농경 생활을 시작하면서 전제 왕국을 건설하는 것은 인류사의 보편적 현상으로, 그리스 지방에서도 예외는 아니었다. 기원전 15세기에서 기원전 12세기 사이에 이집트와 메소포타미아의 문명이 서진(西進)하여 에게 해에 크레타 문명을 이루었고 뒤이어 서진을 계속해 크레타

섬을 거쳐 그리스 반도의 남단 아테네에 이르렀다. 아테네 지방에서도 이 외래 문명을 받아들여 초기에는 전제 왕권 국가를 형성했으나, 사회 발전이 일정 수준에 이르자 곧 아테네에 맞지 않는 것으로 드러났다.

아테네는 그리스 반도 남쪽 끝에 위치한 지역으로 내륙 쪽으로는 해발 약 3000미터 올림푸스 산을 비롯해 높은 봉우리들이 줄지어 있는 핀두스 산맥이 있어 애초부터 농경은 부적합했다. 일부 구릉 지역에서 올리브나 포도 같은 과수 농사를 지을 수 있을 뿐이었다. 반면에 해안선은 굴곡이 매우 심하고 섬들이 많은 다도해를 이루고 있어 일찍부터 해상무역이 발달했다. 호메로스의 『오디세이아』에서 다루고 있는 무대가 당시로서는 세계의 끝이라고 할 만한 지중해 서쪽 끝까지 걸쳐 있는 것은 해상 무역이 번창했음을 반영하는 것이다.

고대의 전제 왕국은 대규모 정착 농경을 밑바탕으로 하고 있었으므로, 해상 무역과 상공업 발달을 사회의 경제 기반으로 삼고 있던 아테네에는 전제 군주제가 부적합했다. 왜냐하면 상업과 무역을 통해 돈을 번 부유한 상인 계층이 자신들도 나라의 운영에 참여하겠다고 나섰기 때문이다. 기원전 8세기 무렵 군주제가 귀족정으로 바뀐 것은 자연스러운 변화의 시발점이었다.

왕정이 귀족정으로 바뀌었지만 나날이 발전하는 무역과 상공업을 기반으로 더 많은 재산가들이 형성되자 이들 신흥 계층은 당연히 귀족정에 불만을 표출하고 자신들에게도 참정권을 달라고 요구하기에 이르렀다. 이들 신흥 상공업자들을 데모스라고 했는데, 이것이 나중에 '데모크라티아'(democratia : 민주정)의 어원이 된다.

마침내 기원전 594년, 솔론은 이들 상공업자들의 불만을 누그러뜨리기 위해 신분이 아닌 재산에 따라 참정권을 갖게 하는 개혁안을 내놓는

투표 그리스 사람들이 아테나 여신의 엄격한 감시를 받으며 투표하고 있다.

다. 이것은 귀족들의 기득권을 폐지하는 것처럼 보였다. 그러나 이때 기준이 되는 재산은 여전히 토지였으므로, 현금은 많아도 토지 소유에서는 귀족들보다 적을 수밖에 없는 상공업자들의 불만은 수그러들지 않았다.

잇따른 무정부 상태와 참주정을 경험하고 난 뒤, 기원전 508년 최고 행정관에 오른 클레이스테네스는 귀족 계층과 신흥 계층 간의 갈등을 원천적으로 해결하기 위해 일대 개혁을 단행했다. 귀족 계층의 발언권이 그들이 소유한 토지에서 나온다고 본 그는 행정 구역을 전면적으로 개편해 거주 지역별로 10개 구역을 정하고 각 구역을 다시 작은 데모스로 나누었다. 그리고 데모스를 기준으로 대표를 선출했다.

이렇게 되자 지역 연고로 권력을 장악하고 있던 각 귀족 가문은 점차 세력을 잃게 되었다. 그리고 그동안 존재하고는 있었으나 권한이 없던 민회를 국가 정책 결정의 최고 기관으로 정했다. 이로써 20세 이상 시민은 모두 1인 1표의 동등한 참정권을 갖게 되는 아테네 민주주의의 초석

그리스의 배 아테네 민주주의의 기반은 노예 노동을 통한 해상 무역으로 부를 축적한 상공업자들이다. 도기에 그려진 그리스의 상선과 전함.

이 마련된 것이다.

아테네에서 민주주의가 이루어질 수 있었던 데에는 폴리스라는 독특한 정치 구조도 한몫을 했다. 아테네는 내륙 지방이 넓은 산악 지형이라 중앙에서 일원적으로 통치할 수 없었으므로 각 지역, 즉 폴리스들이 자치권을 가진 채 동맹의 형태를 유지할 수밖에 없었다. 에게 해와 지중해 연안에 많은 식민지를 가지고 있었지만 바다 건너에 있는 그 지역들 역시 중앙집권적으로 통치하기에는 무리였다. 결국 폴리스라는 소규모의 도시 국가를 운영함으로써 넓은 지역을 통치하는 데 드는 정치적 비용을 절감할 수 있었고, 그만큼 많은 역량을 민주주의에 투자할 수 있었던 것이다. 오늘날에도 연방제를 채택하고 있는 나라들이 대체로 민주주의를 잘 운영하고 있는 것도 마찬가지 이유에서일 것이다.

하지만 아테네에서 민주주의가 이루어질 수 있었던 요인 중에서 빼놓을 수 없는 것이 노예 노동이다. 앞에서 설명한 대로 아테네가 민주주의를 이룬 것은 상공업자들 덕분인데, 이들의 부는 노예 노동을 바탕으로 한 것이었다. 다시 말해 아테네 민주주의의 기반은 노예 노동을 통한 해상 무역으로 부를 축적한 상공업자들이라고 할 수 있다. 따라서 만약 노예의 공급이 끊기고 해상 무역이 쇠퇴한다면 이는 곧바로 아테네 민주주의의 위기로 귀결될 수밖에 없다. 그리고 이러한 사태는 실제로 펠로폰네소스 전쟁으로 스파르타에게 패권을 빼앗김으로써 현실로 나타났다.

이후 아테네의 민주 정치는 역사의 무대에서 사라진 듯했다. 하지만 약 2000년이 흐른 뒤 중세 유럽의 농업 사회가 상공업의 부흥을 맞으면서 이탈리아를 중심으로 한 유럽에서 르네상스의 열풍과 함께 화려한 재기를 하게 된다.

아테네 시대, 르네상스 시대, 그리고 현대에도 민주주의는 결국 상공업자들의 정치 제도인 것처럼 보인다. 사람들의 삶이 토지에 강하게 뿌리박고 있는 농경 사회에서 자생적으로 민주주의가 발달한 경우는 찾아보기 힘들다.

주인을 물어뜯은 투견

스파르타쿠스의 반란

군인들이 트라키아인(검투사)에게 가까이 가서 창으로 쿡쿡 찔렀다. 그는 약간 꿈틀거렸다. 군인 한 사람이 허리띠에 매달려 있던 조그만 쇠망치를 꺼내 들고 엎어져 있는 트라키아인의 머리를 단숨에 내리쳤다. 망치가 두개골을 뚫고 쑥 들어갔다. 그는 허연 골수가 묻은 망치를 들어 올려 관중들에게 보였다. 로마인들은 박수갈채를 보내고 숙녀들은 즐거움에 넘쳐 레이스 손수건을 흔들어 댔다. 이때 검투사 조련사가 당나귀를 투기장 안으로 끌고 들어왔다. 당나귀에 매달린 쇠고랑에 트라키아인의 발을 채우고 투기장을 한 바퀴 돌게 했다. 피투성이가 된 채 허연 골수가 머리에서 뚝뚝 떨어지는 시체가 당나귀에 질질 끌려가는 모습을 보고 로마인들의 환희는 절정에 달했다.

이것은 하워드 패스트의 1951년작 장편소설 『스파르타쿠스』에 나오는 장면으로, 두 명의 검투사가 원형 경기장에서 목숨을 건 사투를 벌인 뒤 승부가 판가름 난 다음의 뒤처리를 묘사한 부분이다. 이 소설은 1960년 헐리우드에서 커크 더글러스와 진 시몬스를 주연으로 내세운 스펙터

영화 〈스파르타쿠스〉 귀족들이 지켜보는 가운데 검투사들이 목숨을 건 사투를 벌인다.

큰 영화로 만들어져 크게 히트하기도 했다. 소설이나 영화는 재미를 살리기 위해 실제보다 과장하는 경우가 많지만 로마의 검투사에 관해서는 자료가 많이 남아 있어 대체로 이 소설은 실상을 그대로 전한다고 보아도 된다.

따라서 기원전 73년 봄, 남부 이탈리아 카푸아의 검투사 노예 양성소에서 스파르타쿠스라는 검투사가 주도하여 약 70명의 검투사들이 도망쳐 반정부 항쟁을 시작한 것은 마치 투견들이 갑자기 우리를 뛰쳐나와 주인들을 물어뜯기 시작한 것과 같은 일이었다. 이들의 반란은 자그마치 2년 동안이나 지속되었으며, 한때 이탈리아 남부 지방 전역을 장악할 정도로 기세가 막강했다. 로마의 유명한 역사가 키케로는 스파르타쿠스의 반란을 가리켜 서슴없이 "그것은 반란이 아니라 전쟁이었다."고 기록했을 정도이다.

스파르타쿠스의 반란은 그 자체로서 엄청난 것이었을 뿐만 아니라 로마의 기존 사회 체제에도 막대한 타격을 가했다. 로마는 그동안 공화제를 유지해 왔는데, 노예들의 대규모 반란을 겪으면서 더 이상 공화제를 유지할 기력을 상실하고 제정(帝政)으로 전환하게 되는 것이다.

로마의 번영은 바로 공화정의 덕분이라고도 할 수 있는데, 사실 이 공화정은 이전 그리스 시대의 민주주의와는 조금 다른 로마만의 독특한 정치 체제였다. 아테네식 민주주의가 평민에게 전면적인 정치 참여를 허용하는 것이었다면, 로마는 귀족과 평민 사이의 뚜렷한 신분적 위계질서를 전제로 평민의 정치 참여를 허용했다. 민의를 수렴하는 대표 기관을 귀족층의 원로원과 평민층의 민회로 이원화하고, 국가의 최고 지도자인 집정관도 두 명을 두어 각각 원로원과 민회에서 선출하게 하는 방식이 그것이었다. 이러한 이원적 정치 제도는 오늘날 유럽 각국에 상원과 하원이라는 형태로 자취가 남아 있다.

이러한 로마의 공화제는 귀족 계급과 평민 계급의 정치적 타협의 산물이었다. 그리고 이 제도 덕분에 로마는 내부의 정치적 분란을 효과적으로 방지하고, 외부의 위협에 대해서도 국민의 총력을 동원해 막아 낼 수 있었다.

그러나 이런 절묘한 로마의 공화정은 노예 노동을 바탕으로 하고 있었다. 로마의 생산 활동은 전적으로 노예들이 담당했고, 평민은 다만 전쟁에 병사로 나가는 부담을 졌을 뿐이다. 그러므로 귀족이나 평민들이 누리는 부는 노예로부터 나온 것이고, 이런 의미에서 귀족이든 평민이든 노예에 대한 지배 계급이라는 점에서는 똑같았다. 귀족과 평민이 정치권력을 분담할 수 있었던 것도 이 때문이다.

따라서 노예들의 전면적 반란은 곧 로마라는 거대한 공장의 노동자들이 총파업을 결의하고 가두 투쟁에 돌입한 것과 같은 상황이었고, 이것이 장기화되자 로마의 생산 기반 자체가 중대한 위기에 부닥치게 된 것이다.

콜로세움 로마 시대의 원형 경기장으로 5만 명을 수용할 수 있었다. 이곳에서 수많은 검투사들이 죽음의 경기를 벌이다 죽어 갔다. 경기장 바닥은 나무로 덮었고 그 밑에 지하실이 있었다.

그런데 왜 이 시기에 노예들이 전면적으로 봉기하기로 결심하게 된 것일까? 그것은 노예들의 노동 부담이 견디기 어려울 정도로 커졌기 때문이다. 그리고 그 이면에는 로마 지배층의 사치와 향락이 초래한 과소비가 자리잡고 있었다.

로마 지배층의 사치와 향락이 극에 달했음을 보여 주는 상징적인 것이 처음에 예로 든 검투사 경기이다. 로마인들이 검투사들의 살인 경기에 얼마나 열광했는가는 폼페이 유적의 한쪽 벽에 적힌 낙서를 봐도 알 수 있다. 거기에는 당시 트라키아 출신의 한 검투사가 그 지역 처녀들의 가슴을 두근거리게 만드는 스타로 묘사되어 있다. 물론 처녀들을 흥분시킨 것은 검투사의 육감적인 육체와 살인의 순간에 튀어오르는 선홍색 핏물이 가져다주는 묘한 사디즘이지 검투사의 영혼은 아니었으리라. 당시의 노예는 자신들의 말대로 "말하는 도구"에 지나지 않았으니까.

검투사란 글자 그대로 칼을 들고 싸우는 것을 직업으로 하는 이들을 가리킨다. 그런데 이들 검투사는 전쟁에 나가서 싸우는 것이 아니라 순전히 관중들 앞에서 오락용으로 싸웠다. 승부가 명확해야 하는 오락이니만큼 전쟁과는 달리 항복도 없고 포로로 잡히는 것도 없고, 오로지 한쪽이 죽을 때까지 싸워야 했다. 요즘으로 말하자면 투우나 투견 경기에서 사용되는 황소나 개와 같은 처지였다.

검투사는 당연히 노예 중에서도 신체가 건장한 이들로 선발되었다. 그리고 오락의 재미를 최고조로 끌어올리기 위해 이들만을 전문으로 훈련시키는 훈련소가 있었다. 한때는 로마에 100개의 검투사 방을 갖춘 전문 검투사 양성소가 운영되었다고 하니 검투사 경기가 얼마나 성행했는지 알 만하다.

검투사들은 새벽에 일제히 일어나 점호를 받고 하루 종일 고된 훈련을 받는다. 특히 부유층 관객들에게 인기가 있는 검투사들은 구리색 피부에 울퉁불퉁한 근육이 잘 발달되도록 세심한 신체 관리를 받는다. 관객의 흥미를 일으키기 위해 싸우는 방식도 다양해졌다. 트라키아인들은 도끼와 작은 방패를 주무기로 삼았고, 삼니움인들은 머리 위에 장식 깃털이 달린 투구를 쓰고 날카로운 작은 칼을 들고 싸웠다. 특히 레티아리우스라고 불리는 검투사들은 그물과 삼지창을 들고 싸웠는데, 그물을 던져 상대방을 옭아맨 다음 단숨에 삼지창으로 찔러 죽이는 것으로 유명했다. 이런 다양한 검투사의 모습이 영화 〈스파르타쿠스〉에 그대로 재현되었다.

한편 로마의 지배층은 낮에는 검투사 경기를 관람하고, 저녁이면 호화찬란한 연회를 즐겼다. 예컨대 앨라가발루스 황제 시대의 한 만찬에는 600마리의 타조 뇌와 콩에 금 알갱이를 섞은 요리가 나왔을 정도라고 한다. 식도락도 별나서 쥐는 최고의 진미 요리였다. 이 때문에 식용 쥐에게 호두, 도토리, 밤 등을 먹여 토실토실하게 살찌우는 전문 사육장이 번성했다. 로마인들이 과음 과식 때문에 토하는 일이 잦았다는 것은 유명한 이야기이다. 연회장에는 토하는 것을 받아 주고 치워 주는 일을 맡아 하는 노예까지 있었다. 먹고 마시는 일에 지치면 공중목욕탕에 가서 휴식을 취했는데, 이때도 역시 때를 벗겨 주고 마사지를 해 주는 때밀이 전담 노예가 있었다.

로마의 지배층들은 이런 생활에 아주 익숙해져 있었기 때문에 기원전 73년에 일어난 스파르타쿠스의 반란은 전혀 뜻밖의 일이었다. 로마인들의 관심은 오로지 외적의 침입으로 노예 무역이 방해를 받지나 않을까 하는 데에만 있었다. 스파르타쿠스가 2년 동안이나 전국을 누비며 위세를 떨칠 수 있었던 것은 로마인들의 이러한 안이한 인식 덕분이기도 했던 것이다.

그러나 반란을 일으킨 노예들의 소망은 로마 체제를 전복시키는 것이 아니라 자신들이 원래 평화롭게 살던 고향으로 되돌아가는 것이었다. 당시 평민들이 채무를 감당하지 못해 노예로 전락하는 경우도 있었지만, 노예의 수요가 늘어나면서 알프스 이북 지방에서 노예를 수입해 오는 경우가 많았기 때문이다. 하지만 결국 노예 반란군은 알프스 산맥을 넘지 못하고 토벌되고 말았다.

2년여에 걸친 노예 반란을 경험한 로마의 귀족과 평민들은 이제 노예 제도를 비롯해서 사회 전체를 좀 더 엄격하게 통제해야 할 필요성을 느끼게 되었고, 마침내 황제가 최고 권력자가 되어 나라를 다스리는 제정(帝政)을 도입하게 된다. 제정은 공화정보다 강력한 통치 체제이기는 했지만, 로마 번영의 상징인 귀족과 평민의 정치적 타협점으로서의 로마 공화정이 철회됨으로써 로마는 더 이상 로마답지 않게 되어 버렸다. 바로 이 점에서 스파르타쿠스의 노예 반란은 로마의 붕괴를 촉발시킨 역사적 대사건으로 취급받고 있다.

저항 종교에서 권력 종교로의 화려한 변신

기독교의 국교화

로마에서 동남쪽으로 약간 떨어진 곳에 기독교인들의 순례지로 유명한 성 세바스티안 성당이 있다. 이곳은 성당 건물보다도 지하 공동묘지인 카타콤(catacomb)으로 더 유명하다. 3세기 무렵 기독교가 로마 정부로부터 극심한 탄압을 받을 때, 기독교인들이 이 지하 공동묘지에 모여 몰래 미사를 드렸다고 한다. 성당 가까이 언덕 중턱에 있는 입구를 통해 이 지하 동굴로 들어가면 좁은 복도가 10킬로미터나 거미줄처럼 뻗어 있고 층수도 지하 5층이나 되어 자칫하면 길을 잃기 십상이다. 이 카타콤이 기독교의 성지가 된 것은 258년에 교황 식스투스 2세와 4명의 신부가 이곳에서 체포되어 처형당했기 때문이다.

기독교에 대한 로마인들의 증오는 대단해서 체포된 교인들을 원형 경기장으로 몰아넣은 뒤 사자 같은 맹수를 풀어 뜯어 먹게 하기도 했다. 검투사의 살인 경기를 즐기던 로마인들이었음을 생각해 보면 기독교인들에게만 특별한 증오심을 품은 것은 아닌지도 모른다. 어쨌든 영화 〈쿠오바디스〉에도 나오는 이러한 장면은 기록에 바탕을 둔 것으로, 사자들이 하느님의 힘에 의해 갑자기 온순해지는 것과 같은 황당한 장면을 빼고는 모

성 세바스티안 성당 지하에 있는 카타콤으로 유명하다. 오른쪽 사진에서 움푹 들어간 데가 시신을 안치하는 곳이다. 로마에 이런 지하 공동묘지가 성행한 것은 응회암 지대라 굴착이 쉬웠기 때문이다.

두 사실이었을 것이다.

그런데 로마인들은 왜 그토록 기독교인들을 증오했을까? 이를 이해하기 위해서는 예수가 기독교를 창시한 기원 전후의 시대 상황과 그 후의 포교 과정을 살펴볼 필요가 있다.

예수는 기원전 5~6년에서 기원후 6~7년 사이의 어느 시점에 이스라엘의 예루살렘 지방에서 태어난 것으로 알려져 있다. 이스라엘은 이집트와 메소포타미아의 중간에 위치한 접경 지역으로 예로부터 양쪽에서 다양한 문화를 받아들일 수 있었지만, 다른 한편으로 끊임없이 양쪽으로부터 침략을 받아 왔다. 이 시기 유대 민족의 고난과 역경을 기록한 것이 바로 『구약성서』이다. 기원전 10세기 무렵 다윗이나 솔로몬과 같은 유능한 왕에 의해 한때 전성기를 누리기도 했지만, 뒤이어 알렉산더 대왕의 침공에다 내분까지 겹쳐 북쪽의 이스라엘과 남쪽의 유다로 나라가 분열되기도 했다. 내분이 격화되자 로마가 이를 해결할 중재자로 나서면서 결국 기원전 65년부터는 로마의 지배를 받게 되었다.

이렇게 고난에 찬 역사를 살아온 유대인들이었기에 그만큼 독립에 대한 열망은 간절했다. 이러한 열망은 자신들만이 단 하나뿐인 신 야훼의 은총을 받은 민족이라는 강한 선민의식으로 표출되었다. 이러한 선민의식은 유대교 속에 녹아들었다.

그런데 이 유일신 사상은 당시로서는 유별난 것이었다. 주변의 이집트, 페르시아, 바빌로니아, 그리고 로마도 모두 다신교를 가지고 있었기 때문이다. 유대 민족이 변방의 소수 민족으로서 이러한 배타적인 유일신 종교를 가지고 있는 것은 별로 문제가 되지 않았다. 그러나 이 유일신 사상을 계승한 기독교가 나중에 로마 제국의 국교가 되면서 이것은 세계사를 규정하는 결정적인 요인이 된다.

한편 예수가 태어나던 시기에 유대인들은 국가적 불행과 함께 일상생활에서도 많은 고통을 겪어야 했다. 민중들은 가난과 질병이라는 이중고에 시달렸다. 특히 질병은 당시 지중해 세계 일대에 만연하고 있었다. '모든 길은 로마로 통한다.'고 하듯이 로마인들은 각 속주와 로마를 잇는 도로 건설에 열심이었는데, 그 때문에 물자나 인구의 유통과 함께 질병도 빠른 속도로 유통되었던 것이다.

예수 탄생 당시에도 질병이 커다란 사회문제였다는 것은 당시에 아스클레피오스 신 숭배가 널리 퍼져 아스클레피오스 신전 건립이 유행했다는 것으로 알 수 있다. 아스클레피오스는 아폴론 신과 요정 코로니스의 아들로 '치료의 신'인데, 제우스는 그가 인간을 불멸의 존재로 만들 것을 두려워해 벼락으로 죽였다는 이야기가 전해진다. 당시 질병에 걸리면 아스클레피오스 신전에 가서 하룻밤만 묵으면 낫는다고 해서 신전을 찾는 사람들이 줄을 이었다고 한다. 무엇보다도 『신약성서』에 기록된 예수의 행적 중에 질병 치료가 90여 사례로 압도적으로 많은 것이 당시의 상황을 잘 설명해 준다.

아스클레피오스 로마 시대에 아스클레피오스 숭배가 널리 퍼진 것은 질병과 가난이 만연했음을 보여 준다.

　　이러한 때 예수는 '평등'과 '구원'의 교리를 내걸며 계급에 따른 신분 질서를 무시하고 모든 사람이 똑같이 하느님의 사랑을 받을 자격이 있다고 주장했다. 이는 기존의 유대교 교단과 정면으로 충돌하는 것이었다. 당시 유대교는 『모세 5경』만을 믿는 사두가이파와 『모세 5경』 외에 전래의 관습 법규까지 포함해서 율법을 지킬 것을 주장하는 바리사이파가 주류를 이루고 있었다. 둘 다 전통과 관습을 중시한다는 점에서는 똑같았으며, 이는 예수가 주장하는 탈계급적, 보편적 사랑과 정면으로 대립될 수밖에 없었다. 율법학자들의 눈에 예수는 유대 민족의 선민의식을 반대하는 이교도로 비쳤다. 예수 역시 성서에서 보듯이 율법학자들을 신랄하게 비판했다.

　　결국 예수는 유대교인들에 의해 죽음을 당하고 만다. 그리고 오늘날까지도 유대인들은 예수를 용서하지 않고 있으며, 그에 대한 대응으로 기독교인들도 유대인들에 대한 증오의 감정을 가지고 있다. 제2차 세계 대전 때 독일 나치당이 유대인을 대량 학살하는 것을 보고서도 처음에는 거의 모든 유럽인들이 침묵했던 것은 이런 배경이 작용한 결과이다.

이렇게 해서 예수가 창시한 기독교는 이스라엘에서는 발을 붙이지 못하고, 예수의 제자 바울을 선두로 로마인들이 만들어 놓은 길을 따라 로마로 흘러들어가게 된다. 유대 민족의 선민의식을 거부하고 가난하고 소외된 모든 이들에 대한 보편적 사랑을 역설하는 기독교는 때마침 부패와 내분으로 고통받고 있던 로마 시민들 사이에 급속하게 전파되었다.

『신약성서』의 예수 행적 가운데 질병 다음으로 많이 등장하는 것이 가난한 이들에게 먹을 것을 나누어 준 일이다. 이 역시 민중의 가난이 극심했다는 것을 보여 주는 것이다. 결국 예수는 가난과 질병이라는 두 가지 사회문제를 가지고 '평등'과 '구원'이라는 새로운 교리를 만들어 나갔던 것이다.

그러나 로마의 위정자들을 비롯한 많은 로마인들에게 이 신흥 종교는 영 못마땅한 것이었다. 다신교의 전통 속에서 이민족의 종교에 대해 비교적 관대한 로마인들이었지만, '나 이외의 신에게 제사하지 말라.'며 다른 모든 신들을 이단으로 배척하는 기독교는 로마인들의 상식에는 맞지 않는 것이었기 때문이다. 더구나 동로마와 서로마로 분열되어 치열한 권력 투쟁을 벌이던 위정자들은 정치적·사회적 혼란의 책임을 뒤집어씌울 희생양을 찾고 있었는데 이 기독교가 안성맞춤이었다. 이렇게 해서 기독교가 로마에 전파된 2세기부터 3세기 사이 200년 동안 기독교는 수많은 순교자를 내며 엄청난 박해를 받았던 것이다.

이러한 기독교였기에 갑작스럽게 포교가 인정되고 황제로부터 물심양면으로 지원까지 받게 된 것은 역사적 대사건이 아닐 수 없었다. 313

년, 콘스탄티누스 황제는 밀라노 칙령을 내려 기독교에 대한 탄압을 중지할 뿐만 아니라 정부가 교회에 재정 지원을 비롯한 여러 지원을 할 것을 천명했다. 물론 그 자신이 얼마 전 기독교로 개종한 신자였다. 그가 기독교로 개종하게 된 계기를 당대의 역사가 에우세비오스는 이렇게 설명한다.

312년, 콘스탄티누스는 정적 막센티우스와 로마의 패권을 건 일전을 앞두고 있었다. 전세가 불리해 수심에 찬 콘스탄티누스가 어느 날 저녁 석양을 바라보고 있는데 서쪽 하늘에 홀연히 십자가 형상이 나타났다. 그리고 그 십자가 옆으로 "이 십자가 문양이 너를 승리하게 하리라."는 문구가 보였다.

콘스탄티누스 밀라노 칙령을 내려 기독교를 공인하였다.

어떤 이는 이때 나타난 문양이 십자가가 아니라 PX라는 문자라고도 한다. 그리스 문자 PX는 로마자로 CR, 즉 그리스도(Christ)를 의미한다. 오늘날에도 교황이나 신부의 예복과 십자가에는 P자와 X자를 겹쳐 쓴 문양이 사용되고 있다.

어쨌든 그날 밤 콘스탄티누스의 꿈속에 다시 예수가 나타나 군기에 십자가를 새겨 넣으면 적의 공격으로부터 보호받을 수 있을 것이라고 말했고, 그는 그대로 실행해 막센티우스와의 결전에서 승리했다. 그리하여 콘스탄티누스는 당장 기독교로 개종했고 밀라노 칙령을 발표하기에 이르렀다는 것이다.

이 이야기가 사실이든 아니든 이것은 기독교가 로마의 황제를 개종시킬 정도로 교세를 넓혔다는 것을 상징적으로 보여 준다. 그런데 정작 중요한 것은 기독교가 탄압받는 소수 종교에서 대번에 국가의 보호를 받는 종교로 변신하면서 그동안 드러나지 않았던 기독교의 문제점이 드러나기 시작했다는 점이다.

그것은 바로 유일신 사상이다. 황제의 비호 아래 교세가 성장하면서 교단 상층부는 권력자에 맞먹는 권세를 누리게 되었고, 그들은 기독교 외의 신앙을 법률적으로 금지할 것을 주장한다. 마침내 392년, 공식적으로 로마에서 기독교 외의 종교는 허용되지 않게 법제화된다.

이제 기독교는 탄압받던 종교에서 탄압하는 종교로 극과 극의 변신을 하게 된 것이다. 그리고 그 탄압의 촉수는 종교에만 그치는 것이 아니라 모든 학문과 사상, 그리고 일반 서민들의 일상생활에까지 확대되어 무조건적인 획일성을 강요하게 된다. 그래서 유럽인들 자신조차도 이후 유럽의 중세를 '암흑의 시대'로 부르고 있다.

Chapter 2

중세

외형적 확대와
정신적 빈곤의 양면성

아서 왕과 원탁의 기사들
중세 봉건제의 형성 과정

옛날 영국의 어느 마을에 있는 커다란 바위에 마법의 칼, 엑스칼리버가 꽂혀 있었다. 바위에는 "이 칼을 뽑는 자가 왕이 될 것이다."라고 쓰여 있어 마을의 힘센 장사들이 너도나도 달려들어 칼을 뽑으려고 했지만 칼은 꿈쩍도 하지 않았다. 이때 아서라는 젊은이가 나타나 칼을 뽑으니 단숨에 쑥 뽑혔다. 그래서 그는 왕이 되었다. 아서 왕은 어느 날 힘이 세고 용감한 사람들을 캐멀롯 궁전으로 불러들여 나라를 다스리는 데 도움을 줄 것을 요청했다. 이때 아서 왕은 이들과 신분의 차별이 없음을 상징하는 원탁에 둘러앉아 얘기를 나누었기 때문에 이들을 '원탁의 기사들'이라고 한다. 이들은 아서 왕에게 충성을 맹세하고 아서 왕을 도와 나라를 훌륭하게 다스렸다.

이것은 우리나라 어린이들도 익히 들어 알고 있는 〈아서 왕과 원탁의 기사들〉이라는 서양 옛이야기 줄거리의 일부이다. 아서 왕은 실제 인물은 아니지만 이야기 속에서 로마 제국을 물리친 정복왕으로 묘사되고 있으므로, 시기는 영국에 정착한 게르만족과 로마가 정면으로 충돌한 5

아서 왕과 원탁의 기사들 원탁은 왕과 기사들의 지위가 매우 대등한 관계임을 상징한다. 영화 〈카멜롯의 전설〉의 한 장면이다.

세기 무렵이라고 할 수 있다. 따라서 이 전설은 게르만족이 로마를 제압하고 유럽에서 봉건제를 형성하는 초기 상황을 아주 잘 보여 준다.

우선 이 이야기에서 눈에 띄는 것은 국왕이 세습되는 것이 아니라 새로 만들어지고 있다는 점이다. 국가가 최초로 만들어지는 고대의 이야기가 아니기 때문에 이것은 당시에 왕위 계승에서 일종의 단절이 있었음을 의미한다. 그것은 바로 게르만족의 대이동과 로마 침략으로 야기된 정치적 혼란기를 상징하는 것이다.

게르만족이 북부 유럽에서 로마를 향해 남하하던 4~5세기에 게르만족은 아직도 씨족 사회의 성격을 많이 간직하고 있는 미개 민족이었고 로마와 같은 통일 제국은 건설해 본 경험이 없었다. 게르만족이 로마를 침략할 수 있었던 것은 오로지 로마가 허약할 대로 허약해져 있었기 때문이다. 문화 수준으로 본다면 아직도 로마는 게르만족에 비할 수 없을 정도로 선진국이었다.

게르만족은 로마 제국의 영토를 점령하면서 엄청난 문화적 충격을 받았고 자신들의 전통적인 사회 체제가 열등한 것임을 인정하지 않을 수 없었다. 결국 로마 문화를 대폭 받아들이지 않을 수 없었는데 이 과정에서 기존의 씨족 사회 전통에 기반한 왕위 제도가 단절되는 정치적 혼란기가 생겨난 것이다. 아서 왕이 왕위를 앞의 왕으로부터 물려받는 것이 아니라 자신의 능력을 바탕으로 왕위에 오르는 것이 이를 반영한다.

그런데 이런 혼란한 시대에는 왕 혼자만의 능력으로 통치할 수 있는 것도 아니었다. 왕을 보좌할 측근 세력이 필수적으로 요청되는 상황이었는데, 이전 같으면 주군(主君) 주위에 충성스러운 종사(從士)들이 포진하고 있었지만 이동이 빈번하고 내일이 어떻게 될지 모르는 혼란스러운 때에 이전과 같이 주군에게 무조건 충성하는 종사를 기대하기란 어려운 일이었다.

이러한 상황에서 왕이 자신의 주위에 측근 세력을 끌어들이기 위해서는 그들에게 상당한 반대급부를 제시해야만 했다. 당시 그것은 정치적으로는 상당한 정도의 독립성이고, 경제적으로는 토지였다.

아서 왕이 기사들을 모집해 서로 의견을 나눈 곳이 왕과 신하의 상하 구분이 되는 단상과 단하의 자리가 아니라 서로 어깨를 맞대고 둘러앉는 '원탁'(round table)이었다는 것은, 곧 왕과 기사의 지위가 제법 대등한 관계였음을 상징한다. 이것이 바로 주군과 기사가 계약을 통해 주종 관계를 형성하는 정치적 위계질서, 즉 봉건제이다. 이후 약 1000년 동안 유럽 사회는 이 봉건제라는 틀로 유지되었다.

오늘날에도 여러 국가 원수들 간의 회담은 서로 대등한 입장이라는 것을 상징하기 위해서 주로 원탁회의(round table conference)로 진행된다. 세계 무역 기구(WTO)를 탄생시키는 계기가 되었던 회의인 '우루과이 라운드'의 '라운드'가 바로 원탁회의를 가리킨다. 물론 오늘날에도 원탁회의에 같이 앉았다고 해서 실제로 완전히 평등한 것은 아니다.

한편 왕은 기사 계급에게 주종 관계의 대가로 토지를 지급해야 했다. 토지를 받은 기사는 토지에 대한 배타적 지배권을 토대로 장원을 형성하고 자신은 장원의 영주가 되었다. 그런데 중세 봉건세의 토대가 되는 장원 경제는 주군이 기사에게 토지를 하사하는 것만으로 이루어진 단순한 것은 아니었다. 게르만족은 이 점에서도 로마로부터 복합적인 영향을 받았다.

로마는 전성기 때 대토지 소유제인 '라티푼디움'(latifundium)을 운영했다. 라티푼디움은 대토지 소유자들이 노예를 동원해 대규모로 경작하는 제도이고, 자연히 그 생산물은 상업적 목적을 띤 것이었다. 그러나 로마 말기에 이르면 제국의 영역이 축소되고 정복 전쟁도 할 수 없어 노예 공급이 끊기게 된다. 가장 중요한 생산 도구인 노예 공급이 중단되자 라티푼디움은 붕괴되고 만다. 그에 따라 소규모의 토지를 가지고 자급자족을 목적으로 경작하는 자영농이 늘어났다.

그런데 게르만족의 이동에 따른 극심한 사회적 혼란 속에서 이들 자영농들의 생명과 재산에 대한 위협은 늘어만 갔다. 게르만족은 통일된 제국을 형성한 것이 아니고 부족별로 이동하면서 상당히 유동적인 왕국을 세웠기 때문에 자영농들은 중앙 정치 세력이 자신을 보호해 주리라 기대할 수 없었다. 쇠약해진 로마는 오히려 이들 자영농들을 세금과 군역을 부담할 대상으로만 파악했다. 이 때문에 자영농들은 더욱더 궁핍해져 가기만 했다.

이러한 상황에서 농민들 앞에 열려 있는 길은 두 가지뿐이었다. 하나는 게르만족에게 정복당해 모든 것을 빼앗기는 것이고, 다른 하나는 게르만족에게 자신을 보호해 달라고 요청하고 그 대가로 자기 토지를 헌납하는 것이었다. 게르만족은 이러한 과정을 통해서 토지를 획득했고, 이 토지를 기사 계급에게 나누어 주었다.

이렇게 토지를 하사받은 기사 계급이 그곳의 실질 생산자인 자영농들을 이전의 노예처럼 부려 먹을 수는 없었다. 그렇다고 자신들이 정복

자이면서 그들을 자영농으로 놔둘 수는 더욱 없었다. 결국 이전 로마의 노예도 아니고 근대의 자유로운 농민도 아닌 어중간한 형태의 신분인 농노가 출현하게 되었고, 이 농노를 통해서 장원은 유지될 수 있었던 것이다.

중세 장원 농노들은 장원 밖으로 나갈 일이 거의 없었다.

농노들은 영주로부터 소작지를 받아 농사를 짓고 소작료를 낸다. 그 밖에도 영주의 직영지를 무료로 경작해 주어야 한다. 그러나 농노가 이러한 납세 의무만 지키면 되는 것은 아니었다. 농노들은 장원에서 생명을 부지하며 살아가는 대가로 영주에게 인격을 저당 잡혀야만 했다. 예를 들어 거주 이전의 자유 같은 것은 생각할 수도 없었고, 결혼 상대자마저도 영주가 정해 주거나 적어도 영주의 허락을 받아야만 했다. 영주의 횡포에 대해 저항할 수단은 장원을 몰래 탈출해 도망가는 것밖에는 없었다.

6세기에 이르러 게르만족의 이동이 완료되면 이러한 장원을 단위로 하는 봉건제가 전 유럽에 걸쳐 확립된다. 한 장원의 규모는 물론 지역에 따라 차이가 있지만 가장 큰 곳은 1만 후페(hufe)에 이르고 작은 곳은 300 후페 정도였다고 한다. 후페란 오늘날과 같은 도량형 단위는 아니고, 당시 한 가구가 가족을 부양하고 영주에게 세금을 바칠 수 있는 최소한의 면적을 가리킨다. 따라서 토지의 비옥도에 따라 실제 면적은 달라질 수밖에 없다. 보통의 장원이 2000후페라면 대략 8제곱킬로미터 정도 되는 면적이라고 할 수 있으니 서울의 여의도 크기에 해당한다.

장원의 중심부에는 영주의 저택과 교회, 재판소, 그리고 방앗간, 창고 등의 농업 시설이 있다. 영주의 저택은 마을의 중심으로서 집회 장소이기도 하고, 때로 이곳에서 시장이 열리기도 한다. 이곳을 중심으로 마을 도로가 뻗어 나가는데 도로 주변에 농민들의 주택이 들어선다. 대개 중심부를 둘러싸고 방사형으로 농지가 형성되는데, 영주의 직영지와 농노들의 소작지로 나뉜다. 그 바깥에는 마을 사람들이 전통적으로 공유해 온 임야와 목초지, 또는 황무지가 펼쳐진다.

따라서 장원은 당시 하나의 소우주였다. 형식적으로는 국왕의 지배를 받지만 실질적인 지배자는 영주이다. 그뿐 아니라 의식주를 비롯한 모든 일상생활이 장원 안에서 다 이루어진다. 막스 베버는 이를 두고 "자연 경제로의 복귀"라고 표현한 바 있는데, 경제적으로뿐만 아니라 사회 전체적으로 이전에 비해 명백히 축소되고 폐쇄된 자급적 단위였다. 오늘날의 관점에서 보면 이러한 처지의 장원 구성원들에게 국가라는 개념은 아주 희박했을 것이다. 자신의 삶을 규정하는 모든 것들이 좁은 장원 울타리 안에서 다 이루어지기 때문이다. 어쩌면 오늘날의 유럽인들이 국가의식보다는 지역 공동체 의식이 훨씬 강하고 지방 자치를 잘 운영하는 이유를 이러한 역사 경험에서 찾을 수도 있겠다.

마호메트는 성인이자 정치가였다

이슬람교 창시와 부흥의 비결

우리는 '이슬람' 하면 먼저 중동 지방을 떠올리고 더운 사막 지대임에도 머리에는 터번을 두르고 발목까지 늘어뜨린 긴 옷에 수염을 덥수룩하게 기른 사람들을 떠올릴 것이다. 아울러 세계 언론을 자주 떠들썩하게 하는 이른바 자살 폭탄 테러로 그들은 아주 과격한 사람들이고 그것은 상당 부분 그들의 종교인 이슬람교로부터 비롯되었을 것이라고 생각할지도 모른다.

하지만 이슬람교에 대한 이런 부정적인 상은 1500년 가까이 그들과 대립해 온 서양 기독교인들의 눈에 비친 모습일 뿐이다. 고려 시대부터 그들과 교류를 해 그들 덕택에 우리가 세계에 '꼬레'(Corea)로 알려지게 되고 지난 1970년대 경제개발 시기에도 이른바 '중동 건설 특수'로 그들로부터 많은 도움을 받은 우리 한국인의 눈에는 전혀 다른 모습으로 비칠 수 있다. 다만 우리는 그동안 서양 기독교인의 시각을 빌려 그들을 보아 왔던 것이다.

우리가 이슬람교의 과격성을 애기할 때 흔히 떠올리는 말이 "한 손에는 코란, 다른 한 손에는 칼"이라는 문구다. 610년 마호메트가 이슬람교를 창시하고 나서 겨우 50년 만에 강력한 이슬람 제국인 우마이야 왕조가 융성해, 동쪽으로는 중앙아시아를 거쳐 인도 서북 지방까지 이르고 서쪽으로는 비잔틴 제국을 압박하는 한편 아프리카 북해안을 따라 이베리아 반도에까지 이르렀다. 714년에는 이베리아 반도의 서고트 왕국을 멸망시킬 정도로 위세를 떨쳤다. 그러자 공포에 질린 유럽인들이 만들어 낸 말이 바로 위의 문구이다.

이 문구는 마치 이슬람교인들이 이교도들을 강제로 개종시킨 것처럼 느끼게 하지만 당시의 실상과는 전혀 다르다. 우마이야 왕조와 뒤이어 750년에 세워진 아바스 왕조가 잇달아 활발한 정복 활동을 편 것은 사실이지만 정복민들에게 종교를 강제하지는 않았다. 이슬람 제국은 다만 피정복민들로부터 조세만을 거두어 갔을 뿐이며, 그나마도 이전 지배자들에 비해 부담이 덜한 것이어서 많은 지역이 전쟁 없이 평화적으로 이슬람 제국에 복속되었다.

다만 정복자인 이슬람교인과 피정복자들 사이에는 조세액에 차이가 있었다. 이 차이는 피정복민들이 이슬람교로 개종을 해도 여전했는데, 그나마 이는 '알라 앞에 모든 이슬람교인은 평등하다.'는 『코란』의 규정에 어긋난다는 비판이 제기되었다. 이 점이 논란이 되어 우마이야 왕조가 몰락하고, 모든 이슬람교인의 평등을 보장하며 따라서 비아랍인들의 참정권도 허용하는 아바스 왕조가 들어서게 된다. 이와

코란 천사 가브리엘이 마호메트에게 나타나 알라의 말씀을 전했는데 이를 기록한 것이 코란이다.

같이 이슬람 제국은 실제로는 그렇게 많이 '칼'을 쓰지는 않았으며 오히려 세금과 참정권이라는 미끼를 통해 이슬람교로의 개종을 유도하는 평화적 방법을 선호했다.

어쨌든 이슬람교는 단기간에 아시아와 아프리카, 유럽의 3대륙에 걸치는 강대한 제국을 건설했다. 이슬람 제국이 이렇게 빨리 성장할 수 있었던 비결은 물론 그들의 독특한 종교인 이슬람교에 있었다. 무엇보다도 이슬람교의 창시자 마호메트 자신이 종교적 성자인 동시에 정치적 야망을 가진 정략가였다.

마호메트는 570년경 아라비아 반도의 교역 중심지 메카에서 태어나 40세에 이를 때까지 상업에 종사해 어느 정도 성공을 거둔 평범한 상인이었다. 그에게는 기독교의 예수나 불교의 부처와 같이 출생에 관련된 신화나, 살면서 일반 사람들에게 행한 기행이나 기적에 관한 이야기가 전혀 없다. 다만 610년경, 메카 교외의 히라 산에서 명상에 잠겨 있던 중 천사 가브리엘이 나타나 그에게 알라의 말씀을 전하면서 암송하라고 했다 한다. 이 신의 말씀을 기록한 것이 바로 『코란』이다. 따라서 마호메트는 단지 신의 말씀을 전한 사도일 뿐이다.

그는 이 영적 체험 이후 약 20년 동안 신의 말씀을 단편적으로 전파하고 다녔지만 총 114장에 이르는 『코란』 경전이 완성된 것은 그가 죽은 뒤 20년이나 지난 다음이었고, 거기에 마호메트의 이름이 등장하는 곳도 단 네 군데뿐이다. 지금도 이슬람교인들은 마호메트를 숭배하기보다는 알라의 말씀인 『코란』을 숭배한다. 하루 다섯 차례씩 메카를 향해 예배를 드리는데, 복잡한 전례는 없고 오직 『코란』 구절을 암송하는 것이다.

그런데 『코란』의 내용을 보면 마호메트는 아랍 유목민들의 토착 신앙에 메카 서쪽 지역의 유대교와 기독교, 그리고 동쪽으로는 불을 숭배하는 페르시아의 조로아스터교까지 혼합해, 말하자면 당시 그가 접할 수 있었던 모든 종교의 통합 완결판을 내놓은 것처럼 보인다. 바로 여기에 이슬람교 부흥의 비결이 있었던 것이다. 이슬람교가 창시되자마자 빠르게 전 세계로 퍼져 나갈 수 있었던 것은 이웃 사산 왕조 페르시아나 비잔틴 제국의 정국이 혼미했던 것도 원인이겠지만 이슬람 교리의 이러한 통합성이 커다란 역할을 했기 때문이다.

마호메트는 여러 종교 중에서도 특히 유대교에 더 큰 비중을 두면서, 한편으로 유대교를 비판적으로 극복하려고 했다. 『코란』에는 아담의 탄생과 노아의 방주를 비롯해 모세의 기적에서 다윗 왕의 일화에 이르기까지 『구약성서』에 담겨 있는 이야기들이 그대로 실려 있다. 다만 사람의 이름만 이슬람식으로 표기했을 뿐이다(예를 들면 아브라함은 이브라힘). 그리고 예수도 등장한다. 그러나 마호메트는, 모세를 유대인 선민 사상을 부추긴 주역으로, 예수를 주제넘게 신성화된 존재로 비판함으로써 이슬람교의 비교 우위를 강조했던 것이다.

"신 앞에 모든 사람의 평등"을 설파하기 시작할 무렵부터 마호메트는 단순한 종교적 성자를 넘어 현실 정치가의 면모를 보여 주었다. 당시 메카는 중동의 상업 중심지로서 부유한 상인들의 과두 지배 체제로 운영되고 있었는데, 일부 특권층의 과두 지배 체제에 대한 평민들의 불만을 자신의 교리에 대한 지지로 연결시킨 것이다.

그러나 이 때문에 메카에서 추방당하는 처지에 몰리게 되는데, 이때 그는 또다시 정략가로서의 면모를 유감 없이 발휘한다. 때마침 메카 북쪽에 있던 메디나가 아랍계와 유대계 여러 부족 간의 알력으로 무정부 상태에 있는 것을 알고는, 아랍계와 유대계 모두에게 받아들여질 수 있는 복합 종교인 이슬람교를 내세워 자신이 정치적 중재자를 맡아 분쟁을

메카 정복 마호메트가 메카를 정복한 뒤 카바 신전의 우상들을 부수고 있다.

해결하고 이를 바탕으로 메디나의 실질적 통치자로 부상한 것이다. 마호
메트가 메카에서 메디나로 이동한 해인 622년을 이슬람교에서는 성천(聖
遷)이라는 뜻의 '헤지라'라고 하며 이슬람력의 원년으로 삼고 있다. 그
후 8년 만에 그는 뛰어난 외교 협상 끝에 다시 메카에 무혈 입성해 이슬
람 국가 건설의 기초를 완성하게 된다.

　　이와 같이 이슬람교는 처음부터 사회 여러 부분 중의 하나인 종교로
서 출발한 것이 아니라 종교 자체가 정치권력이었다. 따라서 이슬람 국
가에는 성직자가 따로 필요 없었고 법률도 따로 필요 없었다. 정치적 위
계질서가 곧 성직자 위계질서이고, 『코란』이 곧 법이기 때문이다. 그리고

체스를 두고 있는 아랍인들 서양인들이 좋아하는 체스도 이슬람 세계에서 유럽으로 퍼져 나간 것이다.

이러한 이슬람 특유의 국가 체제는, 로마 제국이 동서로 분열되어 서로 마는 북방 게르만족에게 멸망당하고 동로마는 내분으로 지리멸렬하는 한편 중동 지역의 사산조 페르시아는 이미 이슬람에게 정복당할 정도로 쇠잔한 가운데 세계 최강의 제국으로 성장할 수 있게 했다.

아랍은 척박한 사막 지역으로, 아랍인들은 원래부터 정착 농경보다는 유목과 통상에 종사해 온 민족이었다. 따라서 8세기 중반에 세워진 아바스 왕조는 아시아와 유럽을 잇는 지정학적 조건을 충분히 활용해 국제 무역의 주역으로 떠올랐다. 오늘날 우리가 쓰는 숫자가 바로 아랍 상인들이 사용하던 아라비아 숫자이다. 그리고 세계 어린이들이 즐겨 읽는 동화 『신드바드의 모험』은 당시 아랍인들의 해상 무역 경험 속에서 탄생한 것이다.

그러나 고대 국가의 제정일치 사회에서나 볼 수 있는 이러한 종교와 정치의 미분할 상태가 오랜 세월을 거쳐 오늘날까지 의연히 살아남아 있는 것은 하나의 수수께끼이다. 이슬람교가 유일신교로서 배타적이지만 현실적으로는 타종교를 박해하지 않고 공존을 인정한다는 점, 그리고 일단 교리 안에 들어가서는 어떠한 계급도 인정하지 않는 평등을 가장 중요한 교리로 내세우고 있다는 점이 이슬람교의 생존 비결이었을 것이다.

그러나 시대 상황이 변함에 따라 법률도 변화하지 않을 수 없는데 『코란』은 변하지 않아야 한다는 것은 분명 이슬람 국가 체제의 모순이었다. 마호메트가 죽은 뒤 당장 차기 지도자인 칼리프를 누가 계승해야 하는가를 두고 논란이 일어났다. 마호메트는 예루살렘에서 순교하면서 제

❶ 성묘교회 예수가 순교한 골고다 언덕에 세워졌다.

❷ 통곡의 벽 로마 제국 시기 유적으로 나라를 잃은 유대인들이 이곳에서 울며 기도를 해서 붙여진 이름이다.

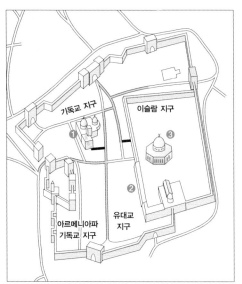

❸ 바위 성원 마호메트는 632년 순례 도중 예루살렘 모리아 산 바위 언덕에서 세상을 떠났다. 그곳에 이슬람 사원이 691년에 건립되었다.

예루살렘 구시가 약도 예루살렘은 현재 이슬람교, 유대교, 기독교, 아르메니아파 기독교, 이 4개 종교가 분할 점유하고 있다. 예루살렘은 흔히 생각하듯 기독교만의 성지가 아니다.

기독교 지구

이슬람 지구

아르메니아파 기독교 지구

유대교 지구

자들에게 "분열하지 말고 단결할 것"을 유언으로 남겼지만 정작 『코란』에는 후계자를 결정하는 방법이 제시되어 있지 않았기 때문이다.

　그 결과 마호메트의 자손이 후계자를 계승해야 한다는 시아파와 이슬람교인 중에 자격이 있는 자는 모두 후계자가 될 수 있다는 수니파로 분열하게 되었고, 이들은 현재까지도 저마다 자신들이 정통이라고 주장하고 있다. 현재 시아파는 전체 이슬람교인의 10% 정도에 불과하지만, 이슬람권의 강대국 이란은 시아파가 통치하는 국가이다.

　한편 사회가 점차 복잡해짐에 따라 『코란』만 가지고 법률을 대체하기는 어려워졌다. 그래서 가장 존경받는 성직자가 『코란』을 현대적으로 해석해 주는 역할을 맡게 되었다. 요즘 같으면 인터넷을 통한 범죄 행위를 어떻게 규정할 것인가와 같은 문제를 다룰 것이다. 하지만 그 성직자가 전능한 사람이 아닌 만큼 많은 문제가 따를 수밖에 없다. 아마도 이러한 것들이 이슬람 제국이 13세기 이후 급속히 쇠퇴한 이유일 것이다.

　이슬람 제국이 쇠퇴하기는 했지만 아직까지도 그 교세는 무시하지 못할 정도로 남아 있다. 특히 18세기 중반 이후 유럽 국가들의 제국주의적 침략을 받으면서 그에 저항하는 이슬람 민족주의가 새로이 부흥을 맞이했고 그것은 오늘날까지도 계속되고 있다. 현재 이슬람교인들은 인도네시아(3억), 말레이시아(1500만), 인도(1억 6000), 중앙아시아(6000만), 중동과 발칸 반도(3억) 등 전 세계에 널리 퍼져 있으며, 전체 신도 수도 15억 명으로 점점 늘어나는 추세라고 한다. 전 세계의 기독교 신도가 24억이 넘는다고 하나 이 15억도 역시 무시하지 못할 숫자이다. 이에 비추어도 이슬람교를 바라보는 우리의 시각이 지나치게 기독교에 편중된 것은 아닌지 곱씹어 볼 일이다.

8세기 인도에서 불교가 사라진 이유

불교는 지배층과 상인들의 종교였다

    서양을 대표하는 종교가 기독교라면 동양을 대표하는 종교는 불교이다. 우리나라를 비롯해서 이웃 중국과 일본, 그리고 동남아시아의 많은 나라들에서 불교는 최대 종교로서 번창하고 있다. 그런데 현재 기독교가 정작 그 발원지인 이스라엘 지역에서 크게 번성하지 못하고 있는 것과 마찬가지로 불교도 그 발원지인 인도에서는 찾아보기가 힘들다.

    불교는 기원전 6세기에서 기원전 5세기 사이에 석가모니에 의해 창시되어 기원후 8세기까지 약 1200년 이상을 인도에서 크게 번성했다. 하지만 이후 인도에서 급속하게 교세를 잃고 자취를 감추어 버리고 말았다. 그 결과 현재 인도에서 가장 교세가 큰 종교는 힌두교와 이슬람교이고, 불교 신도는 전체 인구의 1%에도 미치지 못하고 있다. 그나마 있는 불교 신도조차 전통적인 신도가 아니라 최근 천민 계급에 속한 사람들이 신분 해방 운동을 펼치면서 새로이 개종한 이들이 대부분인 실정이다. 도대체 8세기에 인도에 어떤 사정이 있었길래 불교가 쇠퇴일로를 걷지 않을 수 없게 된 것일까?

    인도에서 불교가 최고의 전성기를 누린 시기는 기원전 270년에서 기

석가모니 보리수 아래에서 석가모니가 마귀의 유혹을 받고 있다. 야자수 잎에 그린 세밀화.

원전 230년 사이의 아소카 왕 치세 때였다. 석가모니가 죽고 나서 약 200년이 지난 뒤인 이 시기에 석가모니는 부처로서 완전히 신격화된다. 그리고 각처에 사원이 건립되고 불탑과 불교 조각, 불교 건축물이 조성되었다. 불경도 왕성하게 간행되어 이를 매개로 인도의 불교가 아시아 지역으로 급속하게 퍼져 나간다. 이때까지만 해도 인도는 동양 세계에서 불교의 종주국으로 각국 승려들에게 선망의 대상이 되는 나라였다.

따라서 이 시기에 인도에서 아시아로 전파된 불교에는 인도의 흔적이 역력히 남게 된다. 당시 불경은 산스크리트어로 쓰였는데, 중국인들은 이 산스크리트어를 소리 나는 대로 한자로 옮겨 적었다. 그렇게 해서 '샤키아족의 성자'라는 뜻의 '샤키아무니'는 '석가모니'가 됐고 '깨달은 자'를 뜻하는 '붓다'는 '부처'가 되었다.

이러한 불교의 융성은 마우리아 왕조와 굽타 왕조로 이어지면서 계속되었다. 그러나 8세기 무렵 이슬람 세력이 인도를 침공해 들어오면서 사태는 급격하게 변했다. 인도는 땅이 엄청나게 넓어서 하나의 대륙을 이루고 있지만, 우리나라와 비슷하게 3면이 바다로 둘러싸여 있고 북쪽만 육지로 연결되어 있다. 그런데 이 북쪽마저 세계의 지붕이라고 일컫는 히말라야 산맥으로 막혀 있다. 따라서 인도 대륙은 외부 세력의 침입이 쉽지 않은 고립된 지역이었다. 다만 북서쪽의 산맥 가운데 비교적 낮은 곳이 카이버 고개인데 외부 세력들은 주로 이곳을 통해 인도 대륙으로 들어왔다. 8세기 무렵 이슬람 세력도 바로 이 통로로 들어왔다. 당시 이슬람은 마호메트에 의해 이제 막 발흥한 신흥 세력으로서 활발한 대외 진출을 꾀하고 있었다.

한편 인도는 굽타 왕조 때로, 각 지역의 영주들이 중앙에서 이탈하여 서로 정복 전쟁을 벌이면서 왕조 체제가 매우 약화되어 있었다. 이런 시기에 강력한 이슬람 세력이 침입해 들어오자 굽타 왕조는 이에 대항할 힘이 없었다. 결국 인도는 처음으로 이민족인 이슬람의 지배 아래 놓이게 된다.

이슬람 세력이 인도를 지배하면서 자연스럽게 이슬람교가 널리 퍼지게 되었다. 그러나 이슬람 세력은 자신들의 종교를 강요하지는 않았다. 그럼에도 대세에 따라 이슬람교로 개종한 인도인들이 많았지만, 한편으로 개종하기를 거부한 많은 인도인들은 전통적으로 국교화되어 있던 불교를 버리고 대부분 힌두교로 개종하는 행태를 보였다. 불교나 힌두교나 다 전통적인 종교인데 왜 한쪽을 버리고 다른 한쪽으로 기울게 된 것일까?

그 이유는 당시 불교가 가진 계급적 성격에 있었다. 당시 불교는 지배층의 종교이자 상인들의 종교였다. 사실 아소카 왕 시대에 불교가 국교화된 것도 불교가 당시 정치의 실권을 쥐고 있던 상공업자들의 종교였기 때문이다. 말하자면 고대 인도의 정치 상황은 서양의 그리스와 비슷하게 상공업이 번창한 도시국가의 형태를 띠고 있었던 것이다.

불교에는 '전지전능한 절대자'를 가리키는 말로 '전륜성왕'(轉輪聖王)이라는 개념이 있다. 이 말을 글자 그대로 풀어 보면 '바퀴를 돌리는

시장 가는 길 인더스 강 유역 모헨조다로에서 발굴된 나무 상자의 그림이다. 시장으로 가는 어부와 목동들을 표현한 것으로 보인다. 고대 인도에서는 상업이 크게 발달했고, 불교는 그러한 상인들의 종교였다.

성스러운 군주'라는 뜻이 되는데, 수레의 바퀴를 돌린다는 것 자체가 상업 활동과 관련이 없지 않을 것이다. 실제로 석가모니가 탄생한 시기부터 불교가 국교화되는 아소카 왕 시대에 이르기까지는 인도에서 상업 활동이 가장 왕성하게 전개된 시기였다.

　석가모니는 예수와는 달리 생전에 포교 활동을 하는 동안 박해를 받은 적이 없다. 오히려 가는 곳마다 부유한 상인들로부터 후한 대접을 받았음을 그의 일대기를 기록한 경전 곳곳에서 찾아볼 수 있다. 그리고 그의 가르침에는 흔히 고대 농경 사회에서 볼 수 있는 것과 같은 절대신이나 유일신에 대한 맹종의 강요가 없다. 또 신분제에 대해서도 개방적인 태도를 보인다. 따라서 애초부터 상공업자들은 불교를 손쉽게 받아들일수 있었다. 그리고 자신들이 권력을 장악하자 부처를 신격화하고 불교를국교로까지 승격시킨 것이었다.

　그러나 지배층이 분열되어 사회 혼란이 극심해진 데다 이민족의 침입까지 당하고 보니 민중들에게는 새로운 희망이 필요했다. 더구나 이슬람의 침입으로 기존 경제 체제가 거의 무너져 버렸기 때문에 민중들은 소규모 영세농으로 전락할 수밖에 없었는데, 이러한 경제적 기반의 변화또한 민중들의 종교심에 변화를 가져오게 만들었다. 민중들은 어느 시대에나 생활이 곤궁할수록 강력한 힘을 가진 절대신에 의지하려고 하기 마련이다. 인도에서도 예외는 아니었는데 이러한 인도인들의 마음을 끌어당긴 것이 힌두교였다.

사리탑 불교가 가장 융성했던 아소카 왕 때 세워진 이 사리탑은 부처 제자들의 유골을 모신 곳이다. 사리탑은 해탈을 상징한다.

하지만 힌두교가 이 시기에 갑자기 출현한 것은 아니었다. 힌두교는 인도에서 고대부터 내려온 전통 종교였다. 그런데 이 전통 힌두교는 사실 어떤 종교라고 규정하기가 매우 힘들다. 왜냐하면 힌두교는 고대 시대 인도에 있던 모든 종교와 철학을 합쳐 놓은 것이었기 때문이다. '힌두'(Hindu)라는 단어 자체가 '인도'(Indo)의 고어이다. 따라서 '힌두교'는 글자 그대로 풀어 보면 '인도의 종교'라는 뜻이 된다. 이를테면 불교의 해탈이나 윤회설 같은 개념도 석가모니가 힌두교의 사상과 철학 중에서 빌려 온 것이다. 넓게 보면 불교 자체가 힌두교의 일부라고까지 할 수 있을 정도였다.

그런데 이러한 힌두교가 8세기 혼란 속에서 '바크티 신앙'이라는 새로운 신앙 운동을 전개한다. 바크티 신앙 역시 브라만교, 시바교, 탄트라교 등 여러 전통 종교를 종합한 것이며, 경전도 고대 이래로 전승되어 온 것들 중에서 가장 유명한 『바가바드기타』를 사용했다. 하지만 시대 상황에 맞추어 절대신에 대한 열렬한 사랑을 특히 강조했다. 바크티 신앙 운동을 주도한 승려들은 귀족 언어인 산스크리트어를 쓰지 않고 민중들이 쓰는 일상 언어로 경전을 전파했기 때문에 빠르게 민중들 속으로 파고들 수 있었다.

한편 불교는 민중들로부터 외면당해 세력이 급속히 쇠퇴하고 수많은 불교 사원들은 폐허가 되어 버렸다. 이 시기에 인도를 여행한 신라의 고승 혜초는 『왕오천축국전』이라는 여행기를 남겼다. 혜초가 인도로 간 까닭은 석가모니의 유적을 돌아보고 불경 원전을 구하기 위해서였는데, 『왕오천축국전』에서 그는 자신의 기대와 너무도 다르게 석가모니가 입멸(入滅)한 장소로 유명한 쿠시나가라의 열반사(涅槃寺)가 폐허가 된 것을 상세하게 기록하고 있다.

이렇게 해서 8세기를 기점으로 인도의 주류 종교는 불교에서 힌두교로 전환되었다. 하지만 엄밀하게 따져 본다면 이것은 종교의 전환이라기보다는 지배 세력의 전환이라는 측면이 강하다. 힌두교는 포용력을 발휘하여 불교 교리 전체를 자신의 일부로 싸안았다. 다만 민중들은 기존 지배층이 몰락하자 지배층의 종교인 불교도 함께 버렸을 뿐이다.

힌두교는 수천 년 동안 축적된 전설과 신화, 사상과 철학을 모두 합한 것이고, 따라서 경전도 『리그베다』, 『우파니샤드』, 『라마야나』, 『마하바라타』, 『바가바드기타』 등 수십 종에 이른다. 요즘 인기를 끌고 있는 요가 수행도 힌두교의 종교 의식 가운데 하나이다. 하지만 힌두교는 이렇게 잡다하고 복잡하기 때문에 불교와는 달리 외부 세계로 전파될 수가 없었다.

800년 크리스마스에 있었던 일

기독교의 분열과 독일 · 프랑스 · 이탈리아의 탄생

800년 크리스마스, 로마의 성 베드로 성당에 많은 시민들이 모여들었다. 단지 연례적인 크리스마스 행사 때문만은 아니었다. 바로 이날 행사에 참석한 프랑크 왕국의 카를 대제(프랑스식으로는 샤를마뉴 대제)가 관심의 초점이었다. 그가 제단 앞으로 나오자 교황 레오 3세는 그의 머리에 로마 황제의 왕관을 씌워 주었다. 로마 제국에서 새 황제가 즉위할 때는 교황이 왕관을 씌워 주는 대관식을 가지는 것이 전통인데, 이날은 로마를 멸망시킨 게르만족의 나라인 프랑크 왕국의 국왕이 로마 황제의 지위에 오르는, 유럽사에 한 획을 긋는 뜻깊은 날이었던 것이다.

476년 서로마 제국을 멸망시킨 장본인인 게르만족이 그로부터 300여 년 뒤 기독교의 정신적 지주인 교황으로부터 로마 황제의 직위를 받게 된 것은 역사의 아이러니가 아닐 수 없다. 무엇이 이러한 역사의 아이러니를 연출하게 한 것일까? 그것은 다름 아니라 세속 권력을 대표하는 동로마 황제와 국교인 기독교를 대표하는 교황 사이에 벌어진 치열한 권력 투쟁이었다.

동로마 제국, 즉 비잔틴 제국은 서로마 제국이 멸망한 뒤 콘스탄티

성 소피아 성당 터키 이스탄불에 있으며 지금은 박물관이다.

노플을 수도로 삼아 영광스런 옛 로마의 계승자임을 자처하며 지중해의 중심 세력으로 자리 잡았다. 특히 기독교의 발상지이자 수호국으로서 자부심이 대단했다. 수도인 콘스탄티노플은 바로 기독교를 공인한 콘스탄티누스 황제의 이름을 본떠서 만든 지명이다(물론 콘스탄티누스는 비잔틴 최초의 황제로 이곳을 수도로 정한 황제이기도 하다).

현재는 터키의 최대 도시 이스탄불로 불리는 콘스탄티노플은 흑해와 지중해를 연결하는 통로인 보스포러스 해협을 사이에 두고 있는데, 이 도시의 해안가 작은 언덕에 웅장한 규모의 성 소피아 성당이 있다. 그런데 이 성당의 벽에는 재미 있는 모자이크 그림이 그려져 있다. 중앙에 아기 예수를 안고 있는 성모 마리아가 그려져 있고, 오른쪽에는 성곽 건물을 들고 있는 인물이 그려져 있다. 그는 바로 이 도시를 일군 콘스탄티

성 모자와 황제들 왼쪽에서 유스티니아누스 황제가 이 성당을, 오른쪽에서 콘스탄티누스 황제가 콘스탄티노플 성채를 헌납하고 있다.

누스 황제이다. 그리고 왼쪽에는 성당 건물을 들고 있는 인물이 그려져 있는데, 그는 537년에 이 성당을 건축한 유스티니아누스 1세이다. 교회의 그림에 교황은 없고 황제들만 등장하고 있다. 즉, 황제들은 성직자 위계질서에서조차 자신들이 교황보다 더 높은 위치에 있다는 것을 은연중에 강조했던 것이다.

결국 726년에 황제와 교황이 정면으로 충돌하고 말았다. 황제 레오 3세(800년 당시의 교황 레오 3세와는 동명이인)가 갑자기 예수와 성모 마리아 등을 그린 그림이나 조각의 사용을 전면 금지하고 폐기하라는 이른바 '성상(聖像) 파괴령'을 내린 것이 도화선이 되었다. 『구약성서』에 나오는 모세의 십계명에 형상을 만들어 숭배하는 것을 금지했다는 것이 이유였다. 성상 파괴령은 레오 3세의 아들 콘스탄티누스 5세에 이르러 더욱 정력적으로 추진되어 곳곳에서 성상 파괴가 이루어졌고 반대자에게는 혹독한 탄압이 가해졌다.

그러나 비잔틴 황제의 이런 독단적인 조치는 로마 교황으로서는 받아들일 수 없는 것이었다. 당시에 기독교인들은 일상적으로 성상을 사용하고 있었고, 이는 또한 게르만족과 같은 미개인들에게 포교하는 데 효과적인 방법이었기 때문이다. 더욱 큰 문제는 세속 황제가 교리상의 문제에 결정권을 가지는 데 대한 로마 교황 측의 자존심 손상이었다. 당시 로마는 지리적으로는 콘스탄티노플을 중심으로 하는 비잔틴 제국에서 볼 때 변방에 치우쳐 있었지만, 교황들은 로마를 예수의 사도 베드로가 최초로 교회를 세운 성지로서 기독교의 중심지로 생각하고 있었다. 반면 비잔틴 황제들은 교회란 그것이 위치한 곳의 정치적 중요성에 따라 그 위상이 결정된다는, 즉 콘스탄티노플 교회가 중심 교회라는 입장이었다.

세속 권력과 성직자 사이의 이러한 알력과 긴장에서 어느 쪽이 우위를 차지할 것인가는 뻔한 일이었다. 교리 문제에 대한 해석을 내리는 최고 공식 기관인 에큐메니컬 공의회가 아무리 교황의 편을 들어 주어도, 막강한 물리력을 갖춘 세속 권력이 일방적인 우세를 보이는 것은 당연했다. 800년 당시의 교황 레오 3세는 성상 파괴 반대를 줄기차게 주장하다 테러를 당해 눈이 뽑히고 혀가 잘린 채 알프스 산맥을 넘어 도망갈 정도였다.

이때 교황 레오 3세를 도와준 사람이 바로 프랑크 왕국의 카를 대제였다. 당시 프랑크 왕국은 오늘날의 독일과 프랑스, 알프스 이북 지역을 장악한 광대한 왕국이었다. 프랑크 왕국은 원래 남하해 온 게르만족이 서로마를 멸망시키고 건설한 왕국이지만 이미 6세기에 기독교로 개종한 상태였을 뿐 아니라, 카를 대제의 아버지는 이탈리아 북부의 롬바르드 왕국을 정복하고 그 지역을 로마 교황에게 헌납할 정도로 로마 교황에 대한 신심이 깊었다. 카를 대제가 교황 레오 3세를 기꺼이 구원해 준 것도 이런 맥락에서였다.

몹쓸 테러까지 당하며 세속 권력의 비정함을 맛본 교황 레오 3세는 '이에는 이'라는 심정으로 카를 대제와 결탁해 비잔틴 황제에게 대항하기로 결심한다. 이렇게 해서 800년 크리스마스 날, 교황이 카를 대제에게 로마 황제의 왕관을 씌워 주게 된 것이다.

교황 레오 3세의 이러한 행동은 비잔틴에 로마 황제가 멀쩡하게 살아 있는 가운데 또 하나의 로마 황제를 탄생시키는 결과를 가져왔다. 비잔틴 측으로서는 분개해 마지않을 일이었지만, 당시 이슬람 통일 제국인 아바스 왕조의 침공으로 행동반경이 날이 갈수록 좁아지고 있던 터라 달리 대응할 방도가 없었다. 하지만 마음만은 로마 교황에 대한 적개심으로 가득 차 그들과는 영원히 결별하기로 했다.

이렇게 해서 탄생한 것이 오늘날 그리스 정교회 또는 동방 정교회라고 부르는 교파이다. 그리스 정교회나 동방 정교회는 모두 나중에 유럽 입장에서 붙인 이름으로, 그리스 정교회는 당시 비잔틴이 그리스 문화의 계승자임을 자처한 데서 붙여진 것이다. 성 소피아 성당의 소피아(sophia)란 단어도 그리스어로 '지혜'라는 뜻이다. 동방 정교회는 유럽에서 보면

카를 대제의 대관식 성 베드로 성당에서 교황 레오 3세가 카를 대제에게 로마 황제의 관을 씌워 주고 있다. 라파엘로의 그림.

비잔틴이 동쪽에 있었기 때문에 붙여진 이름이다. 그러나 오늘날 정작 동방 정교회 신도들은 자신들을 '정통 가톨릭교회'(Orthodox Catholic Church), 줄여서 정교회라고 부른다.

이들 동방 정교회가 아직까지도 성상 숭배를 거부하는 것은 아니고, 이미 843년에 비잔틴 황제가 이를 철회해 교리상으로는 현재의 가톨릭과 다를 게 없다. 다만 결혼한 자가 신부가 되는 것을 허용하는 점이 가톨릭과 다를 뿐이다. 그렇지만 실제 운영 체제에서 로마 교황과 같은 개별 교회를 지도하는 상급 체제만은 일체 인정하지 않는다. 로마 교황과의 치열한 권력 투쟁이 남긴 흔적이다. 동방 정교회는 현재 러시아 지역에 많이 남아 있는데, 이는 비잔틴이 이슬람의 침공을 받으면서 포교의 방향을 북쪽으로 돌린 결과이다.

한편, 영토 확장과 함께 로마 황제의 직위까지 받은 카를 대제는 프랑크 왕국의 전성기를 이루고 814년에 72세로 생을 마감한다. 그러나 그의 후계자들은 그가 마련해 준 전성기를 유지하지 못한다. 남쪽에서는 이슬람 세력이 아프리카 북부를 거쳐 에스파냐까지 진출해 지중해의 제해권을 장악한 데다, 북쪽에서는 잉글랜드 지방의 바이킹족이 수시로 침공을 해 왔다. 또 동쪽에서는 나중에 헝가리 왕국을 건설하게 되는 마자르족이 쳐들어왔다. 특히 마자르족은 기마 유목 민족으로서 말을 타고 달리며 화살을 자유자재로 쏘아 프랑크 사람들에게 공포감을 안겨 주었다.

이러한 외부의 압력에 후계자들 사이의 내분까지 겹쳐 프랑크 왕국은 마침내 여러 조각으로 쪼개지고 만다. 특히 프랑크 왕국의 정치 경제 체제가 중세 유럽의 전형으로 일컬어지는 자급자족적 장원을 단위로 운영되는 느슨한 체제였기 때문에 왕국의 분열이 손쉽게 이루어졌다. 결국 프랑크 왕국은 동프랑크 왕국, 서프랑크 왕국, 이탈리아 왕국으로 분열되었으며, 이것이 각각 오늘날 독일, 프랑스, 이탈리아의 시초가 되었다.

오늘날 이들 3국에게 카를 대제는 우리나라의 단군에 비견될 만한 전설적인 건국 영웅이며, 실제로 이들 나라의 전설 속에 카를 대제는 200세를 산 영웅으로 묘사되고 있다. 그리고 카를 대제에게 로마 황제의 왕관을 씌워 준 로마 교황에 대한 존경심에서 이후 프랑크인들은 모두 열렬한 기독교 신도가 되었고, 이는 오늘날까지 이어지고 있다.

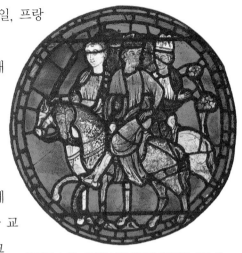

〈롤랑의 노래〉 롤랑은 카를 대제가 이베리아 반도 원정 길에 함께했던 백작이다. 이 원정은 나중에 이슬람을 무찌르는 성전으로 미화되었고 〈롤랑의 노래〉라는 예술 작품으로 발전했다.

카를 대제의 영웅적 행적을 묘사한 고전적 서사시가 〈롤랑의 노래〉인데 778년 카를 대제가 에스파냐로 침공해 들어온 이슬람 세력을 격퇴하는 무용담을 담고 있다. 〈롤랑의 노래〉 마지막 부분에서 임종을 맞이한 카를 대제에게 천사가 나타나 "네 임무는 아직 끝나지 않았다. 수많은 기독교인들이 너의 구원을 기다리고 있다."고 말한다. 그러자 늙은 국왕 카를 대제는 "신이여, 우리 삶은 어찌도 이리 고통스럽습니까?"라며 눈물을 흘린다. 훗날 십자군 전쟁에 참여한 수많은 기사들이 이 구절을 암송하며 전장으로 향했다고 한다.

한편, 프랑크 왕국이 분열되자 각국의 왕들이 교황도 없는 자리에서 제멋대로 로마 황제의 대관식을 가지는 파행이 계속되었다. 로마 교황으로서는 하루 빨리 정식으로 왕관의 주인을 결정해야만 했다.

그러던 중 936년에 즉위한 동프랑크 왕국의 국왕 오토 1세가 로마 교황의 환심을 사는 데 성공했다. 그는 성직자를 장관으로 기용했으며 주변의 이민족들에게도 정력적으로 기독교를 포교했다. 교황 요하네스 12세는 그의 기특함에 감복해 962년, 자신의 손으로 오토 1세의 머리에 로마 황제의 왕관을 씌워 주었다. 카를 대제 이후 162년 만의 일이었다. 그래서 프랑크인들은 962년 이후의 동프랑크 왕국을 교황의 대관식을 받지 못한 비잔틴 제국과 대비해서 '신성(神聖) 로마 제국'으로 불렀다.

송나라의 과거 제도와 입시 지옥

평민에게도 개방된 출세의 관문

충청북도 제천에서 충주 쪽으로 가다 보면 반드시 넘게 되는 고개가 하나 있는데, 그 이름은 누구나 들으면 알 만한 박달재이다. 특히 박달재는 "천등산 박달재를 울고 넘는 우리 님아"로 시작되는 〈울고 넘는 박달재〉라는 오래된 유행가 때문에 유명해졌다. 높이는 해발 500여 미터로 그리 높지 않지만 길이 꽤 꼬불꼬불하고 가팔라서 상당히 험하게 느껴지는 고개이다. 이 박달재에 얽힌 전설이 있다.

조선 시대 어느 때 경상도의 박달이라는 선비가 서울로 과거를 보러 가다 이 고개 아래 범말이라는 마을에서 하룻밤을 묵게 되었다. 그런데 그 마을의 금봉이라는 처녀와 눈이 맞아 하룻밤을 지내고 백년가약을 맺었다. 박달은 금봉이에게 과거에 합격한 후 곧바로 돌아오겠다며 서울로 갔으나 불행히도 과거에 낙방하고 말았다. 그는 재수, 삼수를 했지만 계속 낙방만 하다 많은 세월이 흘렀다. 한편 금봉이는 고갯마루에 올라 그가 돌아오기를 이제나저제나 기다리다 마침내 실성해 고개 아래로 떨어져 죽고 말았다. 몇 년 뒤 과거를 포기한 박달이 뒤늦게 금봉이를 찾아왔으나 이미 죽어 버린 것을 알고는 그도 실성해 금봉이가 떨어진 자리에서 똑같이 떨어져 죽고 말았다고 한다.

결국 과거 시험이 두 남녀의 이승에서의 행복을 앗아 가 버린 셈이다. 그만큼 과거는 조선 시대에 양반 남자라면 이 세상에 태어나서 반드시 거쳐야 할 관문이었다. 이런 과거제의 전통은 오늘의 한국에도 입시 지옥으로, 고시 열풍으로 의연히 계승되고 있다.

이러한 과거제가 관료 충원 방식으로 확립된 것은 10세기 중반 중국 송나라 때이다. 송나라에서도 과거를 향한 청년들의 집념은 대단했다. 남자 아이의 경우 8세 정도가 되면 4서와 5경을 외우기 시작하는데, 이 경전들의 글자는 모두 합해 43만 자나 된다. 이 43만 자를 완전히 암기해 자유자재로 구술할 수 있어야만 시험 답안을 작성할 수 있었다. 경쟁률도 높아서 대략 100 대 1을 넘었다고 한다. 그러니 수많은 낙방자가 발생했을 터이다. 그렇지만 과거가 인생에서 유일한 출세 통로였기 때문에 계속 도전할 수밖에 없는 상황이었다. 75세가 되어서야 합격한 사례도 있다고 한다.

과거를 위한 속옷 과거 급제는 유일한 출세 통로여서 이런 커닝용 속옷까지 만들어졌다.

사정이 이렇다 보니 어떻게든 합격하고 보자는 심리가 발동해 다양한 커닝 수단이 동원되었다. 예상 답안을 조그만 쪽지에 깨알같이 써서 점심 도시락인 만두 속에 감추어 가지고 시험장에 들어가는가 하면, 속저고리에 가득히 글을 써서 시험장에 입고 들어가는 경우도 있었다. 한편 여인들이 시집갈 때 가지고 가는 구리거울의 뒷면에는 "5자등과"(五子登科)라는 글귀가 새겨져 있었는데 이는 아들 다섯을 낳아서 모두 과거에 합격시키기를 바라는 간절한 염원을 담은 것이다.

수 문제 수나라를 건국한 문제는 귀족 가문을 제압하기 위해 과거 제도를 고안해 냈다.

송나라에서 이렇게 과거 열풍이 분 이유는 무엇일까? 이는 그 전까지 관료 충원 방식이 어떠했는가를 보면 금방 알 수 있다. 동양이나 서양이나 마찬가지이지만, 그리고 서양의 경우 그 후에도 한참 동안 그랬지만, 그때까지 국왕이나 황제를 둘러싸고 국정을 운영하는 관료층은 유력한 귀족 가문들에서 충원되었다. 그런 점에서 볼 때 평민들도 시험에만 합격하면 관료가 될 수 있다는 과거 제도는 엄청난 변혁이었고, 이 시험에 모든 평민들이 앞다투어 몰려든 것은 당연한 일이었다.

실제로 중국에서 과거를 처음으로 실시한 사람은 581년 수나라를 건국한 문제(文帝)였다. 그는 이전의 남북조 시대에 전국이 분열되어 패권 싸움에 열중하게 된 원인이 귀족층에 있다고 생각했다. 따라서 통일 제국을 원활하게 운영하기 위해서는 귀족 가문들이 날뛰지 못하도록 제압해야만 했는데, 그래서 고안해 낸 것이 바로 '과거 제도'였던 것이다.

수나라는 무리하게 고구려를 침공했다가 대패한 뒤 그 후유증으로 40년도 못 되어 무너져 버렸지만, 이 과거제는 당나라에 그대로 계승되었다. 당의 황제들 역시 수 문제와 똑같은 문제의식을 갖고 있었기 때문이다. 그러나 당에서는 과거제가 효력을 제대로 발휘하지 못했다. 기존 문벌 귀족들의 힘이 워낙 강해서 과거로 선출된 신진 세력에 강력하게 맞섰기 때문이다. 당이 말기에 극심한 당쟁에 휘말린 것은 이러한 문벌 귀족 세력과 과거 출신 세력 간의 권력 투쟁 때문이기도 했던 것이다.

당이 붕괴된 뒤 거의 100년 동안 이전의 남북조 시대와 비슷한 5대 10국의 혼란한 시대를 겪고 나서야 중원을 통일한 송은 이제 더 강력한 황제 세력 구축에 나서게 된다. 그 핵심이 바로 철저히 시행되는 과거제를 통한 관료 충원이었다.

송나라에서는 과거를 '전시'(殿試)라고 했는데, 이는 황제의 궁전에서 황제가 직접 감독하는 가운데 과거를 치렀기 때문에 붙여진 이름이다. 황제가 직접 과거를 주관했으니 권위도 한층 높아졌겠지만 그 동기는 사실 딴 데 있었다. 바로 시험 부정을 없애기 위한 것이었다. 당나라 때는 시험 감독관을 좌주(座主)라고 하고 수험생을 문생(門生)이라고 하는 풍조가 있었는데, 이를테면 과거 합격자들은 "나는 아무개 좌주의 문생이오."라고 말하며 다녔다. 이는 바로 시험 감독관을 정점으로 하는 파벌이 형성되었다는 것을 뜻한다. 이런 파벌도 당 말기의 당쟁에 일조를 한 것은 물론이다. 이 파벌들을 깨끗이 쓸어 버리기 위해 황제가 직접 시험 감독관으로 나선 것이다.

그러나 송나라 때 과거제가 관료 충원 제도로 확고하게 자리 잡은 것은 황제의 의도에 의한 것만은 아니었다. 먹고살 것이 없는데도 오직 과거 합격을 바라보고 4서와 5경만 외우고 있을 수는 없는 일이다. 요컨대 그만큼 생활이 풍족하지 않고는 경쟁률 높은 과거에 매달릴 수 없다는 것이다.

당이 붕괴되고 난 뒤 100년 가까이 5대 10국의 혼란기가 지속되었는데, 이 약육강식의 혼란기는 무인(武人)들에게 다시없는 기회였다. 이들은 기존의 귀족 관료층이 가지고 있던 기득권을 모두 무너뜨려 버렸다. 그러나 기득권 붕괴의 이득은 무인들만의 차지가 아니었다. 지방에서는 귀족층에게 억압받던 유력자들이 혼란기에 황폐화된 토지를 개간하며 대토지 소유자로 부상했다. 때마침 농업 기술도 크게 향상되어 이러한 대토지 소유 현상은 더욱 확대되었다. 일단 재력을 소유하게 된 이들은 축적한 재산을 안전하게 보호해 줄 강력한 정치 세력을 요구하게 된다. 송의 중원 재통일은 바로 이런 대토지 소유자들의 지원 아래 가능했던 것이다. 그리고 이들이 바로 송 대의 과거 열풍을 불러일으킨 것이다.

　　아울러 인쇄술과 제지술의 발달도 과거제가 확대되는 데 일조했다. 수나라 때는 인쇄술과 제지술이 뒤떨어져 지방에서는 43만 자나 되는 4서와 5경을 일일이 베껴 써야 했다. 그런 번거로움도 과거가 활성화되지 못한 한 이유가 되었다. 그러나 대토지를 소유하고 막대한 잉여 생산물을 산출하는 신흥 계층이 부상함에 따라 인쇄술과 제지술도 비약적인 발전을 하게 된 것이다.

　　하지만 지원자가 많아지고 합격자도 늘어남에 따라 문제가 발생했다. 과거에 합격한 사람을 '진사'(進士)라고 하는데, 현직에 임명되지 못하고 집에서 노는 진사들이 계속 누적된 것이

왕안석 과거제의 폐단을 해결하기 위해 관료 양성소를 주장하고 시행했지만 기득권 세력에 밀려 그의 꿈은 수포로 돌아간다.

다. 바로 오늘날의 대졸 실업자 문제와 비슷했다. 또 한편, 오랫동안 과거를 실시하다 보니 오로지 경전만 달달 외워 가지고 과거에 합격한 자가 복잡한 기능이 요구되는 현장 행정에는 문제가 있다는 것도 밝혀졌다.

　이러한 문제를 정확하게 인식하고 해결을 시도한 사람이 왕안석이다. 그는 국정 수행 능력을 기르는 학교를 세우고 그곳에서 체계적인 교육을 시행해 관료를 양성해야 한다고 주장했으며, 한때 실제로 시행하기도 했다. 그러나 이미 과거에 합격한 자들이 반대할 것은 뻔한 일이었다. 결국 그의 꿈은 수포로 돌아가고 말았다.

　어쨌든 시험을 쳐서 관료를 선발하는 중국의 제도는 오늘날 세계 거의 모든 나라가 채택하고 있는 데서도 알 수 있듯이 선진적인 제도였음이 틀림없다. 물론 당시 장원의 틀 안에 갇혀 살던 유럽에서는 생각하지도 못한 제도로, 서구에서는 오늘날에도 시험보다는 투표에 의한 선출을 더 선호하는 경향이 있다.

러시아는 어떻게 건국되었나

해상 무역의 강자 바이킹족이 세운 팽창주의 국가

1991년 사회주의 진영의 중심 국가인 소비에트 연방 즉, 소련이 붕괴해 전 세계를 놀라게 했다. 소련은 동유럽을 비롯하여 전 세계 사회주의 국가들을 이끄는 사회주의의 종주국이었기 때문에 소련의 붕괴는 곧바로 사회주의 체제의 몰락과 동일시되었다. 실제로도 소련의 붕괴와 함께 전 세계의 사회주의 정권이 도미노 현상을 일으키며 쓰러졌다.

비평가들은 소련의 붕괴로 사회주의 실험은 러시아 10월 혁명 이후 70년 만에 실패로 끝났다고 평가했다. 이렇게 보면 마치 문제가 사회주의라는 이념에만 있는 것 같지만 안을 들여다보면 꼭 그렇지만도 않다는 것을 알게 된다. 소련을 구성하고 있던 15개 공화국이 일제히 독립을 선언하면서 떨어져 나갈 때 그 중심 공화국인 러시아 공화국은 사회주의 체제를 포기할 테니 연방은 유지하자고 각 공화국들을 설득했다. 그런데도 연방에 남겠다는 공화국은 거의 없었다. 소련 해체의 근원적인 동기는 사회주의 체제만이 아니라 다른 데에도 있었던 것이다.

역사적으로 보면, 면적상으로 미국이나 중국보다도 두 배나 큰 세계 최대의 연방 국가를 이룬 것은 공산주의자들이 아니었다. 소련 이전에

1000년 동안 러시아 제국은 팽창을 계속해 왔고, 소련 공산주의자들은 1917년 10월 혁명 뒤 오히려 그러한 팽창을 멈추게 했다(얼마 뒤 스탈린 체제 아래에서 팽창주의가 재개되기는 했다). 따라서 소련이 세계 최대의 영토와 세계 6위의 인구를 가진 대국이 된 배경을 오직 사회주의 정권의 철권통치만 가지고 설명할 수는 없다. 거기에는 10세기 말 러시아에 최초로 왕국이 수립된 후 1000년 동안의 팽창주의 역사가 자리잡고 있는 것이다.

흔히 러시아의 민족은 슬라브족으로 알려져 있다. 하지만 러시아라는 국가를 세우고 대국으로 성장할 발판을 마련한 건국 시조는 슬라브족이라기보다는 우리한테 해적으로 잘 알려져 있는 바이킹족이다. 엄밀하게 말해서 러시아를 구성하고 있는 민족은 루스(rus)족인데, 이 루스족은 바로 슬라브족과 바이킹족의 혼혈 민족인 것이다.

바이킹족은 9세기에서 11세기 사이에 유럽 곳곳을 누비며 약탈을 일삼아 흔히 '해적'이라고 불린다. 그러나 이것은 다분히 유럽 중심적인 명칭이다. 따지고 보면 유럽인들도 로마인들이 보기에는 바바리안(babarian : 미개인)이었다. 바이킹이 잉글랜드나 유럽 북부 해안을 수시로 약탈한 것은 사실이지만, 그것은 그들 활동의 일부였다. 바이킹들은 주로 상업 교역에 종사했으며, 그 주무대는 유럽이 아니라 훨씬 남쪽의 비잔틴과 이슬람 지역이었다. 왜냐하면 당시 세계에서 생산물이 가장 풍부하여 교역의 대상이 되는 중심

바이킹의 배 장식 바이킹은 유럽 곳곳을 배로 누비며 활발하게 교역 활동을 하였다.

지역이 그곳이었기 때문이다.

1900년대 초 러시아와 인접한 스웨덴의 빌카 섬과 고틀랜드 섬에 대한 유적 발굴 조사에서 다량의 아라비아 은화가 출토되어 학자들을 놀라게 한 적이 있다. 이슬람 세력은 최대로 팽창한 10세기에서 11세기 사이에도 북부 유럽까지는 미치지 못했기 때문이다. 스웨덴 지역은 당시 바이킹족의 활동 무대였다. 따라서 이 은화들은 바이킹족이 이슬람과 활발하게 교역을 했다는 실제적인 증거로 받아들여졌다.

스웨덴 빌카에서 발견된 바이킹의 유물 바이킹족의 활동 무대였던 이 지역에서 이슬람과 비잔틴의 은화가 무더기로 발견되었다.

그런데 문제의 핵심은 유럽 최북단 스칸디나비아 반도의 바이킹들이 유럽 남부의 비잔틴이나 중동의 이슬람과 교역을 하기 위해 사용한 경로이다. 바이킹이 해양 민족이기 때문에 대서양을 남하해서 이베리아 반도를 돌아 지중해로 들어가는 경로를 생각해 볼 수 있지만, 지도를 펴 놓고 보면 알 수 있듯이 이것은 엄청나게 돌아가는 길이다. 바이킹의 근거지인 발트 해에서 이들 지역까지의 최단 거리는 육지를 가로질러 직접 흑해나 카스피 해로 내려가는 경로이다. 오늘날의 러시아 영토 한복판을 가로지르는 것이다. 그리고 실제로 바이킹들은 이 경로를 이용했다.

북유럽의 발트 해에서 핀란드 만으로 들어가 수로를 이용하면 내륙의 라도가 호수로 연결된다. 이 라도가 호수에서 여러 강들이 발원하는데 곧바로 남쪽으로 수로를 따라가다 보면 드네프르 강과 만나게 된다.

그리고 드네프르 강은 흑해로 흘러 들어간다. 흑해의 서쪽 출구에 콘스탄티노플이 있으니 바로 비잔틴까지의 최단 경로가 되는 것이다.

한편 라도가 호수에서 더 동쪽으로 가면 볼가 강과 만나게 되고, 이 볼가 강은 카스피 해로 흘러 들어간다. 카스피 해의 남쪽 해안이 현재의 이란인데 당시에는 바로 이슬람의 중심지였다. 이 두 경로가 바이킹들이 주로 이용한 무역 통로였다.

바이킹들은 이 두 경로를 따라 왕래하다가 곳곳에 무역 도시를 건설했으며, 이것이 러시아의 기원이 되었다. 바이킹들은 라도가 호수로부터 남하하는 데스나 강 연안에는 노브고로드를 건설했고 흑해로 흘러 들어가는 드네프르 강 연안에는 키예프를 건설했는데, 이때 이곳에 정착한 바이킹을 '배를 젓는 사람'이라는 뜻의 루스족이라고 불렀다. 이들이 현대 러시아인(Russian)의 기원이 되었다. 물론 고대 때부터 슬라브족이 러

바이킹의 하천 교역로 바이킹의 교역 경로는 비잔틴 세계인 흑해, 이슬람 중심지에 이르는 카스피 해까지 이르렀다.

키예프의 번화가 키예프는 바이킹이 교역로 중간에 만든 상업 도시이다. 19세기 후반의 사진.

시아에 정착해 살아왔던 것은 사실이다. 그러나 10세기 무렵 이 지역의 중심 세력은 바이킹이었고, 결국 정착한 바이킹이 슬라브족과 혼혈이 되어서 루스족이 된 것이다.

바이킹이 세운 무역 도시 중에서도 가장 번성한 도시는 키예프였다. 키예프는 8세기 무렵 건설되어 번영하다가 9세기 말에 루스족에 의해 키예프-루시 공국(公國)으로 성장했다. 이것이 러시아에 세워진 최초의 왕국이다.

키예프-루시 공국은 비잔틴의 콘스탄티노플과 이슬람의 바그다드를 왕래하면서 주로 비단과 은화를 수입했다. 특히 중국 비단을 모방해 만든 비잔틴의 비단은 키예프의 여성들에게 인기가 높았다고 한다. 반면에 그들이 수출하는 상품은 모피가 고작이었다. 그런데 모피는 남쪽 더운 지방에서는 수요가 많지 않아 좀 더 경쟁력 있는 상품을 개발해야 했다. 그들이 개발한 최대의 상품은 인간, 즉 노예였다. 그래서 키예프의 루스인들은 쉬지 않고 주변 슬라브인들을 사냥해 콘스탄티노플과 바그다드의 노예 시장에 내다 팔았다. 이들은 한때 오늘날의 체코와 오스트리아 부근까지 가서 노예사냥을 했다고 한다. 오늘날 사회주의 체제가 붕괴하면서 연방을 지탱하던 힘이 사라져 버리자 러시아 주변의 각 공화국들이 앞다투어 이탈을 선언하고 나선 배경에는 이러한 뿌리 깊은 피해 의식이 자리잡고 있는 것이다.

한편, 비잔틴과 활발한 교역을 하던 키예프-루시 공국의 블라디미르 1세는 988년 비잔틴 황제의 누이와 결혼하면서 비잔틴의 동방 정교를 받아들여 더욱 번성했다. 오늘날까지 러시아에 동방 정교 신도가 많은 것은 이 때문이다. 당시 비잔틴은 동방 정교 포교에 안간힘을 쓰고 있었

세례받는 블라디미르 1세 비잔틴 황제의 누이와 결혼하고 동방 정교를 받아들였다.

는데, 남쪽과 동쪽으로는 이슬람 세력에게 막히고 서쪽으로는 프랑크 왕국에게 막혀 결국 북쪽으로 향할 수밖에 없었던 결과이다.

이때 키예프 지역에 대한 포교에 나선 사람으로 메토디오스와 키릴이라는 두 형제가 유명하다. 이들이 유명해진 이유는 그때까지 미개하던 슬라브인들에게 문자를 만들어 주었기 때문이다. 이들 형제는 동방 정교 포교를 위해 성서를 번역하려다가 루스인들이 아직 제대로 된 문자를 가지고 있지 않다는

것을 알게 되었다. 그래서 로마 문자를 조금 변형해서 그들에게 적합한 문자를 만들어 주었다. 이것이 오늘날의 러시아 문자이다. 러시아 문자가 영어 알파벳보다는 옛 로마 문자에 가깝게 보이는 것은 이 때문이다. 이 러시아 문자를 '키릴 문자'라고 하는데, 물론 만든 사람의 이름을 따서 붙인 것이다.

키예프는 러시아 최초의 도시 왕국으로서 번창했는데, 기반 산업이 상업이었기 때문에 끊임없이 교통로를 확보해야 했고 이는 자연히 팽창주의로 연결되었다. 당시 러시아의 나머지 넓은 땅에는 노브고로드 공국, 모스크바 공국 등 작은 도시국가들이 난립해 있었으므로 먼저 이들을 통합해서 강력한 통일 제국을 형성해야 했다. 마침내 15세기 무렵 모스크바 공국이 패권을 잡았으며, 모스크바 공국의 이반 3세는 벨로루시 등 모스크바 일대와 키예프가 있던 우크라이나 일대를 합병하면서 대제국의 기초를 다졌다. 그리고 18세기에는 표트르 대제의 치적에 힘입어전 세계가 무시 못 할 강국으로 부상했고 대외 팽창주의는 더욱 거세졌다. 19세기 말에 이르면 우리나라에도 러시아의 팽창 물결이 닥쳐 1896년 고종이 러시아 영사관으로 거처를 옮기는 아관파천 같은 사건이 일어나게 된다.

결국 10세기부터 20세기까지 약 1000년의 러시아 역사를 거시적으로 훑어보면, 원래는 유목 민족이 초원에 드문드문 흩어져 살던 곳에 상업 무역을 하던 루스족이 작은 왕국을 세운 것이 발단이 되어 계속 팽창해 왔다고 할 수 있다. 그러다 사회주의 혁명으로 차르 체제의 팽창이 정지되고 각 지역은 연방의 형태로 형식적이나마 독립성을 부여받았다. 그리고 사회주의가 몰락하면서 이러한 연방마저 해체되고 각각 독립해 원래의 상태로 되돌아간 것이다.

십자군 전쟁은 성전이었나

성지 수복 명분 아래 자행된 추악한 약탈 전쟁

1095년 11월 28일, 서프랑크(프랑스) 남부의 작은 마을 클레르몽. 인구 1000명 남짓의 작은 마을인 이곳에 각지로부터 수천 명의 군중이 모여들었다. 교황 우르바누스 2세가 이곳에서 공의회를 소집했기 때문이다. 이번 클레르몽 공의회에서는 여느 공의회와는 달리 어떤 특별한 결정이 있을 것이라는 예고가 있었다. 이날 수천 군중 앞에 모습을 나타낸 교황 우르바누스 2세는 다음과 같은 연설을 했다.

"예루살렘과 콘스탄티노플의 형제들이 긴급히 호소하고 있습니다. 페르시아 지방으로부터 침입해 온 투르크인들이 무력으로 기독교인들을 추방하고 약탈을 자행하며, 마을을 불태워 버리고 있다고 합니다. 신성한 교회를 부수고 신앙을 유린하고 있습니다. …… 이러한 악을 물리치고 그 땅을 회복하는 것은 우리의 의무일 것입니다."

이러한 연설을 듣고 군중들이 흥분해서 투르크인과 이슬람교인들에 대한 분노의 감정에 휩싸인 것은 당연한 일이었다. 이렇게 해서 예루살렘을 이교도로부터 탈환하려는 십자군이 모집되고, 이후 200년에 걸쳐 전개될 십자군 전쟁이 시작되었다.

하지만 이날 우르바누스 2세의 연설은 사실 거짓이었다. 투르크인 (우리에게는 중국식 발음인 '돌궐'이란 명칭이 익숙하다)들은 흑해 이북 중앙 아시아 지역에서 생활하던 유목 민족으로 당시 아랍 지역으로 남하해 이슬람 제국과 비잔틴을 압박해 왔다. 그리고 이들이 예루살렘까지 장악한 것은 사실이었지만, 정작 기독교도의 성지 순례를 방해한 적은 없었다. 물론 그 전에 예루살렘을 차지하고 있던 이슬람 제국도 기독교도의 순례를 막은 적은 없었다. 그렇다면 교황 우르바누스 2세가 난데없이 성지 회복을 주창하고 나선 배경은 어디에 있었던 것일까?

교황의 진짜 속셈은 좀 더 정치적인 데 있었다. 클레르몽 공의회 직전에 콘스탄티노플의 비잔틴 황제가 교황에게 밀사를 보내 군대를 파견해 줄 것을 요청한 것은 사실이었다. 투르크족이 비잔틴의 앞마당 격인 아나톨리아 지방을 점령함에 따라 수도인 콘스탄티노플마저도 함락당할 위기에 놓였기 때문이다. 교황으로서는 지난 9세기의 성상 파괴령 파동 이래 비잔틴과 결별하고 있었는데, 이번 일은 비잔틴을 교황의 세력권 안으로 흡수할 절호의 기회가 되는 것이었다.

이를 위해서는 프랑크 왕국의 정치가와 민중들을 동원해야 했는데 '성지 예루살렘 회복'이라는 명분이 아주 적합했던 것이다. 예루살렘은 예수의 묘지가 있고 예수가 처형당한 성스러운 십자가가 보존되어 있어 기독교인들이 꿈에 그리는 순례지인 데다가, 때마침 예수 탄생 1000년을 맞아 성지 순례

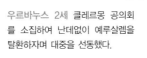

우르바누스 2세 클레르몽 공의회를 소집하여 난데없이 예루살렘을 탈환하자며 대중을 선동했다.

십자군 당시 종교 세력권 비잔틴의 그리스 정교회를 기독교권에 흡수하기 위한 로마 교황의 정치적 책략이 십자군 전쟁의 발단이다. 예루살렘은 이미 오래전부터 이슬람 세력권 안에 있었고 기독교인들의 순례도 허용되어 왔다.

붐이 일고 있었기 때문이다. 그러나 교황의 목표는 어디까지나 예루살렘이 아니라 비잔틴이었고, 실제로 1204년의 제4차 십자군은 마침내 비잔틴의 수도 콘스탄티노플을 공격, 점령하게 된다.

어쨌든 교황의 클레르몽 선언 이후 유럽인들은 벌 떼처럼 일어나 십자군에 자원했다. 그 열기가 어느 정도였는가 하면, 교황이 정식으로 모집한 제1차 십자군이 결성되기도 전에 성급한 민중이 1만 수천 명이나 자발적으로 모여 무장을 하고서 무작정 예루살렘을 향해 떠났을 정도이다.

그런데 이들이 단순히 종교적 사명감에 불타서 이렇게 광적으로 모여들었다고 보기에는 무언가 석연치 않은 점이 있다. 그들에게 중요한 것은 예루살렘이 성지일 뿐만 아니라, 교황이 말한 바에 따르면 '젖과 꿀이 흐르는 땅'이라는 점이었다. 장원에서 농노로 비참한 생활을 하던 농민들과 수공업자들, 그리고 현실에서 별로 성공하지 못한 기사들이 모두 '젖과 꿀이 흐르는 땅'에 가서 한몫 잡아 보겠다는 열망에 사로잡혔던 것이다.

따라서 1096년 무렵 콘스탄티노플에 속속 집결한 자발적인 '민중 십자군'과 교황의 축복을 받은 정식 십자군이 의기양양하게 "예루살렘이 어디냐?"고 물었을 때 비잔틴 사람들은 황당해했다. 그들은 코앞까지 들이닥친 투르크인들과 싸워 줄 원군이 필요했지, 이미 한참 전에 투르크인들에게 장악된 머나먼 예루살렘은 관심 밖이었던 것이다. 그러나 오합지졸인 '민중 십자군'은 프랑스를 출발해 얼마 안 가서부터 들르는 마을마다 "이곳이 예루살렘이냐?", "예루살렘이 여기서 얼마나 머냐?"고 물었다고 하니 십자군들의 안중에는 오로지 예루살렘만 있었음을 알 수 있다.

그러나 십자군이 콘스탄티노플에서 예루살렘으로 가려면 투르크인들이 진을 치고 있던 아나톨리아를 지나야만 했다. 십자군은 3년여에 걸친 전투 끝에 마침내 아나톨리아 지방을 돌파하는 데 성공한다. 하느님이 그들을 도왔는지 때마침 투르크인들은 이집트 지역으로 후퇴해 있던 이슬람 제국 파티마 왕조로부터 공격을 받고 있었고 내부적으로도 심하게 분열되어 전열이 흐트러졌기 때문이다.

마침내 1099년 7월, 십자군은 예루살렘에 입성했다. 고향을 떠난 지 4년여 만에야 온갖 고생 끝에 예루살렘에 입성한 십자군들은 환희에 찼고, 그 환희는 곧바로 이교도들에 대한 분풀이로 바뀌었다. 이때 예루살렘에서 이슬람교인 약 7만 명이 학살당했고, 유대인들도 화를 면하지 못했다. 물론 그들의 재산은 모조리 약탈되었다. 그리고 이곳에 기독교 국

십자군의 예루살렘 입성 십자군에 의해 평화롭던 예루살렘
은 파괴되고 약탈당했다.

가인 예루살렘 왕국을 건설해 십
자군들이 지배했다. 그들이 원했
던 대로 한몫 잡은 것이다.

이후 예루살렘을 차지하려는
십자군과 이슬람 세력 사이에 200
년 동안 공방전이 펼쳐지게 되는
데, 십자군은 시간이 지남에 따라
성지 회복의 사명감보다는 한몫
잡겠다는 열망이 점차 노골화된
다. 그런데 한몫 잡는 것만이라면
굳이 예루살렘만 목표로 할 필요
가 있겠는가. 어느 정도 재산이 있
다면 십자군 명목으로 사람들을
모아 무기와 배를 대 주고 부유한
도시를 지정해 약탈하게 하면 괜

찮은 돈벌이가 될 것이었다. 실제로 십자군 말기에 이르면 이탈리아 남
부 베네치아나 피렌체 같은 도시의 상인들이 이런 식의 짭짤한 돈벌이에
너도나도 나서게 된다. 십자군은 더 이상 '신의 군대'가 아니라 상인들에
고용된 용병이 되었다. 좀 더 약삭빠른 상인들은 1212년 아예 소년 십자
군을 모집한 뒤에 배에 태워 몽땅 노예로 팔아넘겨 이득을 챙기기도 했다.

이런 식의 돈벌이에 맛을 들인 베네치아 상인들은 1204년, 야심에
찬 약탈 계획을 세웠다. 바로 동서 무역의 중심지이며 당시 가장 부유한
도시였던 비잔틴의 수도 콘스탄티노플을 집어삼키기로 한 것이다. 더구
나 비잔틴 황실은 황제 계승을 둘러싼 내분으로 허약해질 대로 허약해져

있었고, 그들과 앙숙 관계인 로마 교황이 이를 용인해 줄 것은 뻔한 이치였다. 그해 4월 용병 십자군들은 3일 동안의 공세 끝에 콘스탄티노플에 입성한 뒤 주민들을 학살하고 보이는 것은 무조건 파괴해 버리고 약탈했다. 이로써 서로마 제국 멸망 이후 비잔틴 제국으로 명목을 유지해 오던 로마 제국은 마침내 2000여 년의 명맥이 끊기고 말았다.

한편 이렇게 십자군들이 상인들의 용병으로 전락해 엉뚱한 곳을 헤집고 다니는 동안 예루살렘은 점차 투르크인들의 수중에 들어가게 되고, 결국 1291년 시리아 지방에 남아 있던 마지막 십자군 근거지마저 함락됨으로써 십자군 전쟁은 명분마저도 잃고 막을 내린다.

그렇다면 200년에 걸친 십자군 전쟁이 남긴 손익 계산서는 어떻게 될까? 십자군 전쟁은 결국 애초에 내건 성지 회복의 사명은 완수하지 못했다. 그러나 교황의 의도가 처음부터 성지 회복 자체에 있지 않았기 때문에 계산법은 달라져야 한다.

교황의 진정한 목표는 비잔틴 지역을 교황의 세력권에 편입시키는 것이었다. 이 점에서는 비록 상인들의 욕망에 의해서이기는 하지만 비잔틴이 함락되고 그곳에 기독교 국가인 라틴 제국이 잠시 동안이나마 건설됨으로써 원했던 목표를 달성한 셈이다. 더욱 큰 실익은 교황의 명령 아래 다국적 십자군이 결성되면서 교황의 권위가 어느 때보다도 높아졌다는 것이다. 전 세계에 걸친 이러한 교황의 권위는 오늘날까지도 명맥을 이어 오고 있다.

경제적으로 보면 아무래도 도시의 상인들이 크게 한몫들을 잡았다. 특히 지중해의 동쪽 관문인 비잔틴 지역을 수중에 넣음으로써 동서 무역을 통해 엄청난 이득을 챙기게 되었다. 유럽에서는 이때부터 인도의 각종 향신료와 설탕, 중국의 비단 등이 낯설지 않은 상품이 된다. 그리고 비잔틴이 간직하고 있던 옛 그리스 문화는 유일신교인 기독교의 배타적 교리 때문에 숨 막혀 하던 유럽인들에게 엄청난 충격을 준다. 얼마 후 이는 르네상스라는 거대한 태풍을 형성하게 된다.

그렇다면 손해 본 자들은 누구일까? 유럽의 봉건 영주들이다. 너도 나도 한몫 잡으러 십자군 원정에 가담하는 바람에 우선 장원의 농노들이 동요하게 되었고, 거기다 도시 상인들이 막대한 부를 축적하는 바람에 그들의 경제력은 상대적으로 별볼일없는 것이 되어 버렸다. 더구나 200년 동안이나 전쟁을 치르다 보니 군인들을 동원하고 훈련시켜 온 국왕의 권한이 크게 강화되었고 상대적으로 영주들의 지위는 하락했다.

결국 십자군 전쟁은, 어느 누구도 의도하지 않았지만, 폐쇄적인 중세 유럽의 봉건제에 붕괴의 금이 가게 하는 결정적 계기를 마련한 것으로 결산된다. 인간이 의도한 바와 실제로 달성한 결과의 차이가 이만큼 클 수 있다는 것, 그것이 곧 역사이다.

공포의 살육자들이 역사에 기여한 것

세계 최대의 제국, 몽골

1241년, 유럽은 공포의 도가니에 휩싸여 있었다. 중앙아시아의 유목 민족인 몽골족이 침입해 파죽지세로 러시아 지방을 점령하더니 그 기수를 유럽으로 돌려 유럽의 동쪽 관문인 헝가리에 도달했기 때문이다. 그러나 바로 이 위기의 순간에 몽골군 병영에 수도 카라코룸으로부터 긴급한 소식을 알리는 파발이 도착했다. 황제 오고타이가 사망했고 그래서 후계자를 결정하기 위한 회의인 '쿠릴타이'를 개최할 예정이니 원정군 사령관 바투는 급히 카라코룸으로 귀환하라는 것이었다. 이로써 유럽은 하마터면 몽골군의 말발굽 아래 짓밟힐 뻔한 위기를 넘겼다.

당시 몽골은 세력이 최대로 강성해져서 동쪽으로는 중국의 화북 지방, 서쪽으로는 동유럽의 헝가리, 남쪽으로는 페르시아 지역에 이르는 거대한 제국을 이룩한 상태였다. 인류 역사상 이처럼 광대한 영토를 차지한 제국은 그 전에도, 그리고 그 후 오늘날에 이르기까지도 유례가 없다. 그런데 정작 신기한 것은 몽골은 자신이 침략한 어느 나라보다도 문화 수준이 낮았다는 사실이다. 몽골 제국을 일으킨 전설적인 영웅 칭기즈 칸마저도 전혀 글을 읽고 쓸 줄 모르는 일자무식일 정도였다. 이렇게

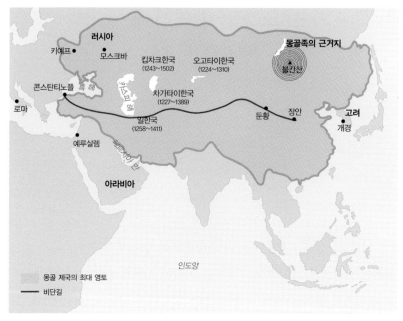

몽골 제국의 최대 영토 비단길의 거의 모든 구간이 최초로 하나의 제국에 의해 장악되었다.

낮은 문화를 가진 몽골이 세계 최대의 제국을 이룰 수 있었던 이유는 무엇일까?

　그 비결은 몽골인들의 강인한 전투력에 있었다. 중앙아시아 몽골 고원의 스텝 지역에서 성장한 몽골인들은 타고난 기마 유목 민족이었다. 몽골의 어린아이들은 태어나서 걸음마를 배우기도 전에 말타기를 배웠으며, 사람됨의 평가 기준은 말을 얼마나 능숙하게 타느냐였다. 초원에 흩어져 있는 부족들 사이에 소식을 전하는 파발꾼은 하루에 160킬로미터를 달렸다고 하는데, 이들은 대개 40~50킬로미터마다 설치되어 있는 역참에서 말을 번갈아 갈아타며 말 위에서 밥도 먹고 잠도 자며 달렸다고 한다. 또 몽골 군사들은 말을 타고 빠르게 달리며 활을 자유자재로 쏠 수 있었는데, 이 점에서는 당시 세계 최강의 기술이었다.

이렇게 뛰어난 기마술을 갖춘 몽골인들은 칭기즈 칸이라는 걸출한 지도자를 만나면서 주변 국가들을 위협하는 강력한 군대로 성장하게 된다. 칭기즈 칸은 바이칼 호 근처의 작은 유목 부족에서 태어났으며 원래 이름은 '철의 남자'라는 뜻의 테무친이었다. 그 이름답게 그는 주변 부족들을 차례로 복속시키고, 1206년 '위대한 군주'라는 뜻의 칭기즈 칸의 지위에 오른다.

오로지 전쟁만 하며 성장한 칭기즈 칸은 군사에 있어서만은 귀재였다. 그의 군대는 병사 10명으로 아르반을 구성하고, 10개 아르반으로 야군, 10개 야군으로 밍한, 10개 밍한으로 투멘을 구성했다. 이러한 군대 편성은 분대 → 중대 → 대대 → 연대 → 사단의 위계질서를 갖는 현대식 편제와 똑같은 것으로 당시 주변의 어느 나라도 10진법 방식의 이런 정연한 편제를 갖추고 있지 않았다. 또 1개 투멘은 병사 1만 명이 되는데, 칭기즈 칸은 보통 10여 개의 투멘을 이끌고 전투에 참가했다. 역시 당시에 10만 명 단위의 군사가 질서 정연하게 움직이는 군대를 가진 나라는 없었고, 특히 유럽 지역의 경우 3만 명 이상의 군사를 한꺼번에 동원할 수 있는 나라는 없었다.

이렇게 해서 몽골 군대는 수적으로 우세한 병력에다가 말을 타고 신속하게 이동하기도 하는 기동성 있는 군대가 되었다. 훗날 제2차 세계대전 때 아프리카 북부 지대에서 '사막의 여우'로 불리며 독일의 전차 군단을 이끌고 맹활약한 롬멜 장군이 바

칭기즈 칸 칭기즈 칸은 '위대한 군주'라는 뜻이다.

몽골의 원정 몽골군은 우수한 기동력과 주변의 허약한 정세를 파고들어 순식간에 유라시아 대륙을 정복하였다.

로 이 몽골 군대의 기동 전술을 활용했다고 한다.

  칭기즈 칸은 적군에게 잔혹하기로도 유명했다. 그가 아직 칭기즈 칸의 제위에 오르기 전에 주변 부족들을 평정할 때 한 부족을 점령하면 그 부족에서 마차의 바퀴보다 키가 큰 남자들은 모두 죽여 버렸다고 한다. 나중에 멀리 원정 나갔을 때 배후에서 반란을 일으키지 못하게 하기 위해서였다. 그는 점령한 지역에서 배반이 일어날 것을 가장 우려했다. 나중에 칭기즈 칸이 되어 페르시아의 상업 도시 니샤푸르를 점령했을 때 그는 이 도시의 항복을 받아들여 학살을 면하게 해 주었는데, 뒤에 이 도시가 배반하고 배후에서 저항전을 일으키자 다시 쳐들어가 도시의 인구 10만 명가량을 50여 명만 남겨 두고 전부 죽여 버린 일도 있었다.

  이 밖에도 점령한 도시의 중앙에 진흙으로 탑을 세우고 거기에 피정복자들의 목을 잘라 박아 넣어 '해골탑'을 만들어 전시하기도 했다. 이것은 일종의 공포 전술이라고 할 수 있는데, 이러한 잔혹성이 널리 알려져 일단 몽골군이 쳐들어온다고 하면 마을 전체가 두려움에 벌벌 떨었다고 한다.

그러나 몽골족 자체의 군사력만 가지고 광대한 몽골 제국의 수립을 설명하기는 부족하다. 역사 이래 유목 민족은 언제나 부유한 정착 농경민과의 교역을 시도했고 그것이 여의치 않을 때는 무력으로 침공을 했다. 무력 침공은 특히 정착 농경민들이 허약할 때 성공을 거두게 되는데, 칭기즈 칸이 주변 정착 농경민들을 침공했을 때 공교롭게도 사방의 모든 지역에서 정착 농경민들은 분열된 채 허약해져 있었던 것이다.

중국 대륙에서는 여진족이 세운 금나라가 송나라와 대립하여 항쟁을 계속하다 둘 다 쇠약해져 있었다. 중동 지방에서는 정통 이슬람 세력인 아바스 왕조가 신흥 세력인 투르크족에 밀려 거의 소멸 직전 상태였다. 유럽 지역은 국가들이 조그마한 장원 단위로 편제되어 처음부터 몽골군 같은 대군에 맞서 싸울 힘을 갖고 있지 못했다.

몽골인들은 이러한 국제 정세에 힘입어 순식간에 아시아에서 유럽에 이르는 방대한 지역을 장악할 수 있었다. 그렇지만 몽골인들은 그 지역의 문화마저 장악할 수는 없었다. 자신들보다 훨씬 세련되고 우수한 문화를 접한 몽골인들은 속으로는 상당히 위축되었을 것이다. 칭기즈 칸도 나중에는 점령지에서 지식인과 기술자들만은 절대 죽이지 않고 포섭하려고 노력했다. 그의 후계자들도 일단 정복한 지역에서는 피정복민들의 종교와 정치 제도와 문화를 그대로 유지하도록 허용했다. 사실 그들은 피정복민들에게 강요할 문화를 아무것도 가지고 있지 않았기 때문에 다른 방도가 있을 수도 없었다.

칭기즈 칸의 손자인 쿠빌라이가 중국 대륙으로 진출해 원 나라를 세

쿠빌라이의 사냥 몽골은 실크로드를 장악함으로써 역사에 크게 이바지했다. 쿠빌라이가 사냥하는 모습 뒤로 멀리 대상들이 지나가고 있다.

우고 중국화되기로 한 것도 사실상 당시 최고의 선진 문화를 자랑하던 중국 문화에 대한 항복 선언과 같은 것이었다. 또 몽골이 역사상 전무후무한 대제국을 수립했음에도 오늘날 남아 있는 몽골의 문화유산이 거의 없는 것도 이 때문일 것이다.

그렇다면 몽골 제국이 인류 역사에 남긴 긍정적인 요소는 전혀 없는 것일까? 그렇지는 않다. 몽골인들은 기원전부터 동서양을 잇는 유일한 교통로였던 실크로드(Silk Road : 비단길)를 첫 번째로는 점령하고 파괴함으로써, 두 번째로는 다시 복구해 통행을 허용함으로써 인류 역사에 크게 이바지했다.

실크로드는 중국의 심장부인 장안(長安)에서 출발해 중국 서부의 타클라마칸 사막과 파미르 고원을 지나, 중앙아시아 초원과 이란 북부 고원을 거쳐 지중해 동쪽 해안에 이르는 장장 6400킬로미터의 교역로이다.

로마인들이 즐겨 입던 비단옷이 중국에서 이 길을 거쳐 전해졌고, 인도의 불교가 중국에 전해진 것도 이 길을 통해서였다.

이러한 실크로드가 무시무시한 몽골 병사들에 의해 점령되고 통행이 막히자 유럽과 아랍의 상인들은 다른 길을 개척해야만 했다. 이전에도 일부 아랍인들은 인도양을 통해 바닷길로 인도나 중국과 교역을 했지만, 이제 이 바닷길이 갑작스레 각광을 받게 되었다. 유럽인들도 이슬람 세계로 통하는 러시아와 동유럽 지역이 몽골인들에게 점령됨에 따라 이전에는 기피했던 바다를 돌아 지중해로 들어가는 항해로에 부쩍 관심을 가졌다. 이 점에서 몽골인들은 뜻하지 않게도 항해술의 발달에 큰 자극을 준 것이다.

그러나 몽골인들은 초기 정복 단계에서는 다른 도시들을 공격할 때와 마찬가지로 실크로드를 파괴했지만, 곧 이 길이 교역에 중요한 역할을 한다는 것을 깨닫고는 다시 복구해 통행을 재개시켰다.

사실 실크로드는 아시아에서 유럽에 이르기까지 길게 걸쳐 있었기 때문에 여러 나라가 관할권을 가질 수밖에 없었고, 따라서 각국의 정세에 따라 통행이 막히는 경우도 자주 발생했다. 통행이 아주 끊기지는 않더라도 각국의 인종적 편견이나 종교적 신념에 따라 통행이 자유롭지 못하게 되는 사태가 빈번하게 일어났다. 한 예로 비잔틴 제국은 10세기 무렵 종교적으로 앙숙 관계인 이슬람 세력이 이 실크로드를 장악함에 따라 중국 비단의 수입이 막혀 자체적으로 비단 생산을 할 수밖에 없었던 일이 있다. 그런데 이제 실크로드의 거의 모든 구간을 장악한 몽골인들이 통행을 보장해 주자 중국인이나 아랍인, 유럽인들은 여러 나라들을 경유하면서 복잡한 절차를 거치는 일 없이 단숨에 오갈 수 있게 되었다.

이렇게 몽골인들이 실크로드에 대해 취한 극단적인 두 조치는 모두 동서양 교역의 활성화를 촉진하는 역할을 했다. 14~15세기에 대항해의 시대가 열리고 동서 교역이 폭발적으로 증가하게 되는데, 몽골인들은 이를 자극하는 중요한 실마리를 마련해 주었던 것이다.

우리나라도 고려 시대에 몽골의 침입을 받아 수도를 개경에서 강화도로 옮기고 항쟁하다 끝내 굴복한 바 있다. 특히 남부의 경주, 진주, 나주 등지에 이르기까지 전 국토가 몽골군의 침입을 받아 그 와중에 대구에 있던 고려초조대장경과 경주의 황룡사가 불타 없어지는 등 막대한 피해를 보았다. 이때 몽골인들에게서 영향을 받아 여자가 시집갈 때 쓰는 족두리와 볼에 바르는 연지, 옷고름에 차고 다니는 은장도 등의 풍습이 생겼고, 오늘날의 언어생활 중에도 '장사치'와 같이 사람이나 직업 이름 뒤에 '치' 자를 붙이는 어법이 남아 있다.

Chapter 3

근대 I

넓어지는
세계

동서양을 왕래한 두 항해가

바스코 다 가마와 정화

아메리카 대륙을 발견한 콜럼버스, 아프리카 남단 희망봉을 돌아 인도를 다녀온 바스코 다 가마, 남아메리카 대륙을 탐험한 뒤 그곳이 인도가 아니라 신대륙이라는 것을 밝히고 자신의 이름을 따 아메리카 대륙으로 이름 붙게 한 아메리고 베스푸치, 최초로 대서양과 태평양을 돌아 세계를 일주한 마젤란 등은 우리에게 모두 낯익은 이름이다. 그에 비해 이들보다 앞서 중국을 출발해 인도와 아랍은 물론 아프리카까지 원정한 정화(鄭和)라는 중국인이 있었다는 것은 그리 널리 알려져 있지 않다. 이 또한 우리의 세계사 인식이 서양인의 안목에 치우쳐 있다는 것을 말해준다.

역사책에서는 흔히 "콜럼버스가 신대륙을 최초로 발견했다."고 서술하고 있는데 이는 잘못된 표현이다. "콜럼버스는 유럽인으로서 최초로 신대륙에 발을 디뎠다."고 표현하는 것이 적절하다. 왜냐하면 그곳에는 이미 오랜 역사를 가진 사람들이 우수한 문화를 이루며 살고 있었을 뿐만 아니라, 유럽 외의 지역에서는 그러한 대륙의 존재를 이미 오래전부터 알고 있었거나 어쩌면 그곳에 왕래했을지도 모를 일이기 때문이다.

바스코 다 가마 서유럽에서 아프리카 남단 희망봉을 돌아 아시아에 도착한다.

이러한 사정을 상징적으로 보여 주는 것이 바스코 다 가마의 인도 항해이다. 1498년 그가 갖은 고생 끝에 아프리카 남쪽 끝 희망봉을 돌아 아프리카의 동해안으로 나아가 모잠비크 섬에 도착했을 때, 그는 눈앞에 펼쳐진 광경을 보고 깜짝 놀랐다. 미개한 종족이 원시 상태로 살아가고 있을 것이라고 생각한 그 곳에 엄청나게 번화한 무역항이 있었고, 네 척의 거대한 아랍 상선이 인도에서 가져온 금, 보석, 향료 등을 가득 싣고 정박해 있었던 것이다. 이것은 마치 아마존 밀림 속에 금이 많이 나는 곳이 있다고 믿고 밀림 속을 한참 헤매다 갑자기 빌딩들이 솟아 있고 자동차들이 달리는 도시를 만난 것과 비슷한 형세였을 것이다.

그러나 유럽인들의 시각에서 보자면 바스코 다 가마의 항해는 엄청난 모험이었다. 이미 몇 년 전에 콜럼버스가 대서양을 건너 아메리카 대륙에 도착한 뒤이기는 하지만 당시 유럽인들의 전통적인 상식으로는 땅덩어리는 편평하며 바다 끝은 암흑의 세계였다.

15세기에 이르러 이러한 상식이 깨지고 지구가 공처럼 둥글다는 '지구 구형설(球形說)'이 제기되고 있기는 했다. 이조차도 전혀 새로운 것은 아니고 이미 그리스 시대에 아리스토텔레스가 주장했던 것의 복사판이었다. 하지만 지구 구형설이 설득력을 갖자 사람들이 대양 항해에 나서게 되었다고 설명하는 것은 충분하지 않다. 몇 개월 또는 몇 년이나 걸리는 대양 항해를 하려면 엄청나게 큰 배들과 많은 인원이 필요한데,

이는 당시로서는 국왕 정도가 적극적으로 후원해 주어야 가능한 일이었다. 단지 제기된 새 이론의 검증용으로 이렇게 많은 비용을 선뜻 부담할 국왕은 없었다. 실제로 콜럼버스는 포르투갈 왕과 에스파냐 왕 사이를 오가며 대서양 항해를 설득하는 데 7년이란 세월을 소비해야 했다.

15세기 유럽에서 대양 항해 붐이 일어난 것은 경제적인 이유에서였다. 당시 국제 무역 물품은 중국산 비단과 도자기, 인도산 향료와 금 등이었다. 이들 물품은 전통적으로 서남아시아의 이슬람 세력과 비잔틴을 통해서 유럽으로 흘러들어왔다. 그런데 13세기에 몽골 제국이 중앙아시아를 장악한 데 이어 15세기에 들어오면 오스만투르크 제국이 오리엔트 지방을 장악한다. 유럽인들은 물품을 수입하려면 이들의 중개 무역을 거쳐야 했다. 더구나 이들은 유럽인들에게는 이교도들이었다. 유럽인들은 인도나 중국과 직접 교역할 다른 길을 찾아나섰고 그것이 바로 바다를 통한 해상 무역로였던 것이다.

콜럼버스가 죽을 때까지 자신이 발견한 대륙이 인도라고 믿은 것은 이런 배경에서였다. 바스코 다 가마가 아프리카 남단까지 내려간 것도 인도로 가기 위한 것이었다. 그런데 바스코 다 가마가 인도의 캘리컷(지금의 캘

콜럼버스 콜럼버스는 7년 동안 후원자를 찾아다니다 1492년 8월 3일 마침내 세 척의 배를 끌고 항해를 떠난다.

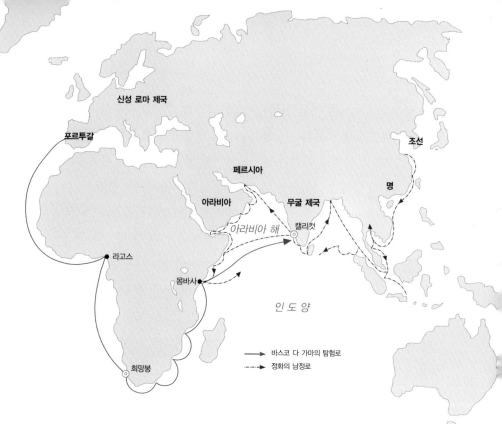

신성 로마 제국

포르투갈

페르시아

조선

아라비아

무굴 제국

명

라고스

아라비아 해

캘리컷

몸바사

인 도 양

희망봉

→ 바스코 다 가마의 탐험로
⤍ 정화의 남정로

바스코 다 가마와 정화의 원정로 바스코 다 가마가 희망봉을 돌아 인도에 도착했을 때 이미 그곳에는 중국인들이 와서 활동하고 있었다.

커타)에 도착했을 때 인도인들은 그들을 환영하기는커녕 마치 소 닭 쳐다보듯 했다고 한다. 무역을 한답시고 온 사람들이 가져왔다는 게 보잘것없는 물품들뿐이었기 때문이다.

한편 가마 일행은 배에 국왕의 서명이 새겨진 커다란 돌기둥을 싣고 와서(이 돌들을 싣고 오느라고 항해가 길어졌다고 한다) 가는 곳마다 돌기둥을 세우고 자기네 영토라고 했는데, 인도인들로서는 웃기는 일이었다. 바스코 다 가마는 마치 자신이 이곳을 처음 '발견'한 것으로 생각했는지 모르지만, 실제 아프리카, 인도와 중국을 잇는 해상 무역로에는 이미 이슬람인들과 중국인들이 발이 닳도록 드나들고 있었기 때문이다.

는 미개 지역일 뿐이었다. 유럽은 자급자족적 장원 경제를 유지해 왔기 때문에 국제무대에 내놓을 교역품이 거의 없었고, 따라서 당시 세계인들의 관심도 끌지 못했다.

그러나 그들로서는 어떻게든 이 무역 중심 지대로 접근해서 옷감, 향료 등의 선진국 제품을 얻어 가야 했으므로, 러시아를 통과하는 육로와 수로, 지중해가 이교도에 의해 장악되자 바다로 돌아가는 길을 찾아야만 했다. 그들이 생각하기에 가능한 바닷길은 아프리카 남단을 돌아가는 길과 편서계절풍을 타고 서쪽으로 항해해 지구 반대편으로 돌아가는 길이었다. 그리고 이 두 가지 해로의 출발점으로 가장 적합한 지역은 아프리카에서 가장 가깝고 편서풍을 타기에 가장 적합한 위도에 있는 이베리아 반도였다. 이렇게 해서 고대에는 지중해의 서쪽 끝에 있어 세상의 끝으로 여겨졌고 그때까지만 해도 변방의 작은 왕국이었던 포르투갈과 에스파냐가 유럽이 세계무대로 진출하는 전진 기지가 된 것이다.

그러나 포르투갈과 에스파냐는 국제무대에서 교역을 할 만한 물품을 가지고 있지 않았기 때문에 자연히 폭력적으로 침략하고 약탈하는 방식을 선호할 수밖에 없었다. 이들은 아메리카의 찬란한 잉카 문명과 아스텍 문명을 약탈해 멸망시켰다. 또 동남아시아를 거쳐 일본, 중국은 물론 우리나라에도 몰려왔다.

오늘날 서양인들이 쓴 세계사를 보면, 자신들이 현재 세계의 중심부를 이루고 있다는 사고방식을 그대로 과거에까지 투영시키고 있다. 이를테면 15세기에 유럽 외의 세계는 모두 미개 상태에 있었고 자신들이 그곳들을 '발견'해서 문명의 혜택을 베풀어 준 듯이 서술하는 경향이 있는 것이다. 그들의 시각은 그렇다 치더라도 우리마저 그러한 시각으로 역사를 바라본다면 문제가 아닐 수 없다.

인쇄술이 열어 준 유럽 대륙의 르네상스

구텐베르크 『성서』와 고려의 『상정고금예문』

고려 시대인 1234년에 금속 활자로 『상정고금예문』(詳定古今禮文)이 간행되었는데, 이는 유럽 최초의 금속 활자로 인쇄된 독일의 구텐베르크 『성서』보다도 200년이나 앞선 것이라고 우리나라 국사 교과서에는 자랑스럽게(?) 적혀 있다. 그러나 서양 인쇄술의 역사를 자세히 살펴보면 이는 매우 과장된 평가라고 하지 않을 수 없다.

우선 이러한 설명은 사실을 제대로 전달하고 있지 않다. 이전에는 나무판에 글을 새긴 뒤 먹물을 바르고 종이로 찍어 내는 방식으로 책을 만들었다. 하지만 『상정고금예문』은 글자마다 금속으로 활자를 만들고 이 글자들을 짜 맞추어 활자판을 만든 다음 먹물을 바르고 책을 찍어 냈다. 나무판을 일일이 새기던 것에 비하여 만들어 놓은 활자를 짜 맞추기만 하면 되는 금속 활자 방식은 훨씬 발전한 것임에는 틀림이 없다.

그러나 구텐베르크는 단지 금속 활자를 만들어 낸 것이 아니라 그것을 이용해 대량 인쇄를 할 수 있는 활판 인쇄기를 발명해 냈다. 기술적으로 보면 이 인쇄기가 훨씬 더 중요한 의미를 지니고 있음은 두말할 필요도 없다. 우리나라는 19세기 말에야 이런 인쇄기를 외국에서 수입했다.

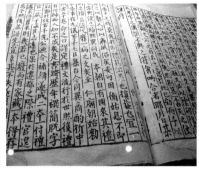

구텐베르크 성서와 동국이상국집 구텐베르크의 성서는 장식 그림에 색을 사용한 컬러 인쇄이며 프레스 기계를 사용한 것이다. 오른쪽은 고려의 『상정고금예문』에 대한 기록이 나오는 『동국이상국집』의 한 부분이다.

더욱 중요한 것은 금속 활판 인쇄가 지니는 역사적 의미이다. 『상정고금예문』은 고려의 무신 정권 세력들이 몽골 침략으로 흐트러진 민심을 바로잡기 위해 펴낸 하나의 예절 교범으로서 금속 활자라는 기술적 측면 외에 그 내용에서 주목할 만한 역사적 의미는 별로 없는 것이 사실이다. 이에 반해 구텐베르크가 대량으로 인쇄해 낸 『성서』는 유럽사가 중세에서 근대로 전환되는 데 중요한 매개 역할을 했다. 과연 『성서』 한 권이 어떻게 그러한 일을 해낼 수 있었는지 살펴보자.

15세기에 이탈리아의 베네치아, 피렌체, 나폴리 등 상업 도시들을 진원지로 해서 태동한 르네상스(Renaissance)는 중세 유럽인들의 사고를 크게 바꾸어 놓았다. 즉, 모든 것을 신 중심으로 사고하던 것에서 벗어나 인간 스스로를 중요하게 생각함으로써 중세를 벗어나 근대로 접어들게 된 것이다. 이렇게 르네상스를 역사적 전환점으로 본다면, 그것은 그 태동지인 이탈리아에서보다는 중·북부 유럽에서 훨씬 중요한 의미를 가진다고 할 수 있다. 왜냐하면 이탈리아는 처음부터 중세 유럽의 일반적인 모습과는 거리가 멀었고, 우리가 중세 유럽의 특징으로 "신에게 속박된 암흑의 시대” 또는 “자급자족적 자연 경제에 머문 장원 경제”를 말할 때 그 전형은 중·북부 유럽 대륙에서 존재했기 때문이다.

르네상스는 프랑스어로 ‘재생’을 뜻하는 말로, 무엇을 재생한다는 것인가 하면 바로 옛 그리스와 로마 시대의 자유분방한 사상과 문화이다. 그런데 이탈리아는 원래 로마의 본토인 데다, 로마가 멸망한 뒤에도 그 문화를 그대로 계승한 비잔틴 제국과 인접해 있어 그들과 늘 교역을 해 왔다. 이탈리아에서는 중세의 전형적인 장원이 거의 존재한 적이 없다. 그렇기 때문에 이곳에서 르네상스가 발흥할 수 있었던 것이다.

이에 반해 알프스 산맥을 경계로 북쪽에 있던 프랑스, 독일, 네덜란드, 영국 등은 문화 풍토가 전혀 달랐다. 폐쇄적인 장원 경제가 굳건하게 자리 잡고 있었고, 스콜라 철학이라는 기독교적 세계관이 그들의 정신세계를 완전히 장악한 정체된 지역이었다. 이탈리아에서는 레오나르도 다빈치나 라파엘로 같은 예술가들이 르네상스 문화를 꽃피웠지만, 알프스 이북은 그러한 예술가들이 나올 토양 자체가 아니었다.

하지만 르네상스의 열풍이 알프스 산맥을 넘어 불어닥치자 이 지역 사람들도 점차 깨이기 시작했다. 그러나 이들은 예술이나 문화 부문에서 재능을 발휘하기보다는 자신들의 처지에 맞게 윤리와 종교의 측면에서 르네상스를 받아들였다. 무엇보다도 자신들을 속박하고 있던 기독교 자체에 대한 새로운 해석에 골몰하기 시작했다. 이 부분에서 선구적인 역할을 한 사람이 네덜란드의 에라스무스이다.

에라스무스가 생각하기에 당시의 기독교는 너무 타락해 있었다. 그러나 이는 기독교의 교리 자체에 원인이 있다기보다는 성직자들의 부패에서 비롯된 것이었다. 1511년 그가 풍자적인 제목의 저서 『우신예찬』(愚神禮讚: *Encomium moriae*, ‘어리석음의 여신 모리아 예찬’이라는 뜻)에서 기성 교회의 타락과 타성적인 형식주의를 비판한 것은 이런 이유에서였다. 그가 제시한 해답은 초기 기독교의 단순하고 소박한 신앙생활로 돌아가는 것이었다. 그리고 이를 위해서는 초기 기독교 시대의 상황을 가장 잘 알 수 있는 『신약성서』를 연구할 필요가 있었다.

에라스무스가 연구한 『신약성서』는 물론 라틴어로 쓰인 것이었고(이때까지는 라틴어 성서를 다른 언어로 번역하는 것은 생각할 수도 없는 일이었다), 일반인들이 이를 가까이 할 기회는 거의 없었다. 우선 교회법에 의해 성서는

에라스무스 『우신예찬』을 써서 타락한 기독교와 교회를 풍자했다.

성직자만이 보고 해석을 내리게 되어 있었을 뿐만 아니라, 보통 사람들은 그 골치 아픈 라틴어를 해독할 능력도 없었기 때문이다. 하지만 에라스무스는 사람들에게 교회의 가르침에 따를 필요가 없다고 주장했다. 이를테면 교회법에서는 성욕을 죄악으로 보지만 "아무리 점잖은 사람이라도 자식을 낳고 싶으면 그 짓을 해야 한다."는 식으로 말한 것이다.

이런 내용을 담은 『우신예찬』은 발간되자마자 폭발적인 인기를 누렸다. 그리고 라틴어를 해독할 수 있는 지식인들 사이에서는 성서 연구 붐이 일어났다. 그런데 만약 방대한 양의 라틴어 성서를 일일이 펜으로 써서 베낀 다음 돌려보아야 했다면 이런 붐이 일어나기는 힘들었을 것이다. 바로 구텐베르크의 활판 인쇄가 이를 가능하게 했다.

활판 인쇄기 서양의 인쇄 혁명은 활자보다 활판 인쇄에 따른 대량 제작에 있었다.

구텐베르크는 단순한 기술자로서, 그의 관심은 어떻게 하면 획기적인 기계를 만들어 많은 돈을 벌 수 있는가에 있었다. 1447년, 그는 알파벳을 그때그때 조합해서 쓸 수 있도록 금속 활자를 만들고, 포도주 공장에서 포도를 짜는 데 쓰던 프레스 기계를 개조해 대량인쇄를 할 수 있는 인쇄기를 만들었다. 그는 이 인쇄기로 무슨 책을 찍어 낼 것인가 고민했다. 그가 보기에 당시 분위기에서 가장 장사가 될 만한 책은 바로 『신약성서』였다.

구텐베르크의 『신약성서』가 나오자 여러 나라에서 앞을 다퉈 이러한 최신 활판 인쇄기 개발에 나서, 곧 프랑스와 이탈리아에서도 같은 방식의 인쇄물이 나오기 시작했다. 특히 이탈리아에서는 성서보다 그리스와 로마 시대의 문학작품이나 철학서들이 인기를 끌어 주로 그 방면의 고전들이 잇달아 인쇄되어 나왔다.

이러한 인쇄물들이 일반 민중에게까지 보급되었다고는 볼 수 없지만, 적어도 이전과 같이 손으로 써서 베끼는 것에 비하면 그 전파 속도는 엄청난 것이었다. 더구나 필사본은 사람이 일일이 베껴 쓰기 때문에 여러 사람을 거치면서 내용이 빠지거나 바뀌는 일도 있었는데, 인쇄물은 이 문제를 완전히 해결해 주었다. 인쇄소가 앞다투어 생겨나 1500년 무렵에는 유럽에 대략 1000개 정도가 있었다. 이들 인쇄소끼리 경쟁이 붙자 가격도 필사본에 비해 턱없이 낮아졌다. 이제 유럽에서 지식은 더 이상 성직자들만의 전유물일 수 없게 되었을 뿐 아니라, 누구라도 베스트 셀러를 출판하면 많은 돈을 벌고 유명 인사가 될 수 있었다.

이러한 상황 속에서 프랑스인 몽테뉴는 『수상록』을 썼으며, 영국인 토머스 모어는 『유토피아』를 썼고, 셰익스피어가 불후의 명작들을 발표했다. 또한 루터가 교황의 배타적 성서 해석권에 정면으로 도전하면서 라틴어 성서를 독일어로 번역해 보급하는 획기적인 사건을 터뜨린 것도 이러한 인쇄술의 발달이 있었기 때문에 가능한 일이었다.

결국 알프스 이북 유럽의 르네상스는 활판 인쇄술이라는 매개체를 통해서 전역으로 확산될 수 있었다. 특히 이 지역의 르네상스는 이탈리아와는 달리 회화, 조각, 건축 같은 예술 분야보다는 고전 문헌 연구를 중심으로 한 지식 탐구가 주축을 이루었기 때문에 인쇄술의 역할이 더욱 컸던 것이다.

이런 점에서 단순히 금속 활자를 누가 먼저 만들었는가 하는 식으로 고려의 『상정고금예문』과 구텐베르크의 『성서』를 비교해 우리 문화의 우월성을 내세우는 것은 유치한 태도이다. 문화 인류학에서 사용하는 '문화 상대주의'라는 개념은 서로 다른 두 문화를 비교해 우열을 가리는 것 자체를 무의미한 일로 치고 있지만, 그에 동의하지 않더라도 최소한 역사적 사실을 볼 때 단순히 기술적 측면만이 아니라 그것이 역사에 어떠한 공헌을 했는가를 전체적으로 바라보는 자세가 필요하다.

루터의 종교개혁과 독일의 농민 전쟁

종교 영역을 넘어 사회 개혁으로 비화

오늘날 우리가 개신교라고 일컫는 기독교파는 16세기 초반 유럽에서 일어난 종교개혁을 통해 로마 가톨릭으로부터 갈라져 나온 분파를 말한다. 현재 전 세계적으로 신도 수가 약 16억 명으로 로마 가톨릭 신도 약 6억 명에 비해 훨씬 많으며, 주로 중·북부 유럽과 미국에 퍼져 있다. 우리나라도 신도 수가 약 860만 명에 이르고(2009년 5월 통계청 발표) 교회 수는 5만 개에 이른다. 한밤중에 높은 데서 도시를 내려다보면 붉은색 네온 십자가가 한 집 건너 하나씩 켜져 있어 마치 공동묘지를 연상케 할 정도이다.

이렇듯 우리나라에서도 성행하고 있는 개신교는 1517년 독일 비텐베르크의 신학자 마르틴 루터가 비텐베르크 성당의 문에 로마 교황을 반박하는 95개조의 항의문을 게시하면서 태동된 것이다. 이 95개조 항의문이 불씨가 되어 이로부터 겨우 수십 년 만에 부동의 권위를 가지고 있던 로마 가톨릭은 분열되고 만다. 그런데 루터는 종교개혁을 단지 교회 내의 문제로 제기하는 데 그쳤지만, 그 여파는 사회 각계각층의 사람들에게 영향을 미쳐 결국 유럽의 중세가 종말을 고하게 하는 엄청난 파괴력을 가져왔다. 도대체 종교개혁의 어떤 측면이 사회 전반에 충격을 가져다준 것일까?

　루터는 처음부터 개혁에 관심을 가지고 있던 사람은 아니었다. 그는 부모님의 권유에 따라 법학을 전공하던 학생이었는데 어느 날 길을 가다 폭풍우 속에서 섬광(아마도 번갯불)을 보고 정신을 잃은 다음 자신의 내부에 성령이 충만함을 느끼고 신학의 길로 접어든 전형적인 기독교 신자였다. 충실한 기독교 신자인 그가 혈기왕성한 27세에 로마를 방문하면서 갑자기 분노의 감정에 휩싸이게 된다. 로마의 교황과 사제들이 하는 행동이 그의 눈에 너무나도 비도덕적으로 비쳤기 때문이다.

　당시 교황 레오 10세는 로마의 상징인 성 베드로 성당을 개축하는 데 드는 비용을 마련하기 위해 고심하던 중 '면죄부 판매'라는 아이디어를 내놓았다. 기독교의 교리에 따르면 인간은 모두 죄인으로서 신을 대리하는 신부 앞에서 자기 죄를 고백하고 용서를 빌어야 한다. 그 의식을 고해 성사라고 하는데, 이때 신부는 죄의 경중에 따라 일종의 징벌을 내린다. 거기다 고해 성사로도 구제받을 수 없는 원죄라는 것도 있어, 이것은 오로지 죽음의 순간에 예수한테서만 사면을 받을 수 있다. 그런데 돈을 내고 면죄부를 사면 그것으로 모든 징벌과 사면을 대신할 수 있다고 한 것이다. 참으로 매력 있는 상품을 내놓은 셈이다.

교황 레오 10세 성 베드로 성당의 개축 비용을 마련하느라 면죄부라는 상품을 개발한다.

마르틴 루터 성서만이 유일한 믿음의 대상임을 강조함으로써 교황의 권위를 무너뜨린다.

사실 면죄부 판매는 로마 교회의 여러 타락상 가운데 하나일 뿐이었다. 당시 성직자들은 재산 축적에 열을 올리고 성적으로도 문란한 생활을 하는 등 부패할 대로 부패한 상태였다. 무엇보다도 가장 근본적인 부패는 교황 이하 고위 성직자들이 각 나라의 국왕이나 영주 등 세속 권력과 결탁해 있는 것이었다.

이러한 부패상을 보고 실망감을 느낀 루터는 부도덕한 면죄부 판매에 문제를 제기했다. 루터가 생각하기에 구원은 마음속으로부터 우러나는 진실한 '믿음'에서 오는 것이지, 외형적이고 가식적이기까지 한 면죄부에 의해 이루어지는 것이 아니었기 때문이다.

이렇듯 당연한 생각을 루터 혼자만 한 것은 아닐 것이다. 그러나 그것을 문제 삼는 것은 곧 교황에 대한 도전을 의미했다. 당시 교황은 하느님의 대리인이자 성서에 대해 유일한 해석권을 가진 자이고 현실 권력자이기도 했다. 제정신을 가진 사람이라면 교황에 대한 도전은 꿈도 꾸지 못할 일이었다.

루터도 이 점에 대해 심각하게 고민했다. 결국 그는 교황을 직접 공격하기보다는 성서를 무기로 삼기로 했다. "우리가 믿는 것은 교황이 아니라 성서이다."라고 말한 것이다. 성서에는 면죄부 같은 것은 나오지 않기 때문이다. 이를 입증하기 위해 그는 독일인들이 읽기 어려운 라틴어 성서를 최초로 독일어로 번역해 각지에 보급했다. 이것은 교황의 권위를 무너뜨리는 데 결정적인 역할을 하게 된다.

　루터가 교황을 직접 공격하지 않고 성서라는 방패를 들고 우회적인 방법을 사용하기는 했지만, 교황은 루터와 같은 한낱 성직자 정도는 손쉽게 없애 버릴 힘을 갖고 있었다. 이단으로 몰아 종교 재판에 회부해 화형을 선고하면 그만이었을 것이다. 그러나 교황은 그렇게 할 수 없었다. 16세기 초의 복잡한 유럽 정세가 교황의 권력 행사를 매우 어렵게 만들었던 것이다.

　1518년, 루터의 도전에 격분한 교황 레오 10세는 일단 루터를 로마로 소환하기로 한다. 그러나 루터는 아우구스부르크까지만 와서 추기경 카예탄과 지루한 성서 논쟁을 벌이다 돌아가 버렸다. 비텐베르크로 돌아온 루터는 교황의 권위에 정면으로 도전하는 글을 잇따라 발표했고, 심지어 군중들 앞에서 교회법 책자를 불 속에 던져 넣는 시위까지 벌였다. 화가 머리끝까지 치민 교황은 그를 파문했지만 그는 코웃음을 칠 뿐이었다. 참다못한 교황이 독일의 현실적 지배자인 신성 로마 황제 카를 5세에게 루터를 어떻게든 처리하라고 지시를 내렸지만, 카를 5세마저도 루터를 어찌지는 못했다.

교황의 칙서를 불태우는 루터 루터는 교황이 보낸 파면장과 교회 법전을 공개적으로 불태워 버렸다.

루터와 개혁 영주들 교황의 권위는 영주들에게 이익을 주지 않았기 때문에 여러 영주들이 루터의 입장을 지지했다.

카를 5세는 사실 에스파냐 국왕 카를로스 1세로서 신성 로마 황제를 겸직하고 있었다. 독일인이 아닌 그로서는 독일 영주들의 눈치를 보지 않을 수 없었다. 그런데 독일 영주들은 루터를 적극 옹호하고 있었던 것이다.

루터의 활동지인 비텐베르크의 프리드리히를 비롯해서 독일 각지의 영주들은 루터에게 박수를 보냈는데, 그 이유는 아주 현실적인 것이었다. 신성 로마 황제나 교황이나 모두 그들에게는 외국인으로서 자신들로부터 세금을 거두어 갈 뿐 실제적인 도움을 주는 존재는 아니었기 때문이다. 만약 이번 일을 계기로 교황이나 카를 5세의 권세가 꺾인다면 그에 반비례해서 자신들의 지배력은 상승할 것이었다.

그런데 루터의 일로 독일 전역이 시끄러워지면서 루터의 의도와는 전혀 상관없이 농민들이 동요하기 시작했다. 그들은 시시콜콜한 교리 문제에는 관심이 없었다. 다만 이제까지 신성 불가침으로 여겨 왔던 교황의 권위가 땅에 떨어지는 것을 목격한 농민들은 영주나 국왕의 권위에 대해서도 우습게 보기 시작했다. 당시 유럽의 영주들은 늘어나는 재정 수요를 맞추기 위해 농민들에 대한 수탈을 한층 강화하고 있었는데, 이 때문에 쌓인 농민들의 불만이 루터의 활동으로 분출구를 찾은 것이다.

한편, 당시 농민들은 중세의 전형적인 농노와는 상당히 달랐다. 그들을 그렇게 만든 것은 화폐였다. 화폐의 매력에 이끌린 영주들은 이전에는 농노들이 농사를 지어 주던 장원의 직영지를 돈을 받고 소작인들에게 대여해 주기 시작했다. 그리고 농노들한테서도 현물보다는 화폐로 소작료를 거두어 갔다. 이렇게 되자 이전의 영주와 농노 간의 인격적 예속 관계는 깨지고 오로지 화폐와 토지만을 매개로 하는 대등한 계약 관계가 일반화되었다. 이렇게 영주에 대한 인격적 예속에서 벗어난 농민들에게 루터가 행한 교황의 권위 파괴는 글자 그대로 복음이었던 것이다.

그러나 정작 루터는 1525년부터 각지에서 농민들이 봉기하자 두려움에 떨면서 "농민들은 성서는 물론이고 세속 권력에도 복종해야만 한다."며 딴전을 피웠다. 그는 어디까지나 교회 내의 교리 문제에 관심이 있었지, 사회 개혁은 관심 밖이었던 것이다.

이러한 상황에서 오히려 루터의 주장을 한 걸음 더 발전시켜 농민들과 접합한 신학자는 토마스 뮌처였다. 그는 "진리의 유일한 원천은 성서이다."라고 한 루터의 논리는 사태를 제대로 보지 못한 것이며 "모든 진리는 성령으로부터 온다."고 주장했다. 성서도 성령에 의해 쓰인 것이니 성서를 읽을 필요 없이 개인적으로 직접 성령을 체험하면 그만이라는 것이다.

그리고 그는 성서를 부정한 연장선상에서 영주나 국왕과 같은 세속 권력도 부정했다. 이는 훗날 개인의 이성이 최고조로 발휘되면 일체의 정부나 국가가 불필

토마스 뮌처 성령을 중시한 신학자로 영주와 국왕의 세속 권력도 부정하고 농민 봉기를 일으킨다.

요하게 된다고 하는 무정부주의의 원조쯤 될 것이다. 이렇게 해서 농민들을 규합한 그는 1525년 4월에서 5월에 걸쳐 독일 전역에 농민 봉기를 일으키고 한때 중부 독일의 대부분을 장악하는 기세를 올렸다. 결국은 영주들의 연합군에 의해 진압당하고 말았지만 이 농민 전쟁의 여파는 시대를 바꾸어 놓았다. 그 뒤부터 영주들도 이전과 같은 권위를 회복하는 것이 불가능해진 것이다.

루터는 비록 사회 개혁을 목적으로 하지는 않았지만 로마 교회의 권위에 도전함으로써 결과적으로 유럽 사회가 중세를 벗어나 근대로 접어들게 한 기폭제 역할을 했다. 그가 이끄는 교파를 로마 교황에 대한 '항의자'라는 의미에서 '프로테스탄트'(protestant)라고 불렀는데, 역사적 의미에서 보자면 이들은 중세 봉건제 자체에 대해 '프로테스탄트' 역할을 한 셈이 된다.

한편 17세기에 유럽에서 미국으로 이주해 오늘날의 미국을 일구어 낸 사람들이 이들 프로테스탄트들이다. 이들은 더 이상 '항의자'는 아니고 성서만 달달 외우는 성서 만능주의, 이른바 근본주의자가 되었다. 왜냐하면 신대륙에는 항의할 만한 기존 가치 체계라는 것이 없었기 때문이다. 우리나라의 개신교도 대부분 이러한 미국의 '근본주의자'들로부터 많은 영향을 받았다.

일본에 상륙한 기독교

일본인들의 비상한 문화 적응 능력

우리나라가 서양 문물을 받아들일 때 처음 접하게 된 것은 기독교였다. 이것은 이웃 일본도 마찬가지였다. 그런데 현재 양국의 기독교 현황을 보면 현격한 차이가 난다. 우리나라의 기독교 신도 수는 공식적인 통계에 의하면 전 인구의 약 27%에 이른다. 길거리를 가다 마주치는 사람 네 명 중 한 명은 기독교인이라는 얘기다. 실제로 도시의 어느 골목을 가도 교회를 볼 수 있다. 그러나 일본의 기독교 신도 수는 인구의 1%도 채 되지 않는다. 일본의 거리에서 신사(神社)와 절은 우리나라의 교회만큼 흔하게 볼 수 있지만 교회는 찾아보기 힘들다. 왜 기독교는 우리나라와는 달리 일본에서는 뿌리를 내리지 못한 것일까?

이러한 질문을 일본인들에게 한다면 아마도 "막부 시대에 가혹한 탄압을 받았기 때문"이라고 대답할 것이다. 그러나 우리나라에서

일본의 신사 일본에서 신사나 절은 우리 나라의 교회만큼 흔하게 볼 수 있다. 도쿄 아사쿠사 신사.

집 안에서 드리는 미사 종교 탄압을 피해 집 안에서 미사를 드리는 모습이다.

도 대원군 시대에 기독교는 엄청난 탄압을 받았다. 따라서 이것은 정확한 답이라고 볼 수 없다. 오히려 그 답의 실마리는 오늘날 일부 기독교인들이 영위하고 있는 독특한 신앙생활에서 찾아볼 수 있다.

일본의 전통적인 기독교 신도들은 성당에 가지 않고 집 안에 불단이나 신도의 가미다나(神棚)와 비슷한 단을 차려 놓고 묵주를 굴리며 기도를 드린다. 물론 불단이나 가미다나에 부처나 천황의 상이 모셔져 있는 것은 아니다. 부처상과 아주 비슷하게 만든 그리스도상과 마리아상을 올려 놓는다. 그리고 이것들을 그리스도상이나 마리아상이라고 부르지 않고 난도카미(納戸神)라고 부른다. 다른 나라의 신부나 목사가 보면 틀림없이 이단으로 규정할 행위들이다. 두말할 필요도 없이 이것은 기독교 박해시대에 생겨난 기이한 변용이다.

일본에 기독교가 처음 상륙한 것은 1549년이다. 이때 일본에 온 에스파냐의 예수회 선교사 프란시스 자비에르는 막부의 실력자들에게 환대를 받았다. 물론 기독교도 환대를 받았다. 이러한 우호적인 분위기는 임진왜란이 일어나는 1590년대까지 계속되는데, 일본인들이 이때 기독교에 대해 배타적이지 않았던 것은 그 실체를 잘 몰랐기 때문이다. 그저 그들은 기독교가 인도에서 온 여러 불교 종파 중 하나라고 생각했다. 그래서 지방의 실권자인 다이묘(大名) 중에는 기독교로 개종하는 이도 생겼고, 그를 따라 지방민 전체가 기독교 신자가 되는 일도 있었다.

그러나 임진왜란을 맞으면서 상황은 급변했다. 임진왜란은 당시 도요토미 히데요시(豊臣秀吉)를 중심으로 하는 막부 세력이 각 지방의 다이묘들이 막부에 대해 갖고 있던 불만을 외부로 돌리기 위해 정략적으로 벌인 전쟁이었다.

히데요시에게서 실권을 이어받은 도쿠가와 이에야스(德川家康)는 그와 같은 맥락에서 국내적으로는 기독교를 희생양으로 삼았다. 즉, 서양 선교사들이 신자 수를 늘려 세를 이룬 다음 반란을 일으키려 한다는 것이었다. 이러한 명목으로 기독교인들에 대한 체포령이 내려졌고, 1596년 나가사키에서 26명의 기독교인이 처형되는 사건이 일어났다. 일본에서 최초로 순교자가 발생한 것이다. 이후 1873년 메이지 천황 정부에 의해 기독교가 공인되기까지 거의 300년 동안 기독교인들을 박해했다.

기독교 금지가 애초부터 정치적인 목적을 띠고 있었던 만큼 초기에는 주로 기독교로 개종한 다이묘나 유력한 사무라이들이 박해를 받았다. 그러나 이에야스의 뒤를 이은 도쿠가와 히데타다(德川秀忠)는 기독교 금지령을 일반 평민들에게까지 철저하게 관철시키기로 했다. 전

자비에르 예수회 선교사 자비에르는 일본에서 막부의 환대를 받으며 기독교를 전파한다.

도쿠가와 이에야스와 도쿠가와 히데타다 일본의 막부는 기독교를 희생양으로 삼아 권력을 강화했다.

국의 다이묘들을 제압하고 강력한 막부를 건설하려는 이에야스의 정치적 목표는 히데타다의 시대에 와서는 이미 완성되었고 막부 체제는 튼튼한 반석 위에 올라서 있었다. 다음 차례는 백성들까지도 막부 체제에 순응하도록 해서 중앙집권력을 더욱 강화하는 것이었다. 이를 위해서는 무엇보다도 사상적 일체성을 도모하는 것이 중요했다. 유교 사상을 국가의 중심 철학으로 공표하는 한편, 이에 방해가 되는 기독교를 단호하게 배척하기로 한 것이다.

목표는 정해졌지만 그 수단을 찾기는 쉬운 일이 아니었다. 막부는 기본적으로 각지 번(藩)의 통치자인 다이묘를 통해 지배하는 체제였기 때문에 직접 백성들에 대한 통제권을 행사할 수가 없었다. 이에 따라 막부는 모든 백성에게 자신이 사는 마을의 절에 시주를 하도록 의무를 지우고 절은 그 명단을 작성해 제출하게 하는 방식으로 이단 사상의 침투를 막기로 했다. 아울러 장례나 제사도 반드시 시주를 받는 절의 승려가 대행하도록 했다. 이것은 오늘날까지도 전통으로 굳어져 일본인들은 가족이 죽으면 화장을 한 뒤 유골을 절에 봉안하는 것이 일반화되어 있다.

이러한 정책을 철저하게 시행한 결과 공식적으로는 기독교인이 한 명도 없는 것으로 되었다. 그러나 실제로 기독교인이 박멸된 것은 아니고 단지 통계에 잡히지 않은 것일 뿐이었다. 이것은 절의 승려와 기독교인 사이의 은밀한 묵계 아래 이루어질 수 있었다. 승려는 기독교인을 시주 명단에 올려 주고 문서상으로는 자기 마을에 기독교인이 없는 것으로 상부에 보고했던 것이다. 그 대가로 기독교인은 실제로 절에 시주를 해야 했다. 기독교의 교리상으로는 명백히 십계명 제1조에 어긋나는 행동을 한 것이다.

그리고 앞에서 말한 대로 불교나 신도(神道)와 비슷한 예배 형식을 만들어 나름대로 기독교 신앙을 지켜 나갔던 것이다. 심지어 당시에는 기독교인이 마을의 특별한 행사 때 마지못해 절에 가서 불공을 드려야 할 경우도 있었는데, 이때 기독교인들은 승려가 불상 앞에 앉아 목탁을 두드리며 불경을 외우는 동안 그 옆에서 묵주를 가지고 승려의 불공이 무효가 되도록 하느님께 기도를 드렸다고 한다.

이렇게 해서 막부의 박해 속에서도 기독교는 살아남았지만 정통 기독교의 입장에서 볼 때 그것은 기독교라고 인정하기 힘들 정도로 변형되어 버렸다. 현재 일본에서 기독교 신도 수가 매우 적은 것은 한편으로는 박해 때문이지만, 다른 한편으로는 이러한 변형으로 자신이 기독교도라는 자각을 잃어버렸기 때문이기도 하다.

그렇다면 우리나라 기독교인들이 혹심한 박해 속에서도 순수한 교리를 지켜 낸 반면 일본인들은 왜 그러지 않았을까? 아마도 그 이유는 일본이라는 나라의 지리적 특성과 그 때문에 형성된 일본인들의 독특한 문화 적응 태도에 있을 것이다. 역사적으로 일본은 바다로 둘러싸여 고립된 채 살아왔고 외부의 간섭을 거의 받지 않았다. 일단 일본으로 흘러들어간 문화는 일본인들에 의해 어떻게 변형되든 주변 국가들의 관심사가 아니었다.

사실 기독교뿐만 아니라 불교도 일본의 것은 우리의 불교와 상당히 다르다. 일본 최대의 종교는 천황을 숭배하며 전 인구의 70% 정도가 믿고 있는 신도인데, 일본 불교는 이 신도와 거의 혼합되어 있다. 고대에 우리나라가 일본에 전해 준 불교가 일본인들에 의해 그들 고유의 종교인 신도와 결합한 것이다. 일본인들은 그러한 자신들의 전통에 따라 기독교도 신도나 불교에 거부감을 주지 않는 방향으로 변형한 것이다.

오늘날 일본의 기독교 신도는 공식적 통계로는 인구의 1%에도 미치지 못할 정도로 미미한 수준이지만, 간혹 어떤 여론 조사에서는 인구의 70%가 기독교인이라는 통계도 나온다. 이것은 이를테면 '크리스마스를 축일로 지내는가?' 하는 물음에 70%가 '그렇다.'고 대답한 경우에 해당한다. 실제로 크리스마스 때가 되면 거리 곳곳에서 크리스마스트리를 볼 수 있다. 한때는 일본 정부가 운영하는 국철역에 크리스마스트리가 장식된 것을 보고 불교계에서 반발한 적이 있었다. 이에 대한 일본 정부의 대답은 "그것은 종교와 무관한 계절적 장식일 뿐"이라는 것이었다. 또 사찰이 운영하는 유치원에서도 크리스마스가 되면 승려가 산타클로스 차림을 하고 아이들에게 선물을 나누어 주는 것을 흔히 볼 수 있다.

일본인들은 이러한 자신들의 행동에 아무런 모순도 못 느낀다. 이것은 어떻게 보면 오랫동안 고립되어 살아온 민족의 고집이기도 하고, 또 어떻게 보면 외부 문화에 대한 뛰어난 적응 능력이기도 하다.

돈키호테가 보여 주는 에스파냐의 이중성

16세기 에스파냐의 영광과 몰락

군데군데 늘어선 커다란 풍차들을 보고 무찔러야 할 거인들이라며 창을 겨누고 말을 달려 기세 좋게 돌격했다가 풍차 날개에 걸려 내동댕이쳐지는 돈키호테. 1605년에 에스파냐 작가 세르반테스가 발표한 장편 소설 『라만차의 재치 있는 시골 양반 돈키호테』에 나오는 얘기 중에서 가장 흔하게 인용되는 장면이다.

여기에서 돈키호테가 상징하는 인간상은 '시대가 변한 것을 모르고 과거에 집착해 우스꽝스런 행동을 하는 사람' 정도일 것이고, 우리는 실제로 일상생활에서 이러한 사람을 보면 '돈키호테 같은 사람'이라고 말한다. 이렇게 볼 때 세르반테스는 돈키호테라는 인물을 통해 중세를 벗어나 근대로 진입하고 있던 에스파냐에서 중세의 낡은 가치관에 얽매여 있는 이들을 비판하는 것이 된다.

그러나 세르반테스가 정말로 그러한 시각에서만 『돈키호테』를 쓴 것일까? 『돈키호테』를 읽다 보면 우리는 돈키호테라는 인물에 대해 혐오감을 느끼기보다는 오히려 친근감을 갖게 된다. 더구나 그가 가끔 던지는 한마디 말은 오히려 경박한 세태를 비판하는 촌철살인(寸鐵殺人)의 기지

풍차와 돈키호테 17세기 초 에스파냐의 현실에 대한 작가의 비판을 엿볼 수 있다. 구스타프 도레의 삽화.

를 담고 있기도 하다.

이를테면 돈키호테가 길을 가다 맞은편에서 오는 상인들을 막아세우고는 자신이 공주로 착각하고 있는 시골 처녀 둘시네아가 "천하에 제일가는 미인임을 인정하지 않으면 통과할 수 없다."며 시비를 거는 장면이 있다. 이에 상인들이 "그녀를 본 적이 없으니 인정할 수 없다. 그림으로라도 그려서 모습을 보여 주라."며 조롱하자 그는 이렇게 말한다. "진리를 보고 나서 인정하는 것은 누구나 할 수 있는 일이다. 보지 않고도 인정할 줄 아는 것이 귀중한 것이다."

이 장면에서 세르반테스는 분명히 상인들로 대표되는, 현실적 이익에만 관심을 가지는 세태를 비판의 표적으로 삼고 있다. 돈키호테가 시종일관 우스꽝스런 행동을 보이지만, 우리는 찰리 채플린의 바보스런 희극 연기에서 자본주의 사회의 비인간성에 대한 고발을 보듯이 『돈키호테』에서 17세기 초 에스파냐의 현실에 대한 비판을 엿볼 수도 있는 것이다.

이렇듯 세르반테스가 근대 지향적인가 중세 지향적인가를 판정하기는 매우 힘들고 학자들의 견해도 양분되어 있다. 『돈키호테』는 극과 극의 양면적인 해석을 가능케 할 정도로 이중성을 띠고 있는 것이다. 그리고 이것은 세르반테스가 처한 17세기 초 에스파냐의 현실이 그러한 이중성을 갖고 있었던 데 따른 필연적인 결과였다.

　세르반테스가 『돈키호테』를 발표한 1605년은 에스파냐가 유럽의 맹주로서 위세가 당당하던 시절에서 갑작스레 그 영광을 잃고 밑바닥으로 급전직하하던 때였다. 특히 1588년 에스파냐가 자랑하던 무적함대가 영국 해군에게 대파당한 뒤 에스파냐는 급작스럽게 세계무대에서 퇴장해 버리고 만다. 그 직전 약 50년 동안, 육지에서 전 세계를 평정한 것이 몽골인들이었다면 바다에서 세계를 제패한 것은 에스파냐인들이라고 할 정도로 황금시대를 누렸기에 에스파냐인들이 받은 충격은 아주 컸을 것이다.

　에스파냐가 황금시대를 맞이할 수 있었던 것은 에스파냐인에게만이 아니라 유럽인 모두에게도 중요한 의미를 갖는다. 이전까지 세계의 중심은 지중해 동부 지역이었다. 메소포타미아 지역에서 문명이 일어나고 그리스와 로마가 그 뒤를 이어받아 번영을 누렸다. 그리고 16세기에 이르기까지 문명의 중심은 여전히 지중해 동부 연안에 머물러 있었으며, 유럽 대륙은 비록 로마를 멸망시키기는 했지만 여전히 미개 지역으로 남아 있었다.

　지중해 지역에 비잔틴 제국이 존재하고 있을 때는 그래도 같은 기독교 세력으로서 동질감이 있었고 교역도 자유로웠으나, 이슬람 세력인 오스만투르크 제국이 이곳을 장악하게 되자 유럽인들은 문명과 무역이 모두 벽에 가로막힌 신세가 되었다. 그런데 유럽이 이러한 상태에서 벗어나 세계무대의 주인공으로 등장하는 계기를 마련한 것이 바로 에스파냐였다.

　에스파냐는 지도에서 보면 알 수 있듯이 지중해 서쪽 끝에서 아프리카와 코를 맞대고 있다. 동쪽이 오스만투르크에게 막히자 에스파냐인들

레판토 해전 펠리페 2세(오른쪽)는 1571년 레판토 해전에서 오스만 함대를 물리쳐 무적함대의 명성을 얻는다. 그러나 그 명성은 채 50년이 지나지 않아 무너져 내린다.

은 이전에는 두려워했던 서쪽의 망망대해로 나가는 시도를 하게 된다. 익히 아는 바와 같이 1492년에 콜럼버스가 이 망망대해를 건너 아메리카 대륙에 발을 디뎠고, 1521년에는 마젤란이 대서양을 지나 태평양까지 건너 필리핀 땅을 밟았다.

　　일단 해양 대국의 기틀을 다진 에스파냐의 펠리페 2세는 이제 동쪽의 오스만투르크에게도 도전장을 내민다. 때마침 이탈리아 남부의 상업도시 베네치아가 오스만 제국의 시칠리아 침공에 맞닥뜨려 구원을 요청해 왔다. 펠리페 2세는 200척의 전투함으로 함대를 편성해 그리스 연해의 레판토에서 오스만 함대를 격파했다. 레판토 해전에서의 승리는 정작 에스파냐에게 별다른 실익을 가져다주지는 않았지만, 이후 에스파냐 함대는 유럽인들로부터 무적함대로 불리게 되었다.

　　이렇게 해서 1550년대부터 약 50년 동안 세계의 바다는 에스파냐의 앞마당과 같았다. 멕시코의 아스텍 문명과 마야 문명이 에스파냐인들에 의해 초토화되었고 필리핀, 인도네시아 등의 동아시아 지역도 에스파냐의 식민지가 되었다. 그 결과 막대한 양의 금과 은이 국내로 유입되었고 이는 기존의 자급자족적인 장원 경제를 해체하기 시작했다. 사람들은 돈을 찾아 도시로 몰려들었고 때마침 이탈리아에서 불기 시작한 르네상스 열풍이 에스파냐에도 불어닥쳤다. 이제는 과거의 유산이 되어 버린 기사도 같은 것을 고집하는 사람은 조롱이나 받을 뿐이었다. 돈키호테가 바로 그러한 인간상을 대표한다. 세르반테스 자신이 해외 전투에도 참전하고 로마에 가서 르네상스를 경험한 터라 과거와 현재의 이런 급격한 단절 상황을 누구보다 뼈저리게 느끼고 있었고, 그것을 돈키호테를 통해 연출해 낸 것이다.

그런데 에스파냐는 아주 급속하게 황금시대를 맞이한 것처럼 몰락 또한 급속했다. 1588년에 무적함대가 영국 해군에게 패하면서 에스파냐는 더 이상 무적이 아니었다. 에스파냐가 이렇게 쉽사리 무너져 내린 이유는 순전히 그들 자신에게 있었다. 에스파냐의 식민지 경영 방식은 파괴와 약탈이었고, 이를 통해 국내로 유입된 부는 대부분 또 다른 식민지를 침략하기 위한 군비로 충당되었다. 에스파냐는 황금시대에 실제로 많은 황금을 차지했지만 그중 국내 산업에 투자한 것은 거의 없었던 것이다.

특히 금, 은이 들어오면서 낯선 전염병까지도 함께 들어와 몰락을 부채질했다. 17세기 초에 전국을 휩쓴 흑사병으로 인구의 약 20%가 죽었고, 매독이라는 무서운 성병도 이때 아메리카 대륙에서 옮아 들어왔다. 이러한 상황에서 무적함대마저 영국에 패하자 에스파냐 제국은 순식간에 역사의 무대에서 끌어내려졌던 것이다.

최정상에서 갑자기 나락으로 떨어진 에스파냐인들 중에는 무조건 과거를 부정하고 현재를 긍정해야 한다는 것에 허망함을 느끼는 이들도

테오티우아칸의 거대 피라미드와 치첸 이차의 사원 아스텍과 마야 문명은 에스파냐인들의 무자비한 학살과 약탈로 모두 폐허가 되었다.

많아졌을 것이다. 경제적 이득만을 염두에 두는 새 풍조는 물질보다는 정신을 중시했던 과거의 여러 관행과 사고방식이 더 나았다고 생각하게 만들었을 터이다. 돈키호테가 경박한 현실 풍토를 개탄하고 신념과 용기를 좌우명으로 하는 정신적 삶의 자세를 보여 주는 것은 이러한 시대 상황 속에서 설득력을 얻을 수 있었던 것이다.

　요컨대 에스파냐는 16세기 중반에 갑자기 유럽의 맹주로 떠올랐다가 17세기 초 냉엄한 국제 경쟁에 적응하지 못하고 도태되기에 이르렀다. 그에 따라 에스파냐인들은 일종의 정신적 공황 상태에 빠졌고, 세르반테스는 그러한 에스파냐인들의 마음을 정확하게 포착해 『돈키호테』로

형상화했던 것이다.

　그렇다면 에스파냐가 세계 역사에 끼친 영향은 어떻게 평가해야 할까? 유럽의 시각에서 보면 에스파냐는 이 기간을 통해 유럽을 세계 역사의 주인공으로 등장시키는 긍정적 역할을 했다. 하지만 아메리카나 아시아의 입장에서 보면 에스파냐인들이 발을 디딘 곳은 모두 파괴와 약탈로 얼룩졌다.

　세르반테스는 『돈키호테』에서 돈키호테가 하얀 달 기사와의 결투를 계기로 제정신이 돌아오고 그와 동시에 죽음을 맞이하는 것으로 끝을 맺는다. 그의 죽음에 덧붙인 한마디가 에스파냐의 영광과 몰락, 그리고 그 이중성을 적절하게 상징한다.

　"세상을 상관하지 않고 / 유령과 도깨비가 되었다. / 세상에서 그러한 기회로 / 그의 운명을 얻었으니 / 미쳐서 살았고 제정신으로 죽었다."

그래도 지구는 돈다?

지동설과 갈릴레이

1633년 이탈리아에서 지동설을 주장한 갈릴레이가 종교 재판에 회부되어 목숨을 건지기 위해 할 수 없이 자신의 주장을 철회하고는 재판정을 나오면서 "그래도 지구는 돈다."라고 말했다는 것은 유명한 이야기이다. 하지만 실제로 당시의 기록을 살펴보면 그가 이런 말을 했다는 증거는 아무 데도 없다. 더구나 그가 받은 재판은 목숨이 왔다 갔다 하는 재판도 아니었다. 이 말은 아마도 훨씬 뒤에 누군가가 지어낸 말일 가능성이 높다.

이것을 지적하는 이유는 갈릴레이의 이 이야기가 마치 1633년이라는 시대 상황을 지동설을 주장했다가는 목숨을 잃을 수도 있는 살벌한 것으로 인식하게 하기 때문이다. 그러나 실제로는 그렇지 않았다. 당시는 코페르니쿠스가 지동설을 주장한 지 이미 70년이나 흐른 시점이었고, 지동설을 진리로 공인하지는 않았지만 '그럴 수도 있겠구나.' 하는 정도로는 일반화되어 있는 상황이었다.

다만 이 지동설의 논자들이 하느님의 천지 창조를 부정하는 신성 모독의 자세를 취했다면 문제는 달라졌을 것이다. 그러나 코페르니쿠스도

종교 재판과 갈릴레오의 재판 갈릴레오의 재판(아래)은 무서운 분위기의 종교 재판(위)과는 달랐다.

갈릴레이도 그 점에 대해서만은 결코 교회의 입장을 건드리지 않았다. 오히려 그들은 지동설을 '하느님의 완벽한 창조성'을 증명하는 이론으로 주장했던 것이다.

먼저 갈릴레이가 받은 재판 자체에 대해서 잘못 알려져 있는 점을 짚어 보자. 갈릴레이는 기독교의 교리를 위반한 이단자로서 재판을 받은 것이 아니라 교회의 명령에 불복종한 죄로 재판을 받았다. 이미 로마 교황청은 1616년에 갈릴레이의 지동설 주장에 대해 "지동설을 진리라고 주장해서는 안 된다."고 교령을 내린 적이 있었는데, 그때 갈릴레이는 그렇게 하겠다고 서약했다. 그러나 그는 그 뒤에도 고집스럽게 지동설을 진리라고 주장하고 다녔고 『두 우주 체계에 관한 대화』라는 책까지 저술했다. 이에 화가 난 교황청이 서약 불이행죄로 그를 재판에 회부한 것이다.

그런데 정작 재판이 열리자 갈릴레이는 마지막에 "나는 지동설을 맹세코 포기하며 지동설을 저주하고 혐오한다."며 자신의 주장을 철회했다. 그는 고문을 받은 것도 아니고 감옥에 갇힌 것도 아니었다. 오히려 그는 유명 인사였기 때문에 로마의 바티칸 궁전 안에서 하인의 시중을 받으며 귀빈 대접을 받고 있었다. 그러니 재판도 싱겁게 끝나 버렸다. 물론 유죄는 선고되었지만 수감 생활은 하지 않았고 고향인 피렌체로 돌아가 편안하게 연구하며 여생을 보낼 수 있었다.

갈릴레이는 왜 재판에서 자신의 주장을 쉽사리 철회해 버렸을까? 성서 교리에 얽매여 천동설을 철석같이 믿고 있는 성직자들에게 아무리 얘기해 봐야 소용 없는 일이라고 미리 단정했던 것일까? 그렇지는 않았을 것이다. 왜냐하면 1611년 그가 자신이 발명한 망원경으로 목성과 수성을 관찰해 기존의 프톨레마이오스 우주관, 즉 천동설이 옳지 않을 가능성을 주장했을 때 교황 바오로 5세가 그를 직접 불러 칭찬해 주었고 예수회에서는 상까지 주었기 때문이다. 교회 내에서도 기존의 천동설이 옳지 않을 수 있다는 것 정도는 이미 일반화되어 있었던 것이다.

그렇다면 왜 그랬을까? 답은 의외로 간단하다. 그는 지동설을 입증할 수 없었던 것이다. 요즘 같으면 손쉽게 지동설을 증명하겠지만 당시에는 그 누구도 지동설을 명백하게 입증할 수 없었던 것이다.

사실 코페르니쿠스가 1543년에 출간한 『천체의 회전에 관하여』에서 지동설을 주장한 것도 증거를 가지고 한 것은 아니었다. 당시 공인된 우주론은 2세기 초반 프톨레마이오스에 의해 확립된 지구 중심의 천동설이었다. 이 이론에 따르면 지구를 중심으로 그 주위를 달, 수성, 금성, 태양, 화성, 목성, 토성의 순으로 원운동하는 것이었다. 하지만 이것은 프톨레마이오스 자신이 보기에도 문제가 있었다. 이를테면 수성이 움직이는 궤도는 달이나 태양과 같이 원을 그리지 않고 때로는 동쪽에서 서쪽으로 움직이다 갑자기 서쪽에서 동쪽으로 역행을 하기도 하는 등 설명이 곤란했다. 그는 이 문제를 해결하기 위해 일부 행성은 운동의 중심이 지구에서 약간 벗어나 있다고 주장할 수밖에 없었다.

코페르니쿠스가 보기에 이 이론은 너무나 복잡할 뿐만 아니라 하느님이 우주를 질서 정연하게 배열했을 것이라는 그의 생각과도 맞지 않았다. 그러던 중 그는 기원전 그리스 철학자 아리스타르코스 같은 이들이 태양 중심의 우주관을 피력한 적이 있다는 것을 발견했고 이것에 마음이 끌렸다. 이 이론을 적용해 모든 천체는 태양을 중심으로 원을 그리며 돈다고 가정하자, 지구에서 보이는 행성들의 불규칙한 운동도 이 모델에 의해서 완벽하게 설명될 수 있었다.

코페르니쿠스의 주장은 우주 질서의 수학적 완벽성을 믿고 있던 교회 세력에게도 문제가 되는 주장은 아니었다. 따라서 그가 책을 출판하기 전에 교황 클레멘스 3세에게 자기 이론의 대강을 설명했을 때 교황도 '훌륭한 이론'으로 승인했던 것이다. 그렇지만 당시 사람들은 단지

갈릴레오의 망원경 갈릴레오가 베네치아의 정치 지도자에게 망원경 사용법을 설명하고 있다.

하나의 그럴듯한 가설 정도로만 받아들였다. 지구 중심의 사고를 완전히 뒤엎기에는 그의 주장에 대한 논거가 아직 너무 빈약했던 것이다.

갈릴레이 역시 처음에는 코페르니쿠스 이론의 기하학적 완결성에 마음이 끌렸다. 하지만 그는 그것을 관측으로 증명하기로 마음먹고 고배율 망원경을 만들어 열심히 천체를 관측했다. 그 결과 목성 주위를 도는 위성이 있다는 것을 발견했다. 이것은 지동설의 직접적 증거는 아니었지만 모든 행성이 지구를 중심으로 회전한다는 기존 관념에 대한 하나의 예외를 발견했다는 점에서 획기적인 것이었다. 그리고 수성의 역행 운동도 지구와 수성이 모두 태양 주위를 돌기 때문에 일어나는 현상으로 설명할 수 있었다.

이 발견으로 갈릴레이는 대단한 명성을 얻었고 자신 있게 지동설을 주장하기 시작했다. 그러나 그의 주장은 맹점도 가지고 있었다. 그는 아직 각 행성들의 궤도를 정확하게 알지 못한 채 그저 원운동을 한다는 정도로 주장했다. 그러나 실제로는 행성들이 타원 운동을 하고 그 궤도면이 행성마다 달랐으므로 관측 결과가 그의 주장을 뒷받침해 주지는 못했다.

더구나 아주 초보적인 의문이긴 하지만 근본적인 문제가 있었다. 지구가 태양 주위를 돈다면 왜 지구 위의 모든 것들이 태양을 향해 떨어지지 않느냐는 것이다. 아직 만유인력의 법칙이 발견되기 100년 전인 당시로서는 참으로 난처한 문제였다.

따라서 1616년 일부 성직자들이 그의 주장에 반론을 펴면서 토론을 제의했을 때 갈릴레이는 의기양양하게 응했지만 결과는 그의 패배였다. 그는 지구 중심의 천동설이 모순된다는 것은 증명할 수 있었지만, 반대자들이 그의 태양 중심설의 모순을 지적할 때 그것을 방어할 수 없었던 것이다. 이렇듯 그의 모호한 처지는 당시의 천문학 수준을 그대로 반영한다. 말하자면 당시는 천동설에서 지동설로 바뀌는 과도기였던 것이다.

한편 이 과도기를 넘을 수 있는 뛰어난 업적이 독일의 한 과학자에 의해 이루어졌다. 바로 케플러였다. 그 역시 천체는 수학적, 기하학적으로 완결성을 가져야 한다고 생각했기 때문에 코페르니쿠스 천문학에 심취해 있었다.

그도 갈릴레이와 마찬가지로 망원경으로 천체를 관측했는데 화성의 운동 궤도를 면밀하게 관찰한 결과 원운동을 하지 않는다는 결론에 도달했다. 그렇다고 행성들이 제멋대로 움직인다고는 생각할 수 없었다. 그는 원 다음으로 기하학적 완결성을 가진 도형이 타원이었으므로 타원 궤도를 적용해 보았다. 그랬더니 관측 결과와 완전히 일치했다.

다만 문제는 행성이 타원 위를 같은 속도로 운행하지 않는다는 점이었다. 행성이 제멋대로의 속도로 움직인다는 것은 있을 수 없는 일이기 때문에 그는 고심에 고심을 거듭했다. 그리고 마침내 과학사상 가장 위대한 발견 중 하나를 밝혀냈다. 즉, 행성의 타원 궤도에는 두 개의 중심이 있는데 그중 하나에 태양이 위치하고, 행성이 태양을 중심으로 돌 때 태양에 가까워지면 회전 속도가 빨라지고 태양에서 멀어질수록 속도는 느려지게 된다는 것이다. 이것을 케플러의 법칙이라고 한다.

케플러 행성의 운동을 면밀하게 관찰하여 지동설을 뒷받침해 줄 위대한 법칙을 발견한다.

이러한 케플러의 발견은 코페르니쿠스나 갈릴레이가 반대론자들에게 시달렸던 거의 모든 문제를 해결해 줄 수 있는 엄청난 발견이었다. 하지만 불행하게도 당시 독일은 전국을 휩쓴 농민 전쟁을 막 겪은 데다 뒤이어 종교개혁의 열풍에 휩싸여 30년 전쟁이 터지는 바람에 그의 발견은 당장 큰 빛을 보지는 못했다.

그러나 갈릴레이는 아마도 케플러의 발견을 알았을 것이다. 왜냐하면 그가 망원경을 발명하게 된 것이 케플러의 광학 이론을 토대로 한 것이었을 정도로 케플러를 잘 알고 있었기 때문이다. 그런 그가 왜 1633년의 재판에서 케플러의 이론을 이용하지 않았는지는 정말로 의문이다. 유럽 최고의 과학자라는 자존심 때문에 케플러의 천재성을 인정하는 것이 못내 싫었던 것일까? 아니면 현실적 권력자인 교회와의 갈등으로 자신의 입지가 흔들리는 것을 두려워했던 것일까?

그는 1633년의 재판 이후 다시는 천문학에 손대지 않으며 물체의 낙하 운동이나 진자 운동과 같은 역학(力學) 분야에 몰두해 많은 업적을 남겼다. 지동설이 완벽한 증거를 갖추고 설득력을 얻게 된 것은 케플러의 법칙에 이어 뉴턴의 만유인력 법칙이 나오고 난 뒤였다.

명예혁명은 민중들에게도 명예로웠나

『걸리버 여행기』와 영국의 의회 정치

1726년에 간행되어 당시 영국에서, 특히 아일랜드인들에게 선풍적인 인기를 끌었던 조너선 스위프트의 『걸리버 여행기』(*Travels into Several Remote Nations of the World*)는 우리나라에서도 1960년대 이래 동화로 번안되어 어린이들에게 널리 읽혀지고 있는 소설이다.

그런데 사실 『걸리버 여행기』는 당시 영국의 의회 정치를 신랄하게 비판한 성인용 풍자 소설이다. 실제로 어린이들에게 원본 소설을 읽어 보라고 하면 십중팔구는 몇 장 넘기지 못하고 덮어 버릴 것이다. 우리나라에서 번안된 동화 『걸리버 여행기』는 원작의 줄기는 다 빼 버리고 곁가지만 남겨 놓은, 원작과는 전혀 다른 번안 동화이다.

『걸리버 여행기』의 정치 풍자가 얼마나 지독했는가는 출판 당시 출판인이 스스로 나서서 상당 부분을 삭제하고 여러 군데를 고쳐 쓰는 바람에 작가로부터 심한 항의를 받았다는 이야기로도 짐작해 볼 수 있다. 스위프트가 비판의 표적으로 삼은 것은 직접적으로는 당시 집권층인 앤 여왕과 휘그당 내각이지만, 좀더 넓게 보면 산업혁명기의 유럽 사회 전체였다.

소설에서 걸리버는 첫 번째로 소인국 릴리퍼트를 여행하게 되는데, 이 소인국에 대한 묘사를 보면 다름 아닌 영국 사회를 비유하고 있음을 알 수 있다. 15센티미터도 채 안 되는 작은 인간들로 이루어진 릴리퍼트에서도 귀족들이 파를 나누어 정치 투쟁에 여념이 없다. 거인 걸리버가 보기에는 너무나도 하찮은 문제로 말이다. 이를테면 굽이 높은 구두를 신는 트라멕산파와 굽이 낮은 구두를 신는 슬라멕산파가 서로 자기네 구두를 신어야 한다고 우기며 싸우는데, 걸리버가 보기에 그들의 구두 굽 높이 차이는 2밀리미터도 채 안 된다. 이것은 당시 영국 정계가 휘그당과 토리당으로 나뉘어 갑론을박하는 행태를 빗댄 것이다.

스위프트가 살았던 18세기 초반의 영국은 산업혁명이 시작되면서 사회 곳곳에서 변화의 조짐이 꿈틀대던 시기이다. 그리고 그 변화를 이끄는 힘은 이미 상공업을 통해 재산을 축적한 신흥 계층으로부터 나오고

걸리버 여행기 걸리버와 소인국 릴리퍼트 사람들.
『걸리버 여행기』의 다양한 상황은 당대 현실에 대한
풍자이다.

있었고, 자연히 전통적 기득권자들은 그들에 대해 강력하게 저항하려고 했다.

종교적으로 보면 신흥 상공업자들은 종교개혁의 세례를 받아 이른바 프로테스탄트를 형성하고 있었고, 구세력은 주로 전통적인 지주층으로 처음에는 가톨릭을 옹호했으나 국왕과 결탁하면서 영국 국교회(성공회)를 지지해 왔다. 신흥

찰스 1세의 처형 18세기 초 영국은 상공업을 기반으로 한 신흥 세력과 왕권을 중심으로 한 기득권 세력의 대립으로 내전이 계속되었다. 그림은 의회파가 찰스 1세를 재판정에 회부한 뒤 사형에 처하는 모습이다.

세력은 의회를 세력 기반으로 삼아 사사건건 국왕의 행태에 제동을 걸었다. 이 두 파의 갈등은 결국 1642년부터 1648년까지의 피비린내 나는 내란으로 이어졌다. 신흥 세력으로 결집된 의회파는 크롬웰이라는 뛰어난 지도자의 통솔력에 힘입어 내전을 승리로 이끌고 국왕 찰스 1세를 처형한다.

이러한 정국 변동을 통해서 영국 정계는 영국 국교회를 지지하며 지주층을 기반으로 하는 보수파의 토리당과 프로테스탄트를 지지하며 의회 정치를 주장하는 신흥 세력의 휘그당으로 양분되었다.

한편 크롬웰의 내란이 진정된 후 국왕 찰스 2세와 제임스 2세는 어리석게도 당시 영국 상황에서는 시대착오적인 가톨릭을 다시 일으키려고 시도했다가 양쪽 파로부터 공격당하는 처지에 몰리고 만다. 이렇게 해서 제임스 2세는 쫓겨나고 양 정파는 네덜란드에서 윌리엄을 초빙하여 자기들 말을 잘 듣는 왕으로 옹립한다. 이것이 1688년의 명예혁명이다.

조너선 스위프트 『걸리버 여행기』를 통해 당시 정치 현실과 유럽 사회를 풍자했다.

의회에서 다수 세력을 형성하고 있던 휘그당은 다시는 국왕이 독재를 할 수 없도록 문서로서 "국왕은 법의 집행을 정지시키지 못하며, 의회의 동의 없이 조세를 징수하면 안 된다."는 '권리장전'을 발표한다. 오늘날 민주주의 국가에서 당연한 상식으로 받아들여지는 의회의 입법권, 의원의 면책 특권, 언론의 자유 등은 모두 이때 영국의 의회가 국왕과의 투쟁 속에서 만들어 낸 것들이다.

그러나 휘그당이 주도한 정치 개혁은 일반 국민들의 이해를 대변한 것은 결코 아니었다. 당시 신흥 상공업자들은 이미 경제적으로는 지배층의 지위에 오른 자들로, 오로지 자신들의 이해를 대변할 뿐이었다. 이를테면 국왕이 제멋대로 세금을 징수하는 것을 가장 크게 문제 삼고 있는데, 이것이야말로 돈 많은 자신들의 이해와 직결되는 문제였던 것이다. 당시 농촌에서 쫓겨난 몰락 농민들과 도시 하층민들의 눈에는 휘그당이나 토리당이나 다 가진 자들의 정파이고 서로 자기 몫을 지키려고 안간힘을 쓰는 것으로 보일 뿐이었다. 즉, 구두 굽 높이 2밀리미터 차이 정도밖에는 의미가 없었다. 스위프트는 이러한 현실을 직시하고 이를 거인 걸리버의 눈을 통해 풍자한 것이다.

걸리버가 두 번째로 찾아간 나라는 거인국 브롭딩내그인데, 이 나라는 여러 가지 정황에 비추어 그의 모국인 아일랜드를 가리키는 것으로 보인다. 소인국과는 반대로 걸리버가 보기에 거인국 사람들은 비록 여러 가지 문제를 안고 있지만 소박하고 평화롭게 살아가고 있었다. 이들은 걸리버가 전해 주는 영국의 타락한 정치와 다른 나라를 무력으로 침공하는 것에 대해, 걸리버가 소인국 사람들을 이해하지 못한 것과 마찬가지로, 이해하지 못한다.

아일랜드는 영국 서쪽에 있는 섬으로 전통적으로 많은 교황과 성직자를 배출한 가톨릭 국가였다. 그러나 스위프트가 살던 1691년에 영국의 침략을 받아 식민지가 된다. 그 결과 아일랜드 인구의 10분의 1에 불과한 영국 국교회 세력이 다수의 가톨릭교인들을 지배하는 체제가 형성되었으며, 이후 아일랜드인들의 독립운동이 줄기차게 전개된다. 이 독립운동은 1921년에 가서야 비로소 성과를 거둔다. 그나마 북부에 있는 북아일랜드는 여전히 영국 영토로 남겨 둔 채여서 오늘날까지도 북아일랜드인들의 독립군인 아일랜드 공화군(IRA)은 폭탄 테러를 일삼는 공포의 조직으로 널리 알려져 있다.

이러한 아일랜드인들의 독립 열기를 부추기는 데『걸리버 여행기』도 한몫을 했다고 하는데, 아마도『걸리버 여행기』의 거인국 브롭딩내그가 평화롭고 소박한 조국에 대한 향수를 불러일으켰기 때문일 것이다.

걸리버가 찾아간 세 번째 나라는 하늘에 떠다니는 나라, 라푸타이다. 땅에서 붕 떠서 하늘에 떠다닌다는 것이 상징하듯이, 현실 생활과 무관한 연구만 하는 과학자들과 이론가들에 대한 풍자의 장이다. 이곳에서는 학자들이 사색에 몰두하느라 다른 것에는 도무지 관심이 없어서 이들을 사색에서 깨어나게 하는 일만 하는 사람이 필요할 정도이다. 그들은 공기가 질산칼륨을 통과하게 하여 공기 속의 물기를 없앤 다음 말려서 손으로 만질 수 있는 공기를 만드는 것을 연구하는가 하면, 대리석을 부드럽게 해서 그것으로 베개와 바늘꽂이를 만들겠다고 장담하기도 한다.

이렇게 황당한 얘기를 늘어놓는 것은 다름 아니라 당시의 엄청난 과학 발달이 인간의 도덕적 삶과 얼마나 떨어져 있는가를 고발하기 위한 것이다. 특히 천문학과 수학의 발달이 두드러졌는데, 이미 1543년에 코페르니쿠스가 태양 중심설을 발표했고 1687년에는 뉴턴이 중력 법칙을 발표해 절정에 이르렀다. 데카르트는 1637년 '해석 기하학'을 발표해 모든 도형을 숫자로 계산하여 환원시킬 수 있다는 가능성을 제시했다. 그는 이러한 수학의 논증 방법을 철학과 신학에까지도 적용할 수 있다며 『방법서설』에서는 "신의 존재를 수학적으로 증명해 보이겠다."고 장담하기도 했다.

이러한 과학 발달이 신 중심의 유럽사를 크게 변화시켜 합리성이 사고의 중심을 차지하는 데 중대한 역할을 한 것은 사실이다. 그러나 당시 고통받고 있던 일반 민중들의 눈에는 이러한 변화가 그들의 고단한 삶과는 아무 관련이 없는 고담준론(高談峻論)으로 비친 것도 사실이다. 걸리버의 눈에 비친 라푸타의 황당무계한 학자들이 그런 모습이다.

마지막 나라는 이성과 도덕이 충만한 나라 휘넘이다. 이곳의 주민은 인간이 아니라 말이며, 인간과 비슷하게 생긴 야후는 아주 추한 야만 동물로서 사회 문제를 일으키는 골치 아픈 존재이다. 물론 휘넘은 스위프트가 바라는 이상 사회이다. 휘넘의 말들은 전쟁을 이해하지 못한다. 말들은 인간에게 아무것도 물어뜯을 수 없는, 얼굴 아래 납작하게 붙어 있는 입과 연약한 손톱과 발톱이나 가진 주제에 무슨 전쟁을 그렇게 많이 벌이느냐고 묻는다. 인간 세상에서는 돈만 있으면 무엇이든 얻을 수 있고, 그러한 부자는 가난한 사람 1000명당 1명이라는 사실도 이해하지 못한다. 휘넘에서는 무엇이든 공평하게 나누어 가지며, 아이들은 어릴 때부터 누구나 균등하게 이성을 최고로 계발할 수 있도록 교육시키기 때문이다.

이러한 이상 사회는 비록 하나의 꿈에 지나지 않지만 인류가 태초부터 꾸어 온, 저버릴 수 없는 꿈이다. 스위프트는 18세기 초반의 영국 사회 (교과서에는 산업혁명과 과학 발달, 의회 민주주의가 꽃핀 황금기로 나와 있는 시대)가 이러한 꿈과는 정반대로 가고 있음을 고발하고 있는 것이다.

조너선 스위프트는 책의 끝 부분에서 "모든 작가들이 자기의 책을 출판하기 전에 대법관 앞에 가서 전적으로 자기가 아는 사실에 맞게 쓸 것을 서약하도록 법을 제정하기를 진심으로 바란다. 그렇게 하면 세상 사람들이 지금과 같이 속아 넘어가지는 않을 것이다. 몇몇 저술가들은 대중들에게 더 잘 먹히도록 하기 위해 아무것도 모르는 독자들에게 터무니없는 거짓말을 하고 있다."며 위선적인 저술가들에게도 따끔한 일침을 놓는다. 이 글을 쓰고 있는 나의 가슴도 뜨끔해지는 대목이다.

인디언을 몰아내지 않고는 독립도 없다?

미국 독립 전쟁과 인디언

1773년 12월 16일 밤, 미국 동부 최대의 무역항 보스턴에 정박해 있던 영국 선박이 500여 명의 괴한들에게 습격을 받았다. 괴한들은 배에 실려 있던 차(茶)를 몽땅 바다에 던져 버리고 배를 망가뜨렸다. 이것이 그 유명한 '보스턴 차 사건'으로, 영국이 그해 4월 생활필수품인 차에 높은 세금을 매기는 조치를 취한 데 대해 미국인들이 저항함으로써 독립 전쟁의 도화선에 불을 당긴 역사적 사건이다. 그런데 당시 배를 습격한 500여 명의 미국인들은 자신들을 인디언으로 위장했다. 특히 인디언 중에서도 유독 영국과 친밀한 관계를 유지하고 있던 모호크족으로 위장했다. 왜 미국인들은 자신들로서는 정당하기 그지없는 독립 운동에 인디언을 개입시켰던 것일까?

흔히 미국의 독립 전쟁은 북미 대륙에 이주한 유럽인들이 식민 종주국인 영국에 대해 일으킨 전쟁으로 알려져 있다. 그러나 조금만 더 자세히 들여다보면 미국인들의 독립 전쟁은 한편으로는 영국을 상대로 하고 다른 한편으로는 원주민인 인디언을 상대로 하는 이중의 전쟁이었다는 것을 알 수 있다. 이 3자 간에는 복잡한 역학 관계가 작용했는데, 보스턴

보스턴 차 사건 미국인들이 인디언으로 위장하고 동인도 회사의 배에 올라 차를 바다 속으로 던지고 있다.

차 사건에서 미국인들이 인디언으로 위장한 것도 그러한 역학 관계를 이용한 절묘한 정치 게임이었다.

우리는 '인디언' 하면 미국 서부 영화에나 나오는 난폭한 살인자들을 연상하는 경향이 있다. 하지만 17, 18세기의 인디언 입장에서 보면 유럽인들이야말로 외부 침입자였고 따라서 조상 대대로 살아온 자기 땅을 지키기 위해서는 '투쟁'이 불가피했다. 특히 18세기 서부 개척 시대에는 미국인들이 조약을 어기고 인디언 땅을 침범했기 때문에 인디언들은 격렬한 저항을 펼쳤다. 그러나 유럽인들이 처음으로 북아메리카 내륙에 발을 디딘 때부터 인디언들이 그렇게 격렬하게 저항한 것은 아니었다.

북아메리카에 처음 들어온 유럽인은 에스파냐인이었고 프랑스인들이 뒤이어 들어왔다. 그런데 이들은 주로 교역이 목적이었기 때문에 인디언들과 별 마찰을 일으키지 않았다. 유럽인들은 인디언들에게서 모피 제품을 사들이고 그 대가로 말과 총 등을 팔았다. 그런데 영국인들이 들어오면서 사정이 확 바뀌었다. 이들은 단순히 교역을 하러 온 것이 아니라 정착해서 농사를 지으며 살려고 했다. 인디언들은 위기를 느끼기 시작했고, 땅을 지켜야 한다는 생각을 하게 되었다. 그렇기 때문에 1756년에서 1763년까지 7년 동안 영국과 프랑스 사이에 북미 대륙의 패권을 둘러싸고 전쟁이 벌어졌을 때 인디언들이 프랑스 편을 든 것은 당연한 일이었다. 이 전쟁은 역사책에 '영·불 전쟁'으로 기록되어 있지만 영국인들은 아직도 '프렌치 인디언(French Indian) 전쟁'으로 부른다. 교전 당사자가 프랑스인만이 아니라 인디언들이기도 했다는 것을 스스로 인정하고 있는 셈이다.

이주해 온 영국인들과 이야기를 나누는 인디언들 교역을 위주로 하던 에스파냐인, 프랑스인과는 별 마찰이 없었지만 영국인들이 들어오자 사정이 달라졌다.

영국이 '프렌치 인디언 전쟁'에서 승리하자 프랑스인들은 물러갔지만, 물러갈 데가 없는 인디언들은 생존을 위해 계속 영국과 싸워야만 했다. 인디언들은 비록 영국보다 산업 발달이 한참 뒤늦은 미개 부족이긴 했지만 여러 부족이 연합해 강력한 정치 체제를 형성하고 있었기 때문에 그들의 연합 무력은 영국군도 결코 쉽게 볼 수 없는 것이었다. 북아메리카 대륙 동부의 유력한 인디언 부족은 오네이다, 오논다가, 카유가, 세네카, 모호크의 5개 부족이었다. 이들은 이로쿼이 연합이라는 것을 만들어서 오늘날의 미국 정치 체제와 비슷한 연방 체제를 형성하고 있었다. 이들과 갈등 관계에 있는 한 영국의 식민지 정책은 불안정할 수밖에 없었다.

결국 1763년, 인디언과 영국은 서로 절충하여 동부 해안선과 평행하게 뻗어 있는 애팔래치아 산맥을 경계로 영토권을 나누기로 한다. 영국은 주로 동부 해안에 식민지를 건설하고 있었기 때문에 이에 대한 주권을 양해받는 대신 애팔래치아 서부는 인디언의 영토임을 문서로 보장해 준 것이다. 이후로 인디언의 이로쿼이 연합은 영국에 대해 중립적인 정책을 펴게 된다.

그런데 영국의 식민지 내에서 독립운동이 일어나자 정치적 역학 관계가 복잡하게 꼬이기 시작했다. 식민지 주민들, 즉 미국인들은 대부분 유럽 대륙에서 '경제적 기회'를 찾아 신대륙으로 몰려든 사람들이었다. 이들은 초기에는 거의 북동부의 메사추세츠 주에 몰려 살았으나 이주민이 늘어남에 따라 펜실베이니아, 버지니아, 오하이오, 인디애나 등 서쪽으로 점차 거주 영역을 넓혀 나갔다. 인디언들의 입장에서 보면 이는 시시각각 자신들의 땅을 향해 침략해 들어오는 것이었다. 더구나 이 유럽인들은 자신들의 앞길을 막는 인디언들에게 거칠게 행동하기 일쑤였다.

한편 영국에 대한 미국인의 반감은 점차 고조되고 있었다. 영국이 미국에 대한 통제를 강화하고 인지세, 차세 등으로 식민지 수탈의 강도를 높였기 때문이다. 그런데 때마침 1763년 영·불 전쟁에서 승리한 영국 정부가 인디언과의 협상을 통해 애팔래치아 서부를 인디언에게 떼어 주고 미국인의 이주를 금지하자 미국인들의 감정은 더욱 악화되었다. 이제는 대결 구도가 미국인 대 영국인과 인디언으로 바뀌었다. 서부를 향해 진출하고 있던 미국인의 앞길에서는 인디언이, 뒤에서는 영국이 방해를 하는 형세가 된 것이다.

따라서 1773년의 보스턴 차 사건에서 미국인들이 인디언으로 위장해 영국 선박을 공격한 것은 영국과 인디언 사이의 우호 관계를 갈라놓으려는 계략이었다. 특히 모호크족은 당시의 미국으로 들어오는 관문인

인디언 섬멸 당시 미국의 유명 작가 쿠퍼의 『사슴 사냥꾼』 (Deer Slayer)에 나오는 삽화. 미국 이주민들은 인디언들을 내쫓고 그들의 땅을 강탈했다.

메사추세츠 주 일대를 근거지로 하고 있어 유별나게 친영 정책을 취하고 있었다. 이러한 모호크족이 영국을 공격했다고 하면 인디언과 영국의 유대는 금이 갈 것이 뻔했던 것이다.

미국인들의 이러한 계략은 금방 들통이 나 성공을 거두지는 못했다. 하지만 1775년에 시작된 영국과의 독립 전쟁은 8년 동안 지속된다. 미국인들은 이번에는 영국의 북아메리카 대륙에 대한 패권에 강한 거부감을 보이고 있

던 에스파냐, 프랑스, 네덜란드 등과 동맹을 맺어 대항했다. 그리고 다른 한편으로 인디언이 영국을 지원하지 못하도록 가혹한 섬멸전을 폈다.

1778년 영국과 인디언 이로쿼이의 연합군이 북부 지역의 이주민 개척지를 공격하자, 미국은 이에 대한 보복으로 '이로쿼이 몰살 소탕 작전'을 펴 인디언 촌락을 통째로 불살라 여자와 어린아이들까지 '말끔히' 청소해 버렸다. 이에 앞서 1776년에는 애팔래치아 서쪽 지대에서 평온하게 지내던 체로키족 마을을 수차례 습격해 역시 초토화해 버렸다. 이해는 바로 미국의 그 유명한 '독립 선언서'가 발표된 해이다.

1776년 7월 4일에 발표된 '독립 선언서'는 얼마 후 프랑스 대혁명에 영향을 주기도 한 근대 시민 혁명의 서곡이다. 이 선언서의 첫대목은 "모든 사람은 평등하게 태어났고 조물주로부터 몇 가지 양보할 수 없는 권리를 부여받았으며, 그중에는 생명과 자유와 행복을 추구할 권리가 있다."로 시작된다. 미국인들은 바로 이 대목을 낭독하는 그 순간에 인디언으로부터 생명과 자유와 행복을 영구히 박탈하는 만행을 저지르고 있었던 것이다.

1781년 10월, 요크타운 전투에서 영국군에게 승리를 거둠으로써 미국은 마침내 독립을 성취했다. 그러고 나서 미국은 곧바로 인디언이 소유하고 있던 땅을 무상 몰수하는 데 착수했다. 곳곳에서 인디언의 처절한 저항이 이어져 미국 전역은 마치 내전을 방불케 했다. 인디언들은 비록 무기와 훈련에서 근대식 미국군에 뒤져 있었지만 부족 간에 일치단결하여 저항하는 한편 영국의 지원을 요청하기에 이른다. 영국으로서도 패배를 설욕할 구실이 되니 반가운 일이었다. 이에 위기를 느낀 미국의 선전 포고로 1812년 제2차 미·영 전쟁이 발발하게 된다.

결국 미국의 독립 전쟁은 한편으로는 영국의 속박에서 벗어나기 위한 전쟁이었지만, 다른 한편으로는 인디언의 땅을 빼앗고 인디언을 몰살하려는 침략 전쟁이었다. 이후 인디언들은 서부로 쫓겨났고 그나마 백인들이 서부로 몰려들자 특별 보호 구역에 수용되어 비참한 생활을 강요당했다. 이들에게 미국 국민으로서 참정권이 주어진 것은 먼 훗날인 1930년대에 이르러서이다. 그러나 이때는 이미 인디언이 거의 멸종해서 정치적 의미가 사라진 뒤였다.

Chapter 4

근대 II

민중의
각성과 투쟁

바스티유 감옥과 프랑스 대혁명
부르주아 계급과 파리 민중의 인권운동연합

"1789년 프랑스 대혁명 당시 파리 시민들의 바스티유 감옥 습격은 정당하였는가? 그리고 여러분이 당시의 시민이었다면 어떻게 하였겠는가?" 만약 이런 질문을 받는다면 여러분은 어떤 답을 내놓을 것인가.

1789년 프랑스 대혁명은 흔히 파리 민중의 바스티유 감옥 습격으로 상징화되고 있다. 현재 프랑스 최대의 국경일은 7월 14일인데, 이날은 바로 파리 민중들이 바스티유 감옥을 습격한 날이다. 그리고 당시에도 혁명이 성공한 뒤 바스티유 감옥 습격에 참가한 사람 863명이 선발되어 '바스티유 공격자'라는 영웅적인 칭호를 받고 연금 지급 대상자가 되었다. 하지만 이것은 프랑스 대혁명의 상징일 뿐이지, 실제로 바스티유 감옥 습격이 그렇게 대단했던 것은 아니다.

당시 바스티유 감옥에는 정치범은 한 명도 없었고 잡범 7명만이 있었다. 군중이 몰려갔을 때 수비대가 군중을 향해 발포한 적이 없다는 사실은 이미 명백하게 밝혀져 있다. 그래서 역사가들은 원래 중세의 성이었던 바스티유 감옥을 민중들이 타도하려고 했던 구체제, 즉 앙시앵 레짐(ancien regime)의 상징으로 해석하려고도 한다. 이것은 한편으로는 그

바스티유 습격 바스티유 습격을 구체제 타도의 상징으로 해석하기도 하지만 이것은 결과적으로 붙인 해석일 뿐이다.

럴듯하게 보이지만 이 역시 결과적으로 갖다 붙인 해석일 뿐이다. 당시 파리 민중들은 단지 바스티유 수비대 무기고에 쌓여 있다고 믿은 총과 화약을 약탈하기 위해 그곳으로 몰려갔다. 그리고 수비대장은 겁에 질려 무기와 화약을 다 내주었다.

따라서 앞의 질문은 "파리 시민이 총을 든 것은 정당했는가?"라고 바꿀 수 있다. 그리고 이 질문에 답하기 위해서는 파리 시민들이 그런 행동을 하게 된 배경을 살펴보지 않으면 안 된다.

사태의 발단은 국왕 루이 16세가 7월 13일 왕실 근위대의 출동을 지시하고 독일과 스위스에 용병을 보내 줄 것을 요청한 데서 비롯되었다. 하지만 이것은 일반 시민들을 향한 것은 아니었고 파리 근교 베르사유 궁전의 왕실 테니스코트를 점거하고 농성을 벌이던 제3신분 대표자들을 강제로 해산시키기 위한 것이었다. 시민들은 이를 저지하기 위해서 무기가 필요했고 무기고가 있는 바스티유 감옥을 습격한 것이었다.

그러나 제3신분 대표들이 이러한 시민들의 봉기를 사전에 이끌었거나 바란 것은 아니었다. 그들은 오로지 국왕을 압박해 자신들의 요구를 관철시키기를 바라고 있었다. 이 점에서 시민들은 제3신분 대표들보다 훨씬 현명했다. 실제로 시민들이 총을 들지 않았다면 제3신분 대표들은

테니스코트의 선서 제3신분 대표들이 원한 것은 체제 전복이 아니라 국왕의 과세 의도를 꺾는 것이었다.

군대에 의해 테니스코트에서 쫓겨났을 것이기 때문이다. 설령 루이 16세가 제3신분 대표들의 주장을 받아들였다고 해도 그것이 획기적인 일이기는 했겠지만, 혁명은 한참 뒤로 미루어졌을 것이다. 왜냐하면 제3신분 대표들의 요구 사항은 체제를 뒤집어엎는 것이 아니었기 때문이다. 그들의 목표는 단지 자신들로부터 세금을 거두어 가려는 국왕의 의도를 꺾는데 있었다.

이에 앞서 루이 16세는 삼부회를 소집했다. 삼부회는 귀족, 성직자, 평민 세 신분의 대표자들로 이루어진 회의로, 국왕이 국정을 펴면서 도움을 얻기 위해 필요에 따라 소집하곤 했다. 이번에 삼부회를 소집한 것은 당시 프랑스 정부가 극심한 재정난에 빠져 있었기 때문이다. 이는 주로 프랑스가 미국의 독립 전쟁에 개입한 데서 비롯되었다. 미국이 영국과 전쟁을 벌이자 프랑스는 만약 영국이 승리한다면 자국의 북아메리카 진출이 크게 제약받게 될 것을 우려하여 미국 편에 서서 전쟁에 끼어들었다. 그 결과 미국이 승리하기는 했지만 당장 그 때문에 재정 부담을 안게 된 것이다. 바닥난 재정을 회복하기 위해서는 세금을 더 거둬들일 수밖에 없었으나 귀족들이나 성직자들이 이에 고분고분히 응해 주지를 않았다. 결국 루이 16세는 이들 특권층의 기세를 꺾기 위해 175년 동안이나 소집되지 않던 삼부회를 소집하게 된 것이다.

예전의 삼부회에서 제3신분 대표들은 국왕의 충실한 신민들이었다. 루이 16세도 그런 줄만 알고 삼부회를 소집했을 것이다. 그런데 이번에는 사정이 달라졌다. 제3신분 대표들이 예전처럼 호락호락하지 않았던 것이다.

제3신분 대표들은 국왕에게 삼부회의 투표 방식을 바꾸어 달라고 요구했다. 기존의 삼부회는 각 신분의 대표들로 구성하되 의사 결정은 사람 수로 하는 것이 아니라 신분별로 했다. 대부분의 결정에서 귀족과 성직자는 같은 편이었기 때문에 표결을 하면 늘 제3신분이 2대 1로 지게 되어 있었다. 그런데 이번에 소집된 삼부회의 구성을 보면 제1신분 대표가 270명, 제2신분 대표가 290명인 데 비해 제3신분 대표는 585명에 달했다. 머릿수로만 표결한다면 제3신분이 이길 수 있는 판세였던 것이다.

제3신분 대표들의 주제넘은 요구에 화가 난 국왕이 삼부회 회의실을 폐쇄하고 해산하려고 하자, 제3신분 대표들은 한 걸음 더 나아가 테니스코트를 점거하고 농성을 하기에 이른 것이다.

제3신분 대표들이 이렇게 대담해진 것은 다름 아닌 산업혁명의 결과였다. 그들의 직업을 보면 주로 의사, 변호사, 사업가들인데 이들은 모두 꽤 큰 재산과 높은 지식을 가진 계층이었으며, 이미 미국의 독립 혁명과 영국의 명예혁명으로 머리가 깨인, 당시로서는 급진주의자들이었다. 이른바 부르주아 계급이었던 것이다.

실내에 있는 농부 가족 혁명 이전의 프랑스 농민의 가난한 살림살이를 보여 준다. 르냉의 그림. 1642년.

한편 국왕이 군대를 동원해 이들을 해산하려고 하자 이를 저지하기 위해 나선 파리의 민중들은 대개 막노동꾼, 영세한 상인, 거리의 부랑아들이었다. 계급으로만 보자면 이들은 부르주아 계급과 같은 처지는 아니었다. 결과적으로 보더라도 혁명 이후 새로 만들어진 선거법에서 재산이 없는 이 부류들에게는 선거권이 주어지지 않았다. 하지만 이들은 7월 14일, 부르주아를 지원하기 위해 총궐기하였다. 이들이 총을 들고, 길거리에 바리케이드를 치고, 몸을 던져 싸우지 않았다면 혁명은 결코 성공하지 못했을 것이다.

이렇게 민중들이 이미 상류층으로 성장한 부르주아 계급과 연합해 싸울 수 있었던 것은 그들과 함께하는 이념적 공감대가 있었기 때문이다. 바로 이 점이 "그들이 총을 든 것이 정당했는가?"라는 질문에 대한 답이기도 하다. 그것은 장 자크 루소가 전파한 인권 사상이었다.

루소는 프랑스 대혁명이 일어나기 30여 년 전부터 "인간은 본래 자유롭게 태어났으나 지금 모든 곳에서 사슬에 얽매여 있다."며 현실 사회의 모순을 날카롭게 지적했다. 사람들이 가난으로 고통받는 것, 부도덕한 지배층에게 억압받는 것, 온갖 범죄가 횡행하는 것 등은 모두 사회가 그러한 상황을 조성한 데서 비롯된 것이다. 모든 인간은 기본적으로 선하며 고귀한 존재이다. 따라서 인간의 선의와 존엄성을 훼손하는 낡은 사회 체제는 끊어 버려야 할 사슬에 불과하다. 이것이 그가 『인간 불평등 기원론』과 『사회 계약론』에서 일관되게 주장한 내용이었다.

더구나 그는 이러한 주장을 학술 논문으로만 쓴 것이 아니라 일반 대중이 쉽게 읽을 수 있는 이야기체로 써서 『에밀』이라는 책으로 펴냈고, 이 책은 프랑스 대중들에게 널리 읽히는 베스트셀러가 되었다. 혁명이 성공한 후 제정된 프랑스 헌법의 제1조가 "사람은 출생과 더불어 또한 생존함에 있어서 자유이며 평등한 권리를 갖는다."고 되어 있는 것은 바로 루소의 사상을 그대로 반영한 것이다.

프랑스 민중들이 이러한 사상을 갖고 있었기 때문에 삼부회에서 신분 차별 없는 동등한 한 표를 주장하는 제3신분 대표들을 지지할 수 있었던 것이다. 또 부조리한 현실은 타파되어야 한다는 신념을 갖고 있었기에 불의에 맞서 총을 들었게 된 것이다. 오늘날 우리는 이것을 '자연법 사상'이라고 한다. 그리고 현재 유럽 국가들 중에는 이를 '저항권'이라는 이름으로 헌법에 보장하고 있는 경우가 많다.

러다이트 운동

우매한 민중의 감정적 폭동이 아니었다

1811년에 잉글랜드 중부 노팅엄 지방에서 러다이트(Luddite) 운동이 시작되었다. 이것은 산업혁명으로 도입된 새로운 기계에 반발하는 전통적 가내 수공업자들이 벌인 기계 파괴 운동이었다. 그러나 이 운동을 기계가 미워서 기계를 파괴했다는 식으로 단순하게 이해하는 것은 사실을 정확하게 바라보지 못한 것이다.

입장을 바꾸어서 한번 생각해 보자. 우리가 일하던 직장에서 새로운 자동 기계를 도입하여 일자리를 잃게 되었다고 하자. 가족의 생계가 막막하고 세상이 한스러워질 것이다. 그러나 그렇다고 해서 그 직장으로 몰려가 새로 들여온 기계를 때려 부수려고 생각하는 사람이 몇이나 있을까? 그러기보다는 먼저 고용주나 정부에게 생존권 보장을 요구하거나 다른 직업을 찾아보거나 할 것이다.

이 점에서는 1800년대 초반 영국의 노동자들과 현대의 노동자들 사이에 별 차이가 없을 것이다. 영국의 산업혁명은 이미 1700년대 중반부터 시작되어 급속한 기계화가 이루어지고 있었고, 그것은 사회 진보의 명백한 지표였다. 1800년대에 들어와 "기계 없는 세상이 좋다."고 말하는 사람이 있었다면 그는 분명히 정신 나간 사람으로 취급받았을 것이다. 이처럼 러다이트들도 그런 의미에서 기계를 파괴한 것은 결코 아니었다. 더구나 당시 영국 노동자들은 오늘날과 같은 세련된 노동조합 수준에는 못 미쳤지만 자본가에 대항해 자신들의 권익을 지키기 위한 조직을 만들어 활동해 오고 있었다. 따라서 러다이트 운동은 아직 중세적 사고방식에서 벗어나지 못한 무지몽매한 가내 수공업자들이 기계에 대한 두려움 때문에 감정적으로 일으킨 폭동이 아니었다.

그렇다면 이들 러다이트들은 어떤 배경이 있었기에 기계 파괴라는 극단적인 방법을 썼을까? 이를 이해하기 위해서는 1811년 당시 노팅엄 지방의 사정을 알 필요가 있다.

노팅엄 지방은 전통적으로 양말 공업이 발달한 지역이었다. 전통적인 양말 제조업은 수공업자들이 집에서 재래식 편물기를 가지고 양말을 짜서 시장에 내다 파는 것이었지만, 1800년대에 이르면 재력 있는 자본가들이 기계를 사서 수공업자들에게 임대해 주고 생산된 제품을 자신들이 회수해 가는 대신 수공업자들에게는 임대료를 공제하고 일정 금액을 지급하는 방식이 일반화되어 있었다. 생계를 전적으로 자본가에게 의존해야만 하는 오늘날 임금 노동자의 원형이 형성되어 있었던 것이다. 다만 작업장이 각자 자기 집이라는 점이 달랐다.

그런데 1810년대에 들어오면서 자본가들이 생산성이 더욱 높은 편물기를 도입하면서 생산량이 늘자 기존의 노동자들 가운데 많은 수가 자본가로부터 기계를 임대받지 못하고 도태되는 현상이 빚어지기 시작했다. 다행히 기계를 임대받은 노동자들도 사정이 안 좋기는 마찬가지였다. 자본가들은 신형 기계의 임대료를 비싸게 책정하고 그만큼 임금을 낮추었기 때문이다. 당시는 영국이 프랑스와 장기간에 걸쳐 나폴레옹 전

러다이트 운동의 진압 공장 지대로 번진 러다이트 운동을 진압하는 경찰과 군대.

쟁을 치르는 중이었고, 때마침 농사가 거듭 흉작이어서 노동자들이 받은 타격은 더욱 컸다. 그즈음 노동자들이 받는 주급이 6실링이었는데 빵 한 덩이 값이 1실링이었다고 하니 1주일 치 급료로 가족은 그만두고 자기 한 몸의 이틀분 식비로밖에 충당하지 못할 정도였던 것이다.

　이러한 처지에 빠진 노동자들이 분노한 것은 당연했다. 그리고 그 분노의 표적은 기계가 아니라 자본가였다. 사실 영국 노동자들은 이미 수십 년 전부터 자본가에 대한 투쟁의 경험을 축적해 오고 있었다. 처음에는 공제 조합을 만들어 실직이나 산업 재해 등에 대비해 기금을 적립해 상호 부조하는 방식으로 운영했지만, 18세기 말에는 지역적, 전국적으로 조직을 결성하고 자본가들을 대상으로 파업 등을 하여 생존권 확보 투쟁에 나서 왔다. 노동자들이 파업을 하면 생산이 중단되기 때문에 자본가들도 타격을 받았고 결국 노동자들의 요구를 어느 정도 수준에서 받아들여야 했다. 이때부터 이미 노동자들은 자본가들에 대한 유효한 투쟁 수단이 파업이라는 것을 자각하고 있었다.

그러나 1811년, 노팅엄의 노동자들은 그러한 투쟁 수단을 모두 잃어버린 상태였다. 정부가 자본가의 편에 서서 1800년에 '단결 금지법'을 제정해 모든 단체 행동을 금지했기 때문이다. 기아선상에서 헤매던 노동자들은 그런 자신의 처지를 개선할 합법적 무기를 다 빼앗아 간 자본가와 정부를 원망했고, 마침내 그들의 부의 원천인 기계를 부숴 버림으로써 항의를 표시하기로 한 것이다.

특히 노팅엄의 양말 편물기들은 한 공장에 밀집되어 있는 것이 아니라 기계 한 대 한 대가 각 노동자들의 집에 설치되어 있었기 때문에 노동자들의 기계 파괴에 대해 자본가들은 전혀 손을 쓸 수가 없었다. 노팅엄에서 러다이트 운동이 성공할 수 있었던 것은 바로 이 때문이다. 그래서 1812년에 이러한 노팅엄의 기계 파괴 운동이 전국으로 퍼져 나가 면 방직 공장 지대인 요크셔와 랭카셔 지방으로 번졌지만, 이곳에서는 순식간에 모두 진압되고 말았다. 공장 하나를 지키는 것은 정부나 자본가들에게 손쉬운 일이었기 때문이다.

노팅엄 노동자들에게 일격을 당한 자본가와 정부는 대책에 골머리를 앓아야 했고, 급기야 기계를 파괴한 노동자는 사형에 처한다는 극한적인 법률을 제정해 대응했다. 그러나 러다이트들은 자본가 소유의 기계만 파괴하고 사람을 다치게 하는 등의 과격 행동은 전혀 하지 않았기 때문에, 이 법은 민심이 더욱더 러다이트들에게 기울게 해 오히려 러다이트들을 위한 모금 운동에 불을 붙였을 뿐이다. 심지어 당대의 저명한 서정시인 바이런조차도 의회에 나가 "이러한 폭동은 난동자들로부터 온 것이 아니라 가난으로부터 온 것이다."라고 호소할 정도였다.

그러나 정부는 실제로 기계 파괴자를 검거해 교수형에 처하는가 하면 군대를 동원해 현장에서 노동자를 사살하는 등 강경하게 대처했다. 이렇게 되자 공장 지대에서는 러다이트 운동의 불길이 쉽게 사그라들었고 노팅엄과 같은 가내 공업 지역에서만 효력을 발휘했다. 하지만 자본가들도 언제 자기 재산이 파괴당할지 모르는 불안에 시달려야 했다. 결국 자본가들은 노동자들에게 어느 정도는 양보해야 한다는 것

토머스 페인 『인간의 권리』를 쓴 토머스 페인이 농민과 노동자, 빈민의 폭력을 불러왔다고 주장하는 당대의 풍자화.

을 깨달았고 노사 교섭의 관행이 서서히 자리잡기 시작했다. 그리고 이것은 바로 러다이트 노동자들이 목표로 한 바였다.

결국 러다이트 운동은 영국의 노동 운동이 실력 행사를 통해서 자본가와 자본가를 지원하는 정부를 압박한 하나의 전술이었다고 볼 수 있다. 당시 노동자들이 중세적 의식에서 벗어나지 못한 단순한 난동자가 아니라는 것은 그들 사이에서 토머스 페인의 『인간의 권리』(Rights of Man)가 널리 읽혔다는 것에서도 알 수 있다. 1791년에 출간된 이 책은 사회 불안의 근본 원인이 정부의 악정과 가난, 문맹, 실업 등에 있다고 주장했다. 따라서 해결책은 왕정을 폐지하고 공화정을 실시하며 이 공화

정을 통해 실업 구제, 빈민 구제, 대중 교육 등을 실시하는 것이라고 역설했다. 그리고 그 재원은 가진 자들로부터 누진세를 받아서 마련할 것을 제시했다. 이는 '가진 자'들에게는 혁명을 선동하는 것으로 비쳐져 영국 정부는 그를 반란죄로 기소했고 이 책은 영구 발매 금지되기까지 했다. 노동자들이 이러한 책을 널리 탐독했다는 것은 그들이 자본가나 정부보다도 훨씬 더 근대 지향적이었음을 증명하는 것이다.

한편 러다이트들은 기계 파괴 말고는 어떠한 과격 행동도 자제함으로써 여론을 자기 편으로 끌어들일 수 있었는데, 이는 로빈 후드 전설의 영향을 받은 것이다. 로빈 후드가 활약했다고 하는 셔우드 숲이 바로 노팅엄의 북동쪽에 있는 데다 로빈 후드가 민중의 이익을 대변해 지배 계급과 싸웠듯이 러다이트 운동의 지도자로 알려진 네드 럿이라는 가상의 인물이 그를 쏙 빼닮았다고 한다.

결국 영국 노동자들은 정부와 자본가들의 반격이 거세어지자 1816년 이후에는 폭동 전술을 철회하고 자신들의 권리를 법률적으로 보장받기 위한 운동으로 전환한다. 이른바 '인민헌장'의 채택을 요구하는 차티즘 운동이 이후 영국 노동 운동의 중심축을 이루게 된다.

영국 산업혁명을 어떻게 볼 것인가

『올리버 트위스트』와 『인구론』

이곳을 찾아가려면 미로같이 얽힌 지저분하고 좁은 진흙길을 빠져나가지 않으면 안 된다. 이 근처에는 인간이 영위할 수 있는 최악의 거칠고 가난한 생활을 하는 사람들이 살고 있다. 둑방에는 주민들에게 조잡한 물건을 파는 구멍가게가 다닥다닥 붙어 있다. 최하층 막벌이 노동 일조차 얻을 수 없는 실업자, 배 위에 짐을 싣는 인부, 석탄을 푸는 인부, 부끄러움을 모르는 여인들의 초상, 누더기를 걸친 꼬마들 등 마치 강물 위에 떠 있는 쓰레기같이 법석대는 인파에 밀리면서 겨우 길을 빠져나가면 거기에서 낯을 붉히리만치 수치스러운 광경을 목격할 수 있다.

이것은 찰스 디킨스가 『올리버 트위스트』(Oliver Twist)에서 런던 템스 강가의 한 빈민가를 묘사하고 있는 장면이다. 요즘 런던을 여행해 본 사람이라면 그곳에 이런 빈민가가 있었으리라고는 전혀 짐작하지 못할 것이다. 그러나 19세기 초반의 영국 런던은 도처에 이런 빈민굴이 형성되어 있는 지저분한 도시였다.

디킨스는 빈민 수용소인 구빈원(救貧院)에 버려진 기구한 운명의 아홉 살짜리 올리버 트위스트라는 사내아이가 험악한 사회에 내동댕이쳐지면서 겪는 온갖 어려움을 통해 당시 사회의 비인간성을 통렬하게 고발했다. '올리버 트위스트'는 우리나라에서는 지난 60, 70년대에 동화나 만화로 개작되어 널리 읽혀졌지만, 원래는 1837년부터 2년 동안 영국의 월간지 '벤틀리 미셀러니'(Bentley Miscellany)에 인기리에 연재된 장편소설이다.

19세기 초반의 영국에는 광범위한 빈민층이 형성되어 있었고 이들이 공장 지대의 주요 노동력 공급원이었다. 특히 아동 노동이 일반화되어 있었는데, 가장 손쉽게 저임금을 강제할 수 있는 대상이 아동들이었기 때문이다. 그리고 『올리버 트위스트』에서 보듯이 우리나라의 고아원과 비슷한 구빈원이 아주 편리한 아동 공급처였다.

섬유 공업 중심지인 맨체스터에서는 심지어 6, 7세의 아동들까지도 고용한 기록이 있다. 아동들에게 하루에 보통 12~16시간씩 일을 시키면서 식사는 말 그대로 굶어 죽지 않을 정도로만 주었다. 심지어 새벽에 집집마다 돌아다니며 창문을 두드려 고된 노동으로 지쳐 떨어진 아이들을 깨워 공장으로 데려오는 직업이 있었을 정도였다. 당시 공장 지대에는 손가락이나 팔이 잘린 불구자가 아주 흔했는데, 이는 장시간 고된 노동에 따른 필연적인 결과였다.

이러한 산업혁명의 어두운 그늘은 당대의 지식인들을 깊은 생각에 빠지게 했다. 물론 그 깊은 사색 속에서 곧이어 전 세계를 뒤흔들 사회주의가 탄생하지만, 영국에서는 그 전 18세기 말에서 19세기 초 사이에 얼치기 무정부주의자들이 잠시 득세했다.

고드윈(Godwin)이나 콩도르세(Condorcet) 같은 사람들이 그들인데, 이들은 산업혁명기의 빈곤과 부조리가 기본적으로 빈부의 격차에서 발

공장에서 일하는 여성과 아동 노동자들 고용주들은 이들을 낮은 임금으로 고용하여 마음껏 부려 먹었다.

생하는 것이라고 제법 올바르게 진단을 내렸다. 그래서 만인을 평등하게 하는 정의의 정치가 필요한데 이들이 생각하기에 그런 정의로운 정치는 정부 없는 상태의 정치였다. 즉, 모든 개인이 자신의 이성에 따라 합리적인 행동을 하게 되면 빈부의 격차와 억압과 부조리가 모두 해결되며, 정부는 오직 가진 자들의 이익을 옹호할 뿐이기 때문에 사회 진보에 결정적 장애물이라는 것이다.

정부가 없는 사회는 어떤 모습일까? 그들은 그런 사회를 이렇게 그렸다. 재화(財貨)가 풍부한 가운데 모든 구성원들이 평등하게 살게 되면 편협한 이기심과 같은 것은 말끔히 사라지고 인간의 이성이 최고조로 발휘되는 도덕적 사회가 열린다. 다만 인구가 자꾸만 늘어나면 나눌 재화가 점점 부족해질 터이다. 그런데 이것은 도덕적인 인간들이 성욕마저도 이성의 힘으로 다스려 아이를 적게 낳기 때문에 해결이 된다. 그럼에도 인구가 조금씩 늘어나다 어느 시점에서는 인구가 더 이상 늘어나서는 안

될 때에 이를 것이다. 이 시점에 인간의 성욕은 사라지고 아이는 더 이상 태어나지 않을 것이다. 아이가 태어나지 않으면 인구가 다시 줄어들 텐데 이것은 과학의 발달에 힘입어 영구 수명을 누리는 인간을 창조해 냄으로써 해결된다. 이쯤 되면 이 이론은 더 이상 이론이 아니라 공상 만화에 가까워진다.

이런 얼치기 이론에 대해 강력한 반론이 생기는 것은 당연하다. 그 반론의 선봉에 선 사람이 유명한 맬서스이다. 맬서스는 사회에 빈곤과 죄악이 만연하는 것은 어떤 집단의 의도 때문이 아니라, 좀 더 적나라하게 표현하자면 가진 자들의 착취에 의한 것이 아니라, 필연적인 자연 질서에서 비롯된다는 것이다. 그가 들고 나온 강력한 무기는 그 유명한 "인구는 기하급수적으로 증가하나 식량은 산술급수적으로 증가한다."는 명제였다. 즉, 인구는 2명에서 4명으로, 4명에서 8명으로 늘어나지만 식량은 10킬로그램에서 11킬로그램으로, 11킬로그램에서 12킬로그램으로밖에 늘어나지 않는다는 것이다.

맬서스 『인구론』을 저술한 맬서스는 구빈법을 강하게 비판한다.

이 명제에 따르면 인류 사회는 어느 시대에나 일정한 시점에 이르면 식량 부족 상태가 된다. 이를 해결하는 길은 하나뿐이다. 인구를 줄이는 것이다. 맬서스는 『인구론』의 절반 이상을 세계 각 민족들이 어떤 방식으로 인구를 억제해 왔는가를 증명하는 데 할애하고 있다. 그에 따르면 아메리카 원주민과 아프리카의 원주민들이 그토록 자주 부족 간에 전쟁을 일으키는 것은 바로 인구를 줄이기 위한 적응 양태이다. 이때 그는 유럽 인종 우월주의의 시각까지 동원해 아메리카 인디언들이나 아프리카 흑인들 사이에는 식인 풍습이 있다고 단정하고는 그것도 인구 조절의 한 수단이라고 규정한다. 또 과거 로마의 영아 살해 풍습도 같은 맥락에서 해석한다.

인간이 스스로 인구를 조절하지 않으면 자연이 나서는데, 고대 이래 주기적으로 인류를 덮친 전염병이 그것이다. 유럽에서는 17세기에 창궐한 페스트로 2500만 명이 사망했고, 영국에서도 1664년에 전국을 덮친 페스트로 런던에서만 전체 시민의 3분의 1이 사망할 정도였다. 이것은 맬서스의 이론을 증명해 주기에 충분한 근거였다.

맬서스의 이러한 인구 이론은 상당히 그럴듯해서 얼마 뒤 '진화론'을 함께 발표하게 되는 다윈과 월러스가 이구동성으로 "『인구론』에서 결정적인 영감을 얻었다."고 말했을 정도이다. 그들은 맬서스의 인구 명제로부터 자연계의 '적자생존' 원리의 힌트를 얻었던 것이다.

맬서스는 이렇게 해서 당시 영국 사회에 만연한 빈곤과 죄악은 잉여 인구가 사회로부터 제거되어 가는 하나의 과정이라고 결론을 내린다. 즉, 가족을 부양할 능력이 없는 이들이 결혼을 해서 자식을 낳게 되면 자연히 더욱 가난해지는 것이고, 가난하다 보니 온갖 범죄와 죄악을 저지르게 되는 것이다. 그렇지만 식량의 절대량은 한정되어 있기 때문에 그들은 가만히 내버려 두면 자연히 도태하게 된다. 가난한 이들에게 동정을 베푸는 것은 그가 보기에 오히려 자연 질서를 거스르는 죄악이었다. 가난한 자들을 구제하게 되면 머지않아 사회 전체가 평균적으로 가난해질 것이기 때문이다. 따라서 맬서스는 영국 정부가 실시하던 구빈법을 극렬하게 반대했다.

영국에서는 당시 구빈법에 따라 구빈원을 통해 빈민들에게 일자리

영국에서의 마지막 순간 **구빈법 개정으로 지원이 축소되자 빈민들은 영국을 떠나 미국으로 향했다. 포드 매독스 브라운의 그림. 1852년.**

를 알선하고 최저 생계비 이하의 임금을 받는 노동자들에게는 수당을 지급하고 있었다. 그러나 맬서스의 관점에서 보면 식량의 양이 일정한 한 빈민들을 구제할수록 오히려 식료품 가격만 상승될 뿐이다. 이러한 맬서스의 주장이 먹혀 들어갔는지 1834년에는 구빈법이 크게 개정되어 몸이 성한 사람들에게는 더 이상 원조를 하지 않게 된다.

이렇게 맬서스의 인구 이론은 그럴듯하기는 했지만 기독교 전통이 강한 유럽 세계에서 그의 이론은 너무나 잔인했다. 맬서스 자신도 그것을 느꼈는지 1803년에 펴낸 『인구론』 개정판에서는 '도덕적 억제'라는 조금 누그러진 주장을 들고 나왔다. 인구 억제 수단에는 전쟁과 질병, 가난과 같은 참혹한 수단만 있는 것은 아니라는 것이다. 이 도덕적 억제란 한 개인이 가족을 부양할 능력이 없다면 스스로 결혼을 억제한다는 것이다. 개인들이 그렇게 할 수 있는 것은 미래를 예측하는 이성을 지녔기 때문이다. 그러나 인간 이성에 대한 이런 난데없는 믿음은 결국 그가 그토록 열 올려 비판했던 얼치기 무정부주의자로 돌아가는 것이나 다름없었다.

빈민층이 생겨난 것은 산업혁명의 직접적인 결과였다. 이것이 산업혁명의 부산물이란 표현은 적절하지 않다. 차라리 산업혁명에 의한 자본주의의 발달과 동전의 양면을 이루는, 산업혁명의 필연적인 현상이라는 표현이 적절하다. 왜냐하면 자본가들이 상품을 생산하여 초과 이윤을 내고 자본을 축적하기 위해서는 이러한 빈민들의 저임금 노동이 반드시 필요했기 때문이다. 맬서스는 당시 영국의 공장 지대에서 생산되는 엄청난 부가 바로 빈민들의 노동에 의존하고 있다는 사실은 보지 못한 것이다.

아편 밀수를 강요한 영국

아편 전쟁과 홍콩

1997년 7월 1일 새벽 0시, 세계의 이목이 홍콩으로 집중되었다. 영국이 99년 동안 조차해 온 이곳이 이날로 기한이 만료되어 중국에 반환되는 역사적인 행사가 열렸기 때문이다. 이날 홍콩 총독 크리스 패튼은 대영 제국의 국기가 하강되는 순간 석별의 아쉬움에 끝내 눈물을 흘리고 말았다. 그러나 홍콩이 영국에 조차된 과정을 안다면 이 영국인의 눈물에 공감을 하는 이는 별로 없을 것이다.

홍콩의 조차 기간 99년은 1898년을 기점으로 한 것이다. 그러나 실제로 홍콩이 영국에 넘겨진 것은 이보다 60여 년 전인 1839년의 아편 전쟁 때였다. 따라서 영국이 홍콩을 지배한 실제 기간은 160년 가까이 되는 셈이다. 이렇게 긴 세월의 두께 때문인지 홍콩 주민의 99%가 중국인임에도 홍콩의 중국 반환에 두려움을 느꼈다고 한다. 하지만 홍콩은 평화적으로 영국에 넘겨진 것이 아니라 전쟁으로 강탈당한 것이 엄연한 역사적 사실이다. 그것도 아편이라는 마약의 수출을 합법화하라는 지극히 부도덕한 요구를 내걸고 벌인 추악한 전쟁을 통해서 말이다.

아편 전쟁이 얼마나 부도덕한 것이었는가는 1840년 영국 의회에서

홍콩 반환 1997년 7월 1일 홍콩에서는 영국 국기가 내려지고 중국 국기가 올라갔다.

중국에 대한 전쟁 선포를 두고 표결했을 때 찬성 271표, 반대 262표로 반대론이 만만치 않았던 것만 봐도 알 수 있는 일이다. 훗날 수상이 되는 글래드스턴은 이때 "광둥에 휘날리고 있는 영광스런 우리 대영 제국의 국기가 지금 악명 높은 금수품(禁輸品) 밀수를 보호하는 데 이용되고 있다."며 개탄해 마지않았다. 그러면 왜 영국은 정부까지 나서서 마약인 아편의 수출을 지원하지 않으면 안 되는 상황에 놓이게 된 것일까?

사태의 근본 원인은 영국과 중국 사이의 무역 관계에 있었다. 당시 영국은 산업혁명을 완수하고 대외 진출을 활발히 전개하던 세계 최강국이었다. 반면에 중국은 청나라 정부가 각지 군벌들의 발호로 힘이 극도로 약화된 데다 영국은 물론 러시아, 독일, 미국, 프랑스 등 선진 자본주의 국가들이 이권 획득을 위해 앞다퉈 달려들어 이들 나라들로부터 '종

영국에 할양된 홍콩, 포르투갈에 할양된 마카오

이호랑이' 취급을 받는 상태였다. 이러한 상황에서 정상적인 경우라면 영국과 중국의 무역 관계는 일방적으로 영국이 우위에 서는 것이 당연한 일이었다. 그러나 실제 무역 수지는 그 반대를 기록하고 있었다.

　　이는 중국산 차(茶) 때문이었다. 홍차 또는 녹차를 주종으로 하는 차는 원래 중국의 전통적인 기호 식품인데, 17세기에 유럽인들이 동양과 무역을 하면서 유럽에 전파되기 시작했다. 처음에는 고가품이라 일부 상류층에서만 애용했으나 18세기에 들어오면서 수입량이 늘어나 일반적인 기호 식품으로 자리를 잡았다. 특히 영국인들의 차에 대한 수요는 엄청나게 증가하여 오늘날까지도 영국은 세계 제일의 홍차 소비국이다. 중국에서 차를 마시는 풍습은 수질이 나쁘고 건조한 지역에서 생겨났는데, 아마 영국도 전반적으로 수질이 좋지 않은 것이 차를 애호하는 원인이 된 것으로 보인다.

영국은 차의 수입을 전적으로 중국에 의존하고 있었다. 이에 반해 영국에서 중국에 내다 팔 품목은 별로 없었다. 당시 영국의 주요 수출품은 견직물과 면제품이었는데, 중국에도 어느 정도 면제품 산업 기반이 존재하고 있었기 때문에 이들 품목은 경쟁력을 가질 수 없었던 것이다. 그 결과 1825년 두 나라의 무역 수지를 보면 영국은 중국에서 거의 300만 파운드의 차를 수입한 반면, 중국에 수출한 면제품은 약 100만 파운드에 지나지 않았다. 이에 따라 영국의 은(銀)이 날이 갈수록 중국으로 흘러들어가 정부 재정마저도 심각한 타격을 받기에 이른다.

다급해진 영국 상인들이 생각해 낸 것이 바로 아편이었다. 영국 상인들은 이전에도 자국에서 아편 추출액을 가지고 물약을 만들어 심장에 좋은 '강심제'(强心劑)라고 속여 팔아 사회 문제화된 적이 있었다. 이는 물론 그 중독성 때문이었다. 그들은 중국에서도, 특히 하층민들 사이에 아편이 유행하고 있는 것에 착안해 이를 대량으로 중국에 수출하기 시작했다. 극심한 사회 불안과 중노동에 시달리던 중국의 농민들과 하층민들은 이 달콤한 아편의 환각에 쉽게 빠져들었고 이는 곧 전 계층으로 확산되었다. 그 확산 속도가 얼마나 빨랐던지 1850년이 되면 영국에 대한 차 수출액은 330만 파운드인 데 비해 아편 수입액은 자그마치 500만 파운드에 이르게 된다.

청나라 정부는 이러한 아편의 확산에 대해 고심하게 되는데, 문제는 단지 무역 수지의 악화에 그치는 것이 아니었다. 농민들과 하층민들이 아편 중독으로 폐인이 되어 가면서 생산 활동 자체가 위축되었고, 심지어 병사들과 관료들까지도 아편의 유혹에 빠져 국방과 국가 행정이 마비될 상태였다. 상황이 여기에 이르자 마침내 청나라 황제는 1839년 임칙서(林則徐)를 흠차대신으로 임명해 아편 문제를 해결하도록 했다.

아편 전쟁 영국은 자유 무역 지대를 확대하라며 전쟁을 벌였지만 아편을 밀매하려는 속셈이 분명했다.

　당시 중국의 대외 무역은 광둥 한 지역을 통해서만 하도록 되어 있었기 때문에 임칙서는 광둥으로 가서 그곳의 아편을 소탕하는 강력한 조치를 취했다. 이때 임칙서가 압수한 아편이 2만 상자에 이르렀다고 한다. 그는 이를 공개 장소에서 불태워 버리고 외국 상인들에게 앞으로 아편 밀수를 하지 않겠다는 서약서를 제출할 것을 요구했다. 아편이 부도덕한 밀수품이었던 만큼 영국 상인들도 이에 정면으로 맞설 수 있는 상황은 아니었다. 따라서 그들은 일단 광둥에서 물러나 바닷가의 작은 섬으로 철수했다. 그곳이 바로 홍콩 섬이었다.

　영국인들은 난처한 상황을 타개하기 위해 고심했으나 그들도 염치는 있는 터라 공식적으로 아편 무역을 허용하라고 요구할 수는 없는 일이었다. 그들이 보기에 문제는 무역을 광둥 한 곳에만 제한하고, 그것도 공행(公行)이라는 특권 상인들에게만 허락하는 데 있었다. 무역항을 늘리고 아무 상인이나 무역을 할 수 있게 하면 당시 청나라 정부의 허약한 상태로 보아 얼마든지 아편 밀무역이 가능했던 것이다. 이렇게 해서 영국은 무역 지대를 확대하라는 명목을 내걸고 중국과 전쟁에 돌입했다. 그러나 이는 누가 보더라도 아편 무역을 위한 위장술일 뿐이었고, 그래서 전쟁 이름도 '아편 전쟁'이 되었다.

아편 전쟁의 결과 영국은 예상대로 허약한 청나라 정부를 무력으로 굴복시키고 난징 조약을 맺어 광둥 외에 5개 항구를 더 개항하도록 하는 데 성공했다. 그리고 바로 이때 중국 진출을 위한 영구 거점으로서 홍콩을 할양받았던 것이다. 청나라 정부는 영국군이 수도 베이징까지 진격해 들어오는 바람에 이 모든 굴욕적인 조건에 서명하지 않을 수 없었다.

영국의 욕심은 여기서 그치지 않았다. 1860년 또다시 꼬투리를 잡아 전쟁을 일으켜 개항장을 16곳으로 늘렸고, 영국 상인들이 내륙 어디에나 왕래할 수 있도록 했다. 그리고 홍콩 섬에 국한되어 있던 조차지를 섬 건너 주룽 반도에까지 넓혔다. 결국 1898년이 되면 영국의 조차지는 선전 이남의 선전 강을 경계로 주룽 반도 전체와 주변 235개 섬들로 확대되었고, 조차 기간은 당시로서는 상황이 어떻게 변할지 모를 먼 훗날인 99년 뒤로 정했다. 아마도 당시 영국인들은 중국의 지리멸렬한 상태로 보아 99년 후에도 기한을 연장할 수 있으리라는 기대를 했을 것이다.

그러나 그동안 중국에서는 모택동이 이끄는 중국 공산당이 혁명에 성공하고 강력한 통일 국가를 재건했다. 기한 연장 같은 얘기는 꺼내지도 못할 상황이 된 것이다. 1980년대에 들어오자 영국은 반환 날짜가 시시각각 다가오는 데 대한 초조함에 쫓겨 중국과 협상을 하기 시작했다. 차마 안 돌려주겠다고는 할 수 없고, 그 대신 홍콩이 자본주의 경제 체제를 유지해야만 돌려주겠다는 조건을 내걸었다. 중국으로서는 자신의 주권을 회복하는 마당에 타국이 조건을 붙이는 것에 대해 코웃음을 칠 수도 있는 일이었지만, 중국의 영향력 확대를 우려하는 강대국들의 눈치를 살피지 않을 수 없는 처지라 일단 이를 받아들였다. 이렇게 해서 1997년 홍콩은 중국의 특별 행정 지구로 유지된다는 조건으로 중국에 반환되었다. 그러나 중국은 홍콩에 대한 완전한 주권을 회복했기 때문에 그러한 조건은 휴지 조각이나 다름없다고 볼 수 있다. 홍콩의 미래는 어디까지나 중국의 내정 문제로 된 것이다.

홍콩에 이어 홍콩 건너편에 있는 마카오가 1999년에 포르투갈로부터 중국에 반환되었다. 포르투갈도 영국의 예를 따라 반환 후 50년 동안 그동안의 생활양식이 유지되어야 한다는 조건을 붙였지만, 이 역시 옛 식민 제국의 영광을 못 잊어 하는 투정에 지나지 않는 것이었다.

기구한 운명의 폴란드와 쇼팽

음악을 통해서 본 서구 민족주의

    쇼팽은 유럽에서 낭만주의 음악 사조를 대표하는 음악가로, 그가 작곡한 〈즉흥 환상곡〉, 〈영웅〉, 〈혁명〉, 〈이별의 곡〉 등은 오늘날에도 피아노 연주곡으로 널리 사랑받고 있다. 그런데 그가 폴란드 사람이고 그의 곡들이 대부분 폴란드의 전통 음악을 바탕으로 폴란드의 독립운동을 고취하기 위해 만들어졌다는 사실은 모르는 이들이 많다. 쇼팽의 음악적 삶과 폴란드라는 나라의 기구한 운명은 서구에서 민족주의가 형성되고 강화되는 과정의 한 단면을 아주 잘 보여 준다.

    우선 서구의 문예 사조 중에서 흔히 듣는 '낭만주의'라는 개념에 대해서 정확하게 알 필요가 있다. 낭만주의는 낭만적인 사조라는 뜻이 절대 아니다. 영어의 'roman'이란 단어를 일본인들이 번역하면서 '浪漫'(ろうまん：로망)이 된 것이기 때문이다. 글자 그대로라면 '로마적인 사조'가 되는데 그렇다고 옛 로마의 문화를 모델로 하는 것도 아니다. 18~19세기 유럽의 주류 문화권은 프랑스를 중심으로 하는 라틴 문화권이었다. 당시 '로망'이라는 말은 이러한 주류 문화권에서 비켜나 있는 변방 지역의 민속 이야기를 뜻했다. 따라서 당시 유럽에서의 낭만주의란 주류 라

턴 문화권에 저항하는 각지의 민속 문화를 가리키는 것이었다.

음악에서 낭만주의란 이전 세대의 고전주의에 대응하는 새로운 사조를 일컫는 것이었다. 고전주의란 18세기 초에서 19세기 초까지, 음악가로 보면 바흐와 헨델에서 베토벤에 이르기까지 풍미한 사조로서 균형과 절제의 미를 교본으로 삼는 상류 귀족층의 음악이었다. 궁정이나 귀족의 연회장에서 주로 연주된 음악이니만큼 형식성이 강조되는 음악이었다. 이에 비해서 낭만주의 음악은 주류에서 벗어나 있던 프로이센이나 동유럽의 민속 음악에서 배태되었으며, 따라서 최소한의 형식은 지키지만 질서나 조화보다는 자유분방함을 강조한다.

쇼팽이 낭만주의 음악의 대표 주자 중 한 사람이라는 것과 그가 동유럽의 변방 폴란드 출신이라는 것은 이래서 뗄 수 없는 관계이다. 그런데 쇼팽의 음악은 단순히 자유분방하고 민속적인 정도가 아니었다. 그의 곡은 대부분 힘찬 리듬이 이어지기 때문에 연주할 때 남다른 터치가 요구된다. 특히 그는 폴란드의 전통 춤곡인 '마주르카'의 리듬을 이용해 격정이 넘치는 곡을 작곡했다. 이는 그가 조국 폴란드의 비참한 운명을 늘 염두에 두고 그것을 곡에 반영했기 때문이다.

사실 쇼팽이 폴란드 사람이라고는 했지만 그가 살았던 시대에 지도상에 폴란드라는 나라는 사라지고 없었다. 폴란드는 15~16세기만 해도 동유럽의 강대국 중 하나였다. 그러나 17세기에 들어와서는 내부적으로 국정이 혼란해지고 때마침 프로이센의 침략을 받아 "유럽의 병자"라는 말을 들을 정도로 국력이 약해졌다. 그러던 차에 18세기 들어 유럽의 강대국들은 앞다퉈 영토 확장에 나서게 된다. 산업혁명의 결과로 원료와 시장의 획득이라는 관점에서 영토 확장에 관심을 가지게 되었기 때문이다. 폴란드도 인접한 러시아, 프로이센, 오스트리아로부터 3중의 압력을 받게 된다. 마침내 1772년, 3국은 협상을 통해 폴란드를 3등분해서 나누어 갖기로 한다. 이로써 폴란드의 세 귀퉁이가 뜯어져 나갔다.

그러던 중 1787년에 러시아가 터키와 전쟁에 돌입하게 되자 폴란드는 이 기회를 이용해 영토를 회복하기로 작정한다. 그러나 혼자서는 역부족이었기 때문에 프로이센에 지원을 요청했다. 이를 눈치 챈 러시아는 분기탱천하여 오히려 폴란드로 진격해 들어왔다. 하지만 프로이센은 강대국 러시아와 정면으로 대결할 뜻이 전혀 없었다. 결국 1793년, 러시아와 프로이센은 다시 폴란드를 한 움큼씩 더 뜯어 갖기로 합의했다. 이제 폴란드의 영토는 원래보다 절반 이하로 줄어들었을 뿐만 아니라 한 국가로서 자립할 능력을 잃어버리고 말았다.

불행은 여기에서 그치지 않았다. 프랑스 대혁명이 일어나자 유럽 각국들은 혁명의 여파가 자국에까지 번져 올 것을 우려하여 프랑스와 적대적인 상태에 있었는데 폴란드 주변의 프로이센, 오스트리아, 러시아도 마찬가지였다. 폴란드는 이러한 정세를 이용하여 프랑스에 접근했다. 그러나

폴란드의 분할 과정 1772년에서 1795년 사이 폴란드에 인접한 강대국들은 조금씩 폴란드 땅을 점령하여 결국 폴란드는 지도에서 사라지고 만다.

쇼팽 유럽의 변방 폴란드 출신으로 조국의 비참한 운명을 작곡에 반영한다.

이는 주변 3국들이 폴란드를 더욱 눈엣가시로 보게 만들었다. 결국 1795년, 3국은 나머지 폴란드마저도 완전히 분할해 나눠 가졌고 폴란드는 지도 상에서 없어졌다.

나라를 잃은 폴란드인들은 비탄에 잠겼다. 하지만 곧이어 몇몇 지도자를 중심으로 독립을 위한 투쟁에 나서기 시작했다. 바로 이러한 분위기 속에서 1810년에 쇼팽이 태어난 것이다.

쇼팽은 유년 시절에 이미 즉흥으로 작곡을 할 만큼 재능이 뛰어났고 오늘날에 이르기까지 그의 곡은 전 세계에서 연주될 정도로 보편적인 음악성을 지니고 있다. 그는 20세가 되던 1830년에 당시 음악의 중심지인 오스트리아 빈으로 유학을 갔는데, 이후 다시는 폴란드로 돌아오지 못했다. 하지만 그는 조국이 처한 비참한 현실을 한시도 잊지 않았다. 그가 빈에 도착한 그해 11월 바르샤바에서는 독립을 위한 민중 봉기가 일어났는데, 그는 곧바로 조국으로 돌아가 그 봉기에 참가하려고 했다. 하지만 절친한 친구가 음악으로써 조국에 봉사할 것을 강권해 마지못해 눌러앉는다.

1831년에 다시 폴란드에서 대규모 독립 투쟁이 일어나자 러시아는 10만 대군을 파견해 무자비하게 진압했다. 이때 슈투트가르트에서 소식을 들은 쇼팽은 "수천 동포들의 시체가 불에 탄 채 길가에 널려 있다고 한다. 아, 그런데 어쩌 나는 러시아인 한 사람도 죽이지 못하고 이러고 있단 말인가!"라며 울분을 토했다.

이러한 울분이 그의 곡에 고스란히 담겼다. 3박자의 춤곡으로 그 리들이 힘차고 격정적인 '작품 53번, 영웅'은 민족 해방 투쟁에 나선 폴란드 독립운동가들을 위한 곡이었고, 힘찬 리듬에다 장중한 분위기가 스며 있는 '작품 10~12번, 혁명'은 러시아 군인들에게 짓밟힌 조국의 비참함을 묘사한 것이었다. 늘 쓰린 가슴을 안고 살아야 했던 그의 생은 길지 못했다. 1849년에 39세의 나이로 파리에서 짧은 생을 마쳤는데, 죽는 순간까지 그는 지병인 결핵으로 피를 토하면서도 폴란드 난민을 위한 자선 연주회에 출연했다.

쇼팽을 이토록 조국애로 사무치게 한 실체는 무엇이었을까? 사실 폴란드인은 이웃 프로이센이나 오스트리아와 인종적으로 전혀 다르지 않으며, 그들 사이의 국경도 역사적으로 수없이 변동해 왔다. 게다가 좁은 장원 안에서 벗어날 일이 없던 중세 때까지만 해도 유럽의 평민들에게 국가라는 개념은 별로 중요하지 않았다. 중세 시대의 국가란 오로지 왕실의 구분에 불과했다. 일반인들에게 국가 대 국가의 대결 의식이 생겨나고 그 속에서 애국심이 발휘되는 것은 바로 18~19세기에 들어서서이다.

18세기에 산업혁명이 일어나면서 기존의 자급자족적 장원 경제가 완전히 파괴되었고 국가 단위의 생산 체제가 확립되었다. 그런데 이 국가 단위의 생산 체제는 발전해 나가면서 원료와 시장을 외부에서 찾지 않으면 안 되었고, 따라서 서로 치열한 경쟁을 벌이게 되었다. 그리고 이 경쟁은 마침내 힘 있는 나라가 힘없는 나라를 병합하는 양상으로 전개되기 시작했다. 이렇게 되자 침략하는 편이건 침략당하는 편이건 그 나라의 국민들은 조국에 대한 애착심이 생겨났다. 쇼팽의 애국심도 예로부터 있어 온 폴란드란 나라를 대상으로 한 것이 아니라, 바로 산업혁명기에 형성된 근대적 민족 국가 폴란드를 대상으로 한 것이었다.

역사에서 말하는 '민족 국가'란 이렇게 하나의 생산 단위로서 배타
성을 가진 국가 체제를 가리킨다. 따라서 이때의 '민족'이란 인종적인 관
점에서 붙여진 것이 아니라 지리적으로 구획된 국경선 안에 거주하는 국
민을 말한다. 폴란드가 이웃 나라들과 인종적으로는 같은 민족이면서도
그들과 자신들을 명백하게 구분 지어 생각하는 것, 이것이 민족 국가의
실체인 것이다.

'빈곤의 철학'이냐, '철학의 빈곤'이냐

1848년 혁명의 파도와 과학적 사회주의

모두가 그것을 알고 있었다. 혁명이 이처럼 널리 어디서나 예견된 적은 일찍이 없었다. (유럽) 대륙 전체가 이제는 혁명의 뉴스를 전신(電信)으로 즉각 도시에서 도시로 타전할 준비를 갖추고 기다리고 있었다. 이미 빅토르 위고가 1831년에 "혁명의 둔탁한 소리가 들려온다."고 했다. …… 그리고 1848년에 마침내 폭발했다. ―E. J. 홉스봄, 『혁명의 시대』

우리나라 사람들에게 근대 유럽에서 일어난 역사적 혁명을 들라면 대개 1789년의 프랑스 대혁명을 말할 것이다. 그러나 유럽인들에게 같은 질문을 던지면 아마도 1848년에 일어났던 혁명을 말하는 사람도 많을 것이다.

프랑스 대혁명이 세계사를 중세에서 근대로 옮겨 가게 한 세계사적 혁명인 것은 사실이다. 하지만 프랑스 대혁명은 인접 국가들에게 체제 전복의 공포심을 안겨 줘 오히려 거센 반혁명의 파도를 불러일으킨, 프랑스만의 혁명이었다. 이에 비해 1848년에 있었던 혁명은 어느 한 국가의 혁명이 아니라 전 유럽의 동시다발적 혁명이었다. 프랑스는 물론 독일, 오스트리아, 이탈리아, 체코슬로바키아, 헝가리, 폴란드, 유고슬라비아, 루마니아 등지에서 민중 봉기가 일어나 정부가 전복되었고, 벨기에, 덴마크, 스위스, 그리고 영국에서도 심각한 정치 불안이 조성되었던 것이다.

1848년에 혁명을 일으킨 유럽의 민중들이 지향한 체제는 똑같지는 않고 다양한 편차를 보였다. 하지만 그들이 반대한 것만은 서로 일치했다. 바로 산업혁명으로 태어난 자본주의 체제의 가혹한 인간 착취였다. 카를 마르크스와 프리드리히 엥겔스가 이해에 '공산주의 선언'(Communist menifesto)을 발표하고 "프롤레타리아에게 잃을 것은 쇠사슬밖에 없다."고 한 것은 유럽 민중들이 처한 상황을 정확하게 표현한 말이었다.

이렇듯 마르크스의 사회주의 이론도 기본적으로 1848년의 혁명으로부터 배태된 것이다. 그러나 이 시기에 유럽 민중 전체가 극심한 빈곤 상태에 빠져 있었던 만큼 혁명을 선동한 사람이 마르크스와 엥겔스뿐이었던 것은 아니다. 마르크스는 이후 세계 사회주의 운동의 중심 이론가로 성장하게 되지만, 이때만 해도 마르크스와 엥겔스는 혁명을 꿈꾸는 수많은 활동가들 중 그리 알려지지 않은 젊은이였을 뿐이다. 그러한 그들이 나중에 전 세계 사회주의의 원조로 성장하게 된 것은 그들의 사회주의가 '과학적'이란 수식어를 붙여야 할 만큼 정교한 이론 체계를 갖췄기 때문이다.

그런데 마르크스의 사회주의가 '과학적'일 수 있었던 것도 1848년의 상황에 힘입은 것이었다. 흔히 과학적 사회주의는 생시몽, 푸리에, 오웬 등의 공상적 사회주의에 대한 비판으로부터 나온 것이라고 설명된다. 하지만 이들의 사회주의는 너무나 공상적이어서 1848년의 상황에서는

마르크스에게 별 논쟁거리도 되지 않았
다. 마르크스에게 사회주의가 과학적이
어야 한다는 생각을 일깨워 준 것은 바로
이 시기에 출판된 프루동의 저서 『빈곤의
철학』이었다.

프루동은 보통 무정부주의자로 분류
되지만 1848년 당시에는 스스로를 사회
주의자로 부르고 있었다. 물론 마르크스
보다 훨씬 더 유명한 사회주의자였다. 그
는 민중들이 가난한 것은 재산이 없기 때
문이고 그들이 재산이 없는 것은 누군가

마르크스 공상적 사회주의를 넘어서 과
학적 사회주의 이론을 정립했다.

에게 빼앗겼기 때문이라고 생각했다. 민중들로부터 재산을 '절도'한 이
들은 바로 아무 노동도 하지 않고 이자와 이윤만으로 살아가는 자본가
계급이며, 모든 사회악과 사회적 불평등의 원인은 바로 이러한 재산의
편중이라는 것이다.

여기까지는 마르크스의 생각과 별로 다르지 않았다. 그런데 그가 제
시한 해결책이 마르크스를 분노하게 했다. 프루동은 이러한 재산 편중은
단순하게 재산의 공평한 분배로 해결될 수 있다고 주장했던 것이다. 그
에 따르면 모든 사람이 같이 노동하고 같은 양만큼의 재산을 가진다면
문제는 근원적으로 해결된다.

사회에는 질적으로 다른 여러 가지 노동이 있을 수밖에 없는데 어떻
게 똑같은 노동을 할 수 있다는 것일까? 여기에 대해 그는 자본가 계급은
없어져야 하지만 농업 계급, 공업 계급, 상업 계급은 존재할 수밖에 없다
고 한다. 그러면 재산이 균등하게 분배된 상태에서 대규모 자본이 필요

프루동 프루동은 단순히 재산의 공평한 분배로 빈부 격차의 문제를 해결할 수 있다고 보았다.

한 거대 기업은 어떻게 가능한가? 이에 대해서는 '국민 은행'을 설립해서 누구나 필요한 만큼 융자받을 수 있게 한다는 것이다. 그러면 다시 자본가 계급이 생기지 않을까? 일단 재산이 균등하게 분배된 상태에서는 민중들이 정의감과 공동체 정신에 의해 '상호주의'를 실천하게 되기 때문에 그럴 염려는 없다고 그는 말한다.

이것이 프루동이 『빈곤의 철학』에서 주장한 대체적인 논리였다. 마르크스는 프루동과 친분이 있었고 그의 민중에 대한 사랑과 투쟁에 대한 열정은 높이 칭찬해 마지않아 왔지만 『빈곤의 철학』을 읽고는 고개를 절레절레 흔들었다. 무엇보다도 그가 보기에 프루동은 철학이 너무나도 빈곤했다. 마르크스는 자본가를 타도하기 전에 먼저 이러한 사이비 사회주의부터 타도하지 않으면 안 되겠다고 생각했다. 이런 생각에서 그는 프루동의 책 제목을 뒤집어 『철학의 빈곤』을 썼다.

마르크스가 보기에 프루동이 말하는 재산의 균등 분배는 프롤레타리아가 자본가들을 약탈하여 그 재산을 나누어 가지는 것 이상의 의미를 갖지는 못했다. 프루동은 "빈곤의 혁명적 측면, 즉 낡은 사회를 변혁하는 역동적 측면에 주목하지 않고 빈곤 속의 빈곤만을 보고" 있었다. 마르크스가 보기에 자본주의는 인류 역사의 발전 단계에서 도달한 한 사회 양태이며, 따라서 시간의 흐름과 함께 필연적으로 다른 사회 양태에 자리를 내주고 역사의 무대에서 퇴장할 운명을 지니고 있었다. 그런데 프루동이 말하는 상호주의란 이름만 바꾼 자본주의에 지나지 않았던 것이다.

더구나 자본가 계급에 대한 민중의 투쟁을 단순히 악(惡)에 대한 선(善)의 투쟁으로 보는 것은 낭만적인 감상에 빠질 위험이 있었다. 자본가 중에는 민중들에게 친절하고 기꺼이 자선을 베푸는 자들도 얼마든지 있을 수 있다. 프루동식으로 한다면 그런 자본가는 선의 편이기 때문에 투쟁 대상이 되지 않을 것이다. 하지만 마르크스가 보기에 자본가의 프롤레타리아에 대한 노동 착취는 선과 악이라는 감성적 기준으로 볼 것은 아니었다. 그것은 자본주의 사회가 운영되기 위한 필수적인 장치이다. 따라서 프롤레타리아가 자본가에 대한 적개심을 갖게 되는 것은 이러한 객관적 상황이 어쩔 수 없이 강제하는 것이지 선악의 감정과는 차원이 다른 것이었다.

마르크스는 이렇게 『철학의 빈곤』을 쓰면서 프루동뿐만 아니라 당시에 난무하고 있던 갖가지 이론들의 맹점을 교정해야 할 필요성을 절실히 느꼈다. 먼저 인류 역사의 발전 단계에 대한 과학적인 분석 틀을 마련하는 일이 시급했다. 이를 통해서만 "민중을 가난에서 구제하자."는 식의 소박한 감상주의를 벗어나서 자본주의를 극복한 역사 발전 단계로 사회주의를 자리매김하는 일이 가능하기 때문이었다. 이를 위해서 독일의 철학자 헤겔로부터 역사 철학을 빌려 오되, 그 관념론적인 구조를 거꾸로 뒤집어 유물론적으로 재구성한다. 이것이 마르크스주의의 사적 유물론이었다.

다음으로는 자본주의 자체의 발전 논리를 심층적으로 분석해야만 했다. 이 역시 자본주의의 문제가 오로지 자본가의 탐욕과 이기심의 문제가 아니라 구조적인 문제임을 입증하기 위해서였다. 특히 노동자의 노동으로부터 어떻게 이윤이 발생하며 그것이 자본가에게로 이전되는 경로를 글자 그대로 과학적으로 규명하는 일이 중요했다. 따라서 이후 마르크스는 엥겔스와 함께 심혈을 기울여 『자본론』이라는 대작을 저술하게 된다.

이렇게 해서 정립된 마르크스의 사회주의는 1848년 이후 유럽을 풍미했던 수많은 사회주의 조류들을 모두 도태시키고 전 세계적으로 유일한 권위를 갖는 '과학적 사회주의'의 지위를 차지했다. 그리고 1990년대에 소련과 동유럽 사회주의 국가들이 몰락하기 전까지만 해도 이러한 과학적 사회주의 체제 아래서 사는 인구가 전 세계 인구의 3분의 2를 차지할 정도로 그 위세가 막강했다.

그러나 현실 사회주의 국가가 거의 모두 지구상에서 사라짐으로써 마르크스의 권위도, 과학적 사회주의의 위세도 한풀 꺾인 것처럼 보인다. 하지만 오히려 자본주의 진영의 모든 학문과 예술 분야에서는 아직도 과학적 사회주의의 영향이 곳곳에 스며들어 있다. 2010년 현재, 유럽 연합 27개 가입국 가운데 8개국에서 사회주의 또는 사회 민주주의를 내걸고 있는 정당이 집권하고 있다.

체조 운동의 탄생

근대 민족 국가의 애국 이데올로기와 그 변질

올림픽 경기에서 가장 많은 팬을 가지고 있는 종목 가운데 하나가 체조일 것이다. 마치 꼬마 요정을 연상시키는 어린 선수들의 절도 있는 동작과 고무줄 같은 탄력성은 거의 예술 수준으로 관객들의 감탄사를 자아내게 한다.

그런데 사회주의권이 붕괴하기 전까지 올림픽 체조 경기에는 유별난 특징이 있었다. 메달은 거의 모두 루마니아, 동독, 체코 등 동유럽 사회주의 국가나 소련의 선수들이 휩쓸었던 것이다. 이에 생각이 미친 사람이라면 누구나 체조라는 운동과 사회주의 체제를 연관지어 생각했을 것이다. 즉, 체조는 상당히 엄격한 규율 아래 고되게 훈련을 해야만 하는 운동인데 그 점에서는 확실히 국가의 통제력이 강한 사회주의 체제가 강점을 가지고 있을 것이라는 예상이다. 이것은 아마도 사실일 것이다. 체조의 탄생과 그 후의 발전 과정이 그렇기 때문이다.

평행봉, 링, 평균대, 뜀틀, 철봉 등의 세부 종목으로 구성된 근대 체조는 19세기 초 독일에서 최초로 선을 보였다. 이것을 고안해 낸 사람은 프리드리히 루드비히 얀으로, 오늘날까지도 독일에서는 '체조의 아버

프리드리히 루드비히 얀 민족주의적 각성의 일환으로 청년들에게 체조를 보급한다.

지'로 불리고 있다.

그런데 얀이 독일 청년들에게 체조를 가르치기로 마음먹은 것은 순수하게 체육의 관점에서 출발한 것이 아니었다. 당시 독일, 정확하게는 프로이센이 처해 있던 국내외 정세 속에서 탄생한 민족주의적 각성의 일환으로 청년들의 체력 단련을 제기한 것이었다.

19세기 초, 프랑스를 제외한 유럽 국가들 또는 군주들은 똑같은 고민에 휩싸여 있었다. 그것은 다름 아닌 1789년 프랑스 대혁명의 여파가 자국으로 번질 것에 대한 두려움이었다. 반면에 프랑스의 나폴레옹은 자국의 혁명 이념을 전 유럽에 수출하려는 열망에 가득차 있었다. 그중에서 프로이센은 이러한 사태를 막기 위해 이웃 오스트리아와 손을 잡고 나폴레옹에게 대항했지만, 오히려 1806년 프로이센 전 지역이 나폴레옹에게 점령당하고 말았다.

사실 그때까지 프로이센은 근대적인 의미에서 하나의 국가라고는 볼 수 없었고, 중세의 전통에 따라 39개 지역의 영주가 각각 독자적으로 자기 지역을 통치하는 실정이었다. 그런데 전 지역이 나폴레옹에게 점령당하면서 독일인들의 민족주의가 싹트기 시작했다. 각 지역에서 의용군이 결성되고 프랑스의 나폴레옹군에 대한 해방 전쟁이 치열하게 전개되었다. 얀도 이 해방 전쟁에 의용군 장교로 참전한 군인이었다.

그런데 나폴레옹은 러시아까지 차지하려고 과욕을 부리다 참패했고, 이때를 겨냥해 대반격을 벌인 프로이센 의용군에 밀려 마침내 1813

해방 전쟁 1813년 나폴레옹의 침략에 맞서 전쟁터로 떠나는 독일 예나 대학의 학생들. 전쟁에서 돌아온 이들이 근대 국가에 대한 열망으로 부르셴샤프트 운동을 일으킨다.

년 프로이센으로부터 철수했다. 해방된 프로이센의 각 지역 영주들은 이 제는 느슨하나마 통합된 국가 체제를 구성하게 된다. 이것이 오늘날까지 그 골격이 유지되고 있는 독일 연방이다.

그러나 가까스로 독일 연방이 구성되기는 했지만 내부적으로 심각한 갈등에 직면하게 되었다. 계속 실권을 장악하게 된 전통적인 영주 계급은 봉건적 지배 권력을 유지하려고 했다. 하지만 나폴레옹 점령 시기에 프랑스 대혁명의 세례를 받은 젊은층들은 이미 영국과 미국과 프랑스가 달성한 근대적 민족 국가를 건설하려는 강한 열망을 분출하였다. 이 것이 '자유와 통일'이라는 정치적 구호로 결집된 이른바 '부르셴샤프트 운동'이었다.

바로 이 시기에 얀이 체조라는 운동을 만들어 내 젊은이들에게 보급하기 시작했다. 외적에 대항해 싸우든, 봉건 지배층에 대항해 싸우든, 어쨌든 싸우기 위해서는 우선 체력이 강해야 한다는 것이 그의 지론이었다. 따라서 그가 가르친 체조는 사실상 군사 훈련과 다름없었다. 훗날 독일의 철혈 재상이 된 비스마르크도 이때 그에게서 체조 교육을 받았는데, 그도 "체조만 생각하면 지긋지긋하다."고 술회했을 정도라고 한다.

한편 독일 연방의 재상 메테르니히는 부르셴샤프트 운동에 대해 출판과 결사의 자유를 금지하고 가담자를 체포하는 강경책으로 맞섰다. 그 바람에 얀도 체포되어 감옥에 갇혔고, 이후 1842년까지 독일에서 체조 교육은 금지되었다. 그러나 이 경험은 얀을 더욱더 엄격한 체조 신봉자로 만들었을 뿐이다.

감옥에서 풀려난 뒤 다시 체조 교육에 나선 그는 우리나라 사람들에게도 낯익은 "건강한 신체에 건전한 정신"이라는 표어를 내건다. 그가 이런 표어를 내건 이유는 물론 신체가 건강해야 정신도 건전해진다는 것이었다.

이 구호는 옛 로마의 시인 유베날리스의 유명한 시구 "건전한 육체에 건전한 정신이 깃드는 것이 바람직할 것이다."에서 따온 것이었다. 그런데 이 시구의 진정한 뜻은 정작 얀이 의도한 것과는 정반대였다는 점이 흥미롭다. 사실 이 시구는 당시 로마에서 운동 경기가 지나치게 유행하자 '육체적 운동에만 열중하고 정신의 고양에는 신경 쓰지 않는' 세태를 풍자한 것이었기 때문이다.

이렇게 독일에 체조의 씨를 뿌린 얀은 1852년에 세상을 떠났지만, 그 씨는 뿌리를 내려 이후 독일인의 민족주의와 굳건하게 결합된다. 특히 독일식 민족주의라고 할 수 있는 히틀러의 전체주의 체제에서 얀이 말한 왜곡된 체육관은 더욱더 극단으로 치닫는다. 1927년에 히틀러는 저서 『나의 투쟁』에서 이렇게 말하고 있다. "건강하고 활력 있는 정신은 역

시 건강하고 활기찬 육체에서밖에
는 찾을 수 없을 것이다. …… 민
족 국가는 교육 활동 전체를 단순
한 지식의 주입이 아니라 강건한
신체의 육성에 돌려야 한다. 정신
적 능력의 양성은 그다음 문제이
다."

히틀러 베를린 올림픽을 통해 독일 민족의 우월성을 과시하
려 했다.

히틀러는 자신이 집권했을 때
이런 원칙에 따라 체육 교육을 중
시했고, 1936년에 베를린에서 개
최된 제11회 올림픽을 통해 독일
민족의 우월성을 과시하려고 했
다. 당시 최고의 인기 종목이었던
육상 경기에서 100미터는 미국의
흑인 선수 제시 오언스가, 마라톤
은 바로 우리나라의 손기정 선수가 우승을 차지함으로써 히틀러의 코가
납작해져 버리기는 했지만…….

어쨌든 엄격하고 혹독한 훈련을 기본으로 하는 체조 교육은 히틀러
의 나치스 체제가 종말을 고하면서 서방 세계에서는 발을 붙이지 못하게
된다. 이미 개인주의가 제법 진행된 서방 세계에서 그와 같은 엄격한 훈
련을 자발적으로 받으려고 하는 젊은이들이 없었고, 또 어느 나라도 그런
식으로 체조를 가르쳐야 할 필요성을 느끼지 않았기 때문이다.

그러나 이러한 체조 교육은 동유럽과 소련의 사회주의 체제에서 다
시 배양될 수 있는 토양을 만났다. 동유럽과 소련은 제2차 세계대전이 끝

났을 때 전반적인 자본주의 국가들에 비해 산업 발달 수준이 현저하게 뒤떨어져 있었다. 사회주의 체제의 우월성을 입증하려면 하루빨리 자본주의 국가들의 산업 수준을 뛰어넘어야 했다. 그러기 위해서는 국민 전체를 한 방향으로 일사분란하게 이끌 필요가 있었고, 따라서 자연히 국가의 통제력이 강화되었다. 사실 이것은 마르크스의 사회주의 이론과는 관계없는 것이었다. 마르크스의 이론에 따르면 국가는 소멸되는 방향으로 나아가야 했으니까.

한편으로 동서 간의 냉전 체제가 굳어지면서 각 분야에서 체제 경쟁이 벌어졌는데 그 가운데 중요한 한 분야가 운동 경기였다. 따라서 사회주의권은 체육도 국가 통제력을 통해 계획적이고 집단적으로 관리했다. 그중에서도 독일식 체조 교육은 그러한 사회주의권의 체육 정책이 가장 강점을 가질 수 있는 분야였다. 그러니 제2차 세계대전 후 역대 올림픽에서 동구권이 체조 종목의 메달을 휩쓸어 간 것은 당연한 귀결이었다.

우리나라에서도 1960년대부터 군사 독재 정권에 의해 "체력은 국력"이라는 구호가 등장했고, "건강한 신체에 건전한 정신"이라는 표어도 심심치 않게 내걸렸다. 정부 주도로 경제 개발 계획을 추진하는 과정에서 집권층은 아마도 독일이나 동구권과 비슷한 정신 상태에 놓여 있었을 것이다. 그러나 분명한 것은 아무리 신체가 건강해도 단지 그 이유만으로 정신이 건전해지지는 않는다는 사실이다.

미적 표현의 개인주의화를 시도하다

인상파 화가 모네와 세잔

'잘 그린 그림'이란 어떤 그림일까? 미술관에서 그림을 볼 때 권위 있는 평론가의 평가를 무시하고 솔직하게 잘 그린 그림을 고르라고 한다면 많은 사람들이 있는 그대로를 생생하게 표현한 사실주의 그림을 선택할 것이다. 그런데 현대 미술의 대부분은 그런 사실주의와는 거리가 멀다. 아무리 들여다봐도 무엇을 그렸는지 잘 알 수 없는 추상화가 평론가들의 주목을 받는다. 탈(脫)사실주의 화풍이 현대 미술의 주류를 이루고 있기 때문인데, 이러한 화풍이 등장한 이유는 어디에 있을까?

유럽 문화사에서 미술은 문학이나 음악과 마찬가지로 고전주의와 낭만주의를 거쳐 현대로 진입했다. 고전주의에서 고전(古典)이란 물론 그리스와 로마 시대의 찬란한 회화 작품을 가리키는 것으로, 르네상스 이후 절정기를 맞았다. 이러한 고전주의의 전통은 18세기 중반에서 19세기 중반까지 약 100년 동안 '신고전주의'란 이름으로 다시 전성기를 맞이하는데, 영웅 서사시적인 웅장한 그림을 그린 다비드와 같은 화가가 대표적이었다. 이러한 고전주의가 화단의 기득권을 장악하고 있을 때 '개성'과 '감성'을 무기로 기득권 세력에 도전한 것이 낭만주의 화풍이었다. 들

모네의 〈인상, 해돋이〉 현대 미술의 시발점이 된 작품 가운데 하나이다.

라크루아, 앵그르, 쿠르베 등이 이 조류의 대표자들이다.

그런데 1874년에 프랑스 파리에서 열린 한 작은 전시회로 서양 미술사는 낭만주의와도 질적으로 다른 비약을 경험하게 된다. 이 전시회를 개최한 인상파 화가들이 오늘날 우리가 현대 미술이라고 부르는 여러 경향들의 시발점이 된다.

인상파란, 그 전시회에 출품된 모네의 〈인상, 해돋이〉(Impression, Sunrise)를 두고 당시 기성 평론가들이 '그것도 그림이라고 그렸느냐?'며 혹평하고 이 전시회에 출품한 화가들을 뭉뚱그려 '인상파'라고 조롱 섞인 이름을 붙인 데서 비롯되었다. 이들을 하나하나 살펴보면 모네 외에 드가, 피사로, 르누아르, 시슬레, 세잔 등으로, 오늘날 우리는 미술 교과서에서 이들의 그림을 흔히 만나 볼 수 있다. 하지만 당시에 이들이 평론가들로부터 혹평을 들은 것은 당연한 일이었다.

다비드의 〈호라티우스 형제의 맹세〉 그림이란 반드시 서사적 이야기를 담아야 한다는 것이 당시의 기준이었다. 다비드는 로마의 호라티우스 형제 세 사람이 조국을 위해 생명을 바칠 것을 맹세하는 순간을 그렸다.

왜냐하면 당시의 화단은 살롱이라는 전시 공간을 통해 운영되고 있었고 화단에 새로이 등단하려면 먼저 이 살롱전에 작품을 출품해야 했는데, 이들은 모두 살롱전에서 연거푸 낙선한 이들이었기 때문이다. 1874년의 전시회는 이들이 "낙선한 작품도 대중들에게 보일 권리는 있다."며 개최한, 이를테면 '낙선자 전람회'였다. 그러니 평론가들이 이들의 작품을 좋게 평가해 줄 리 없었다.

그렇다면 살롱전 심사 위원들은 왜 이들의 그림을 낙선시켰던 것일까? 두말할 필요도 없이 당시의 기준으로 보아 그림이 갖춰야 할 최소한의 요건을 갖추지 못했기 때문이다. 당시는 신고전주의든 낭만주의든 공통적으로 그림의 소재는 서사적 이야기를 담고 있어야 했다. 그림은 어떤 의미를 전달하기 위한 것이지, 아무거나 마구 그리는 것은 아니었기 때문이다. 그러나 이들의 그림은 심사위원들이 보기에 아무거나 마구 그린 것으로밖에 보이지 않았던 것이다.

　실제로 인상파 그림의 효시가 된 모네의 〈인상, 해돋이〉를 신고전주의의 대표적인 화가 다비드의 〈호라티우스 형제의 맹세〉와 비교해 보자. 다비드의 그림은 옛 로마의 전설에 나오는 호라티우스 형제와 쿠리아티우스 형제 간의 극적인 결투를 배경으로 삼고 있다. 반면에 모네의 그림은 어느 항구의 흐린 날 해돋이를 그린 것일 뿐, 거기에는 아무 이야기도 담겨 있지 않다.

　그러나 정작 중요한 것은 이러한 소재의 문제만이 아니었다. 다비드의 그림은 명암의 대비와 원근법을 통해 형체를 정확하게 묘사하고 있다. 반면에 모네의 그림에는 도무지 분명하게 묘사된 실체가 없다. 원근은 단지 색감의 차이에 의해서만 짐작될 뿐이고 중앙의 배 두 척이나 배경의 나무들 자체는 명암을 갖고 있지 않다. 솔직히 말해서 이런 그림은 오늘날의 고등학교 미술반 학생 정도면 그릴 수 있을 것 같다. 당시 프랑스 화단의 평론가들을 분노케 한 것이 바로 이 점이었다.

　인상파 화가들은 사물의 실체를 명암에 의해 묘사하는 것을 거부하고 오로지 색감에 의해서 표현하려고 했다. 따라서 이들은 데생도 하지 않고 곧바로 채색을 하는 방식으로 그림을 그렸다. 사물의 실체가 드러나는 것은 빛에 의해서인데, 빛은 곧 색깔이기 때문이다. 나아가 그들이 생각하기에 화가가 무엇을 그릴 것인가 하는 것은 그가 사물의 색감에서 얻은 강한 '인상'에 의해 결정되는 것이지, 미리 설정된 이야기 구조에 의해 결정되는 것이 아니다. 인상파 화가들이 한결같이 야외로 나가 풍경화를 그린 것은 이런 배경에서였다.

　따라서 인상파 화가들이 개별적인 실체보다는 하나의 풍경 전체가 어느 한순간의 색조에 의해 풍기는 인상에 주목했다는 점을 인식한다면 그들의 그림을 다른 각도에서 볼 수 있게 된다. 우리가 자연 속에서 어떤 풍경을 볼 때 그 풍경은 햇빛의 강도와 각도에 따라 수시로 색조를 달리한다. 인상파는 그런 색감의 오묘한 변화를 화폭에 표현하는 일이 바로 화가의 임무라고 생각했다. 따라서 그들에게 명암이나 원근법 같은 것은 완전히 부수적인 것이었다.

이러한 인상파의 시도는 당시에는 조롱을 받았지만 결과적으로 서양 미술이 전통의 굴레에서 벗어나 화가의 자유로운 창의성이 화폭에 펼쳐질 수 있게 하는 시발점이 되었다. 많은 인상파 화가들 중에서도 이런 일을 선구적으로 수행한 화가는 폴 세잔이었다.

세잔은 사과를 주로 그린 정물화가로 알려져 있다. 다른 인상파 화가들의 그림과 마찬가지로 세잔의 사과 정물화도 보통 사람이 보면 형편없는 그림이다. 그의 천재성이 유감없이 발휘된 정물화로 유명한 〈부엌의 정물〉을 보자. 세잔의 그림이라는 것을 모르는 사람이 보면 결코 잘 그렸다고 평하지 않을 그런 그림이다. 요즘의 웬만한 미술학도도 이보다 훨씬 더 정밀하고 실감 나게 정물화를 그릴 수 있을 것이다. 도대체 이 그림 어디에 그의 천재성이 깃들어 있다는 것일까?

세잔 역시 인상파 화가로서 색감의 표현을 중시한다. 따라서 〈부엌의 정물〉에서도 자세히 보면 사과나 꽃병이나 바구니 등 개별 사물에는 명암이 표현되어 있지 않다. 또 원근법도 별로 구사되어 있지 않다. 그 결과 화폭에서는 입체감을 좀처럼 느낄 수 없다. 실제로는 입체였을 사물들과 배경이 입체성을 모두 잃고 평면화되어 버렸다. 이것은 마치 아직 명암법과 원근법을 배우지 않은 아이들이 그린 그림과 비슷하다. 물론 세잔이 그런 기법을 몰라서 이렇게 그린 것은 아니다. 그는 의도적으로 대상을 평면화한 것이다.

세잔의 〈부엌의 정물〉 인상파의 시도는 서양 미술이 전통의 굴레에서 벗어나는 데 큰 역할을 했다. 그 가운데서도 세잔의 그림은 선구적인 것이었다.

그러나 세잔의 그림이 단순히 입체성을 평면성으로 환원한 것은 아니다. 전혀 다른 차원에서의 입체성을 구현하고 있다. 〈부엌의 정물〉에서 보면 과일 바구니는 정면에서 바라본 모습이지만 그 왼쪽의 물병은 위에서 내려다본 모습이다. 이런 식으로 화폭 안의 모든 사물들이 조금씩 보는 각도가 다르게 그려져 있다. 대상들을 모두 평면화했지만 각 대상을 보는 각도는 달리해서 배열하는 방법으로 입체성을 부여한 것이다.

세잔은 사과 하나를 썩을 때까지 그린 것으로 유명하다. 이것은 사과 자체를 정밀하게 묘사하기 위해서가 아니었다. 보는 각도에 따라 다르게 보이고 색감도 차이가 나게 마련인데 그것을 한 화폭에 표현하려고 무진 애를 쓴 것이다.

미술을 조금이라도 아는 사람이라면 이렇게 형태를 분해해서 다중적인 시각에 의해 재배열하는 화법이 바로 피카소의 화법이라는 것을 알아차렸을 것이다. 20세기 현대 미술은 피카소로부터 시작되었다고 할 수 있는데, 대표작 〈아비뇽의 처녀들〉에서 볼 수 있듯이 그는 바로 세잔의 화법을 계승한 것이다.

인상파 화가들은 전통적인 화풍을 벗어나 화가의 주관을 화폭에 표현했고, 그중에서도 세잔은 사물의 형태마저 화가의 주관에 따라 재배열하는 데까지 나아갔다. 따라서 이제 화가가 그 그림을 그릴 당시의 마음 상태를 이해하지 않고서는 감상하기가 쉽지 않게 되어 버렸다.

이것은 한마디로 그림의 개인주의화라고 할 수 있다. 그리고 이런 개인주의가 생겨난 것은 말할 것도 없이 시민 혁명의 결과였다. 신분이나 집단이 개개의 인간을 규정하던 사회가 무너지고 모든 인간이 하나의 독립된 인격체로 인정됨에 따라 화가들도 규정된 화법과 사조에 의존하지 않고 독립적으로 그림을 그리기 시작한 것이다.

8시간 일하고, 8시간 잠자고, 8시간 쉬자

남북 전쟁과 8시간 노동제

1886년 5월 1일, 미국 시카고 시. 미국 동부의 산업 중심지인 이곳이 이날은 날이 밝아도 모든 것이 멈춘 채 적막했다. 수많은 공장들이 기계를 멈추었고, 상가는 문을 닫았다. 운전기사들도 출근하지 않아 버스도 전차도 보이지 않았다. 그러나 곧이어 수만 명의 노동자들이 외출복으로 차려입고 아내와 자녀들의 손을 잡고서 집을 나서면서 도시는 갑자기 활기를 띠었고, 이들은 무리 지어 중심가인 미시건 거리로 모여들기 시작했다. 군중은 삽시간에 8만 명을 육박했다. 이들이 행진하는 도로 주변 건물의 옥상에는 경찰과 주 방위군에다 비정규 민병대와 '핀커튼단'이라고 하는 악명 높은 구사대까지 소총과 기관총으로 무장한 채 행진 대열을 겨냥하고 있었다.

이날은 바로 지난 1884년에 미국 노동 총동맹(AFL : American Federation of Labor)이 결의한 8시간 노동제를 쟁취하기 위한 파업 투쟁의 막이 오른 날이었던 것이다. 이날 미국 전역에서 34만 명이 시위에 참여했고 19만 명이 파업을 감행했다. 그러나 최대의 시위 인파를 기록한 시카고를 비롯해서 이날 경찰과 시위대 사이에 유혈 충돌이 벌어진 곳은 없었다. 노동자들은 단지 자신들이 일손을 멈출 때 어떤 일이 일어나는지를 보여 주는 것으로 충분했다. 이날 이후 자본가들은 결국 공장을 다시 가동하기 위해 점차로 8시간 노동제를 실시하지 않을 수 없었다.

그리고 1889년, 국제적인 사회주의 운동 조직인 제2인터내셔널은 이날을 기념하기 위해 매년 5월 1일을 '메이데이'로 지정하고 기념 시위를 벌이게 된다. 오늘날 우리나라도 이날을 노동절로 정해 노동자들은 하루 휴무를 하고 있다.

원래 노동 운동은 산업혁명의 발상지인 영국을 비롯한 유럽이 본고장이었다. 그런데 유독 미국에서 8시간 노동제 요구가 거세게 터져 나온 것은 미국 노동자들의 노동 조건이 그만큼 열악했기 때문이다.

미국 노동자들의 분노를 이해하기 위해서는 1861년부터 1877년까지 16년 동안 전개된 남북 전쟁의 성격을 알아야만 한다. 남북 전쟁은 북부의 에이브러햄 링컨 같은 흑인 노예 해방론자들이 노예 노동으로 농장을 운영하던 남부의 농장주들을 상대로 일으킨 도덕적인 전쟁인 것만은 아니었다. 남북 전쟁 전의 링컨 공화당 정부는 오히려 노예제를 완벽하게 옹호하고 있었다. 링컨 개인적으로는 노예제 폐지에 찬성하고 있었는지 몰라도, 연방을 결속시켜야 하는 연방 정부로서 노예제를 찬성하는 주의 이탈을 막기 위해서는 어쩔 수 없이 노예제 존속을 허용하지 않을 수 없었던 것이다.

한편 링컨의 공화당 정부에 반기를 들고 연방을 탈퇴한 남부연합 측이라고 해서 노예제 옹호를 끈질기게 주장했던 것도 아니다. 남북 전쟁의 과정에서 병력 부족 사태를 우려한 남부 측은 흑인 노예를 해방시켜 병력을 충원하려고 했다. 다만 이미 전쟁이 말기에 접어들어 실현되지 못했을 뿐이다.

링컨 링컨이 남북전쟁으로 노예를 해방시켰다는 주장은 사태를 매우 단순하게 이해하는 것이다.

남북 전쟁은 좀 더 값싼 노동력을 흑인으로부터 충원하려는 북동부의 상공업 지역 자본가들과 대규모 면화 재배를 위해 흑인 노예를 절실히 필요로 하던 남부 지주 세력의 전쟁이었다. 결국 남북 전쟁이 북부의 승리로 끝남으로써 미국의 북부 산업 지대에는 대규모로 흑인 노동력이 투입된다. 이 시기에 미국은 세계 제일의 경제 대국으로 떠오르게 되는데, 이것은 이들 흑인 저임금 노동력을 대량으로 공급함으로써 가능했던 것이다.

그러나 이러한 저임금 노동에 의한 급속한 경제성장은 필연적으로 생산은 늘어나지만 그것을 소비할 노동자들이 가난해서 물건이 팔리지 않고 남아도는 현상을 불러오고 결국 공황을 유발하게 된다. 1929년에 실제로 월스트리트 증권가 주식 폭락으로 시작된 대공황이 전 세계를 강타하게 되는데 남북 전쟁 말기에 이미 그런 조짐은 나타나고 있었다. 1873년에 필라델피아에 있던 미국 최대 은행인 제이 쿠크 은행이 파산했고, 1877년에 이르면 미국의 실업자가 300만 명에 이른다. 이것은 미국 전체 노동자의 거의 5분의 1에 해당하는 숫자였다. 더구나 취업하고 있는 노동자들마저도 1년에 절반 이상은 놀아야 했다. 당시 이들이 받는 임금은 이전에 비해 거의 45%가 삭감된 상태였다.

미국이 공황에 직면하게 된 것은 남북 전쟁 이후 절정에 이른 호황기에 자본가들이 노동자들의 임금은 억제하면서 시설 투자에만 골몰한 결과였다. 저임금으로 노동자들이 물건을 살 형편이 안 되는 상태에서 과잉 투자를 하여 무한정 물건만 만들어 냈던 것이다. 당시 유럽에서 이

전쟁에 지친 남부군 병사들 이들은 단순히 노예 제도를 지키기 위해서가 아니라 북부 산업 자본가들이 남부 산업 기반을 잠식하는 데 대항하기 위해 싸웠다. 영화 〈바람과 함께 사라지다〉의 한 장면.

른바 과학적 사회주의를 내걸고 노동 운동을 지도하던 카를 마르크스는 이 점을 예상하고 몇 차례 경고를 보냈지만 미국 최대 은행가 제이 쿠크는 당시 이에 대해 "나는 하느님을 굳게 믿고 있다. 하느님이 우리를 버릴 것으로는 생각하지 않는다."며 코웃음을 쳤다.

공황은 많은 자본가들을 파산시켰지만 실제적인 고통은 고스란히 노동자들이 떠안았다. 일자리를 잃은 노동자들은 거리를 어슬렁거리거나 일자리가 있는 곳을 찾아 전국을 떠돌아다녔다.

공황 이후 노동자들의 투쟁은 노동 조건이 가장 열악한 탄광과 철도로부터 터져 나오기 시작했다. 공황의 와중에서도 카네기와 록펠러로 대표되는 대자본가들은 "위기가 곧 기회"라며 수백 개 기업으로 이루어진 카르텔을 형성하면서 계속 초과 이윤을 산출해 내고 있었지만, 탄광과 철도 노동자들은 새벽부터 밤까지 뼈빠지게 일하고도 불경기라는 이유로 임금은 계속 깎이기만 했다.

미국의 정부와 기업들은 노동자들의 도전에 단호했다. 이 점에서 다분히 미국적인 현상이 나타나는데, 이들은 타협과 협상보다는 정면 대결과 진압을 선호했다. 이를테면 1877년 전국 철도 노동자들의 총파업 때 시카고에는 인디언을 때려잡던 악명 높은 군대 필 셀리던 연대가 투입되었다. 이 군대는 파업을 해산시키기보다는 "굶주린 자들에게 총알이나 처먹여라."며 총탄을 퍼부었다. 이에 앞서 1874년 펜실베이니아 주 슈일킬 탄광의 노동자들이 임금 20% 삭감에 항의해 파업을 벌이자 주동자 10명을 체포해 교수형에 처해 버리기도 했다.

특히 기업가들은 경찰이나 주 방위군만으로는 미흡하다고 생각하여 자체적으로 민병대를 조직해 소총으로 무장시켜 파업 현장에 투입했다. 따라서 이 시기의 미국 노동 운동사는 온통 피로 얼룩져 있다. 지금 같으면 기껏해야 최루탄을 사용할 상황에서 총탄 세례를 마구 퍼부은 것이다. 이렇다 보니 노동자들도 '노동 기사단'이란 자체 무장 조직을 결성해 총으로 무장하는 경우가 심심치 않게 있었다. 총 들고 싸우는 자본가와 노동자, 마치 서부 영화의 한 장면 같은 상황이 실제로 연출되고 있었던 것이다.

그러나 자본가들이 무조건 총만 쏘아 댄 것은 아니다. 노동자를 향해 총을 겨누기 위해서는 심리적으로 그들을 대중과 갈라 놓을 필요가 있었다. 그래서 개발해 낸 것이 바로 '빨갱이 딱지 붙이기' 수법이었다. 유럽에서 떠돌고 있는 공산주의 망령을 파업 노동자들에게 뒤집어 씌우기만 하면 멋모르는 대중들은 당장 겁을 먹게 되어 있었다. 물론 이 일은 기업과 결탁한 언론들이 도맡아 해 줬다.

1877년 피츠버그 철도 파업 때, 뉴욕 월드지는 "약탈당하는 피츠버

그”라는 제목 아래 “피츠버그가 악독한 공산주의에 미친 사람들의 수중에 들어갔다.”고 개탄했다. 심지어 1875년 11월 23일자 시카고 트리뷴지는 시위 노동자들에 대해 “그들이 선동을 하지 못하도록 하기 위해 필요하다면 시카고의 모든 가로등마다 공산주의자들의 시체를 매달아 버려야 한다.”며 오히려 자신들이 선동을 하고 있다. 1886년 5월 1일 시위에 즈음해서 시카고 데일리 뉴스는 “5월 1일은 프랑스에서

제1회 메이데이 축제 포스터 8시간 노동제를 쟁취한 그다음 해인 1895년의 포스터이다. 노동자들에게 바치는 화관을 그렸다.

공산주의자들이 ‘파리 코뮌’을 만들어 봉기한 날이다. 이날도 ‘파리 코뮌’과 같은 대규모 폭동이 일어날 것이 뻔하다.”고 예언했다. 하지만 글머리에서 설명했듯이 이 예언은 빗나가고 말았다.

그러나 이 모든 난관을 뚫고 미국 노동 운동은 세계 노동자에게 8시간 노동제라는 값진 선물을 남겨 줬다. 8시간은 일하고, 8시간은 휴식을 취하며, 8시간은 잠자야 한다는 양보할 수 없는 노동 운동의 대명제를 확립한 것이다. 하지만 그러한 미국의 노동 운동도 결국 자본가와 정부와 언론의 삼각 포격 속에서 더 이상 전진하지 못하고 주저앉고 만다. 내부적으로 보면 미국 노동자들이 유럽 노동자들과는 달리 애초부터 어떤 사상을 가지고 시작한 것이 아니라 참을 수 없을 정도로 열악한 노동 조건 때문에 봉기했고, 따라서 그만큼 결속력이 강하지 못해서일지도 모

른다.

아무튼 8시간 노동제를 쟁취한 미국 노동 총동맹은 오늘날까지도 명맥을 유지해 오고 있다. 다만 상층 간부들은 노동자를 위하기보다는 자본가와 협상하여 자신들의 기득권을 지키는 데 더 열심이어서 노동자들로부터 노동 귀족이라는 비판을 받고 있다.

피로 얼룩진 남아프리카 공화국의 역사

보어 전쟁

1994년 남아프리카 공화국에서는 역사상 최초로 흑인 대통령이 탄생했다. 바로 흑인 민권 운동가 넬슨 만델라(재임 : 1994~1999)였다. 그는 백인들이 펼친 흑백 인종차별 정책인 아파르트헤이트(apartheid)에 저항하다가 1962년부터 1990년까지 자그마치 27년 동안이나 감옥 생활을 한 것으로 유명했으며, 1993년에는 노벨 평화상을 받기도 했다.

그는 1994년에 처음으로 흑인들에게도 참정권이 주어진 가운데 실시된 선거에서 65%의 지지를 얻어 5년 임기의 대통령에 당선되었다. 그런데 이 65%는 남아프리카 공화국 내의 흑인 인구 비율과 정확하게 일치한다. 백인(그들 스스로는 아프리카너라고 한다)들은 그에게 한 표도 주지 않았다는 얘기다. 도대체 이들 아프리카너들의 지독한 인종차별 정책인 아파르트헤이트는 어디에서 비롯된 것일까?

오늘날의 아프리카너들은 원래는 보

넬슨 만델라 남아프리카 공화국 최초의 흑인 대통령이다.

어(boer)인으로 불렸다. '보어'는 네덜란드어로 농부를 뜻하는 '부르'(boor)를 영어식으로 발음한 것이다. 따라서 보어인은 네덜란드 농부를 뜻한다. 이들은 네덜란드가 해양 강국이던 시절인 1652년, 아프리카 대륙 남단 희망봉 근처에 케이프타운이란 식민지를 건설하면서 이곳에 첫 발을 디뎠다. 이들은 대부분 본국에서 가난하게 지내던 농부들로, 모두 개신교 신자들이었다.

오늘날에도 보듯이 개신교는 가톨릭과는 달리 교황청과 같은 중앙 통제 조직이 없는 교단이고 따라서 다양한 종파로 나뉘어 있다. 당시에 이들도 아프리카에 정착하면서 자기 나름의 독특한 교리를 만들어 냈는데, 그것이 바로 아파르트헤이트였다. 즉, 사람은 태어나면서부터 구원받을 수 있는 자와 그렇지 못한 자로 구별되는데, 하얀 피부의 자신들은 구원받는 쪽이고 검은 피부의 원주민들은 구제 불능 쪽이라는 것이다. 보어인들은 이곳의 자연조건 때문에 주로 목축업에 종사했는데 여기에 필요한 인력은 전적으로 원주민 출신 노예에 의존하고 있었다. 그들이 만든 교리는 이러한 노예 노동을 합리화하기 위한 것이었다.

세계가 날이 갈수록 인권을 향상하는 방향으로 발전하고 있는 가운데도 남아프리카 공화국에서는 오히려 1948년에 아파르트헤이트를 법으로 명문화해 흑백 차별을 더욱 강화했다. 이에 대해 전 세계 여러 나라들이 국교를 단절하고 경제 봉쇄를 취하는 등 압력을 가해도 이 나라는 끝끝내 이런 시대착오적인 정책을 고수하려 했다. 거기에는 그럴 만한 이유가 있었다. 보어인들은 흑인들 못지않게 유럽 국가들을 미워했던 것이다. 1899년에서 1902년까지 전개된 영국과의 전쟁, 즉 보어 전쟁의 상처가 이들의 피해 의식을 좀처럼 가시지 않게 한 것이다.

갈등의 시발은 1806년에 케이프타운 식민지의 소유권이 영국으로

보어 전쟁 케이프타운이 영국의 식민지가 되자 아프리카너들은 내륙으로 이주하여 원주민들을 몰아내고 나라를 세운다. 1899년 나탈의 뉴캐슬을 점령한 보어군들.

넘어가면서였다. 당시 유럽에서는 나폴레옹 전쟁이 한창이었다. 나폴레옹군이 네덜란드를 병합하자 영국은 네덜란드를 적국으로 간주하고 네덜란드가 소유하고 있던 케이프타운을 몰수한 것이다. 나중에 나폴레옹이 패배하고 물러갔지만 영국은 케이프타운을 돌려주지 않고 영국 식민지로 확정했다.

케이프타운에 진출한 영국은 당시 세계 초일류 산업 국가로서 그곳에서 시행되고 있던 전근대적인 노예 제도를 폐지해 버렸다. 보어인들에게는 자신들의 생존 기반을 빼앗는 날벼락이었다. 그렇다고 농사만 짓던 그들로서는 강대국 영국의 지배에 대항할 힘도 없었다. 절이 싫으면 중이 떠나는 법이라고 보어인들은 케이프타운을 벗어나 내륙으로 이주하기 시작했다. 이것을 그레이트 트렉(Great Trek : 대이주)이라고 부른다. 그러나 그들은 가는 곳마다 원주민들의 저항을 받아야 했다. 특히 아프리카에서 용맹스럽기로 이름난 부족인 줄루족과는 치열한 전투를 벌여야 했다. 1838년에 밧파로라는 강에서 벌어진 전투에서는 줄루족 3000여 명이 몰살당해 강이 온통 피로 붉게 물들었다고 한다. 그래서 오늘날에도 이 강을 '피의 강'(blood river)이라고 부른다.

결국 보어인들은 끈질기게 내륙으로 들어가서 '오렌지 자유국'과 '트란스발 공화국'을 건설했다. 이는 마치 미국인들이 서부 개척에 나서면서 인디언들을 몰살한 것과 비슷했다. 미국인들이 서부 개척을 자랑스러운 건국의 역사로 기록하고 있듯이 오늘날의 아프리카너들도 이때를 조국 건설을 위한 영웅적인 투쟁 시기로 여기고 있다. 한편 영국으로서는 이들 공화국의 건설을 용납할 수 없는 일이었지만, 내륙에 자리잡고 완강하게 버티는 그들을 어찌할 도리도 없어 자치를 허용해 주었다.

그런데 1867년에 오렌지 자유국에서 세계 최대의 다이아먼드 광맥

보어 전쟁 당시의 남아프리카 공화국 일대 지도

이 발견되고 뒤이어 1886년에는 트란스발 공화국에서 대규모의 금광이 발견되자, 영국인들의 마음이 변하기 시작했다. 이곳 광산들에서 산출되는 막대한 부가 보어인들에게 고스란히 돌아가는 것은 용납하기 힘든 일이었다. 더구나 당시 국제 금융 거래는 금의 보유가 바로 화폐의 가치를 결정하는 체제로 바뀌고 있는 중이었다.

영국은 케이프타운에 군대를 속속 집결시켰고 긴장이 고조되어 갔다. 1899년에 들어서자 영국군의 규모는 거의 50만 명에 달했다. 보어인들은 전체 인구가 10만 명도 채 안 되는 수준이었다. 보어인들은 영국군이 즉각 철수할 것을 요구했지만 영국이 이를 들어줄 리는 없었다. 결국 트란스발 공화국의 선제공격으로 전쟁이 벌어졌다. 영국군은 수적으로 앞섰지만 아프리카의 지형에 익숙하지 못했고 보급로도 멀리 떨어져 있어 초반전에는 보어인들이 우세를 유지했다. 그러나 보어인들도 영국군의 본거지인 케이프타운을 타격할 정도로 강하지는 못했다. 그래서 1902년에 이르기까지 3년 동안 지루한 공방이 이어졌다.

이러한 공방전에서 양쪽은 모두 막대한 피해를 보았다. 보어 전쟁은 제1차 세계대전 이전까지의 전쟁 중에서 영국이 가장 많은 병력과 무기를 투입한 전쟁으로 알려져 있다. 하지만 오히려 가장 많은 피해를 본 것은 애꿎은 흑인들이었다. 보어인들은 흑인들을 잡아다 인부로 부려 먹고 군수품을 조달하기 위해 수많은 마을을 약탈했다. 그런가 하면 영국군은 보어인들이 흑인 마을에 은신해 게릴라 전법을 쓴다고 여겨 흑인 마을에 불을 질러 초토화하는가 하면 흑인들을 마을에서 쫓아내 가축 우리만도 못한 수용소에 가두어 수많은 사상자를 만들어 냈다.

영국군의 초토화 작전은 서서히 효과를 발휘해 보어인들의 근거지는 하나 둘씩 파괴되어 갔고, 마침내 1902년에 이르러 보어인들은 항복하고 말았다. 이로써 오렌지 자유국과 트랜스발 공화국은 공식적으로 영국의 식민지가 되었다. 하지만 보어인들은 이때의 패배를 되씹으며 속으로 설욕을 다짐했다. 일단 생사가 걸린 전쟁터에 내몰리게 되면 이념이나 신념은 별로 중요하지 않게 되고 오로지 상대방에 대한 적개심만 남게 마련이다. 아프리카너들이 영국과 그에 추종하는 서구 세계에 대해 커다란 피해 의식을 갖고 있는 것은 이러한 배경에서였다.

그렇다면 이러한 아프리카너들이 1990년대 들어 흑인들의 참정권을 인정하고 급기야 흑인 대통령을 허용하는 데까지 양보하게 된 배경은 무엇일까? 올림픽 참가를 불허하는 등의 국제 여론이 큰 역할을 한 것은 사실이지만 그 근원적인 힘은 흑인들의 투쟁이었다고 말할 수밖에 없다. 억압받던 흑인들이 점차 의식화되고 조직화되면서 반정부 무장봉기에까지 이르자 아프리카너들 사이에서 파멸보다는 타협을 통한 생존을 추구하는 목소리가 나오기 시작한 것이다.

그러나 남아프리카 공화국에서 흑백 평등의 길은 아직도 험난한 도정에 있다. 흑인 대통령이 집권하고 있지만 전체 인구의 10%에도 미치지 못하는 아프리카너들이 국민 총소득의 70%를 차지하고 있는 현실이 개선되어 흑인들의 경제 형편이 백인들과 비슷한 수준이 되기 위해서는 아직도 많은 시간이 필요한 것이다.

Chapter 5

현대

민족 국가들의
마지막 전성시대

사라예보에서 총성이 울렸다
제1차 세계대전 발발의 원인

"북경에서 노랑 나비가 팔랑거리면 몇 달 뒤 뉴욕에 태풍이 불어닥친다." 이것은 일명 '나비 효과'라는 것으로, 아주 사소한 입력도 그것이 주변 요소들에 연쇄적으로 반응을 일으켜 결국 예기치 못한 엄청난 출력을 가져올 수 있다는 카오스 이론을 설명하는 데 흔히 동원되는 비유이다. 카오스 이론은 최근의 과학계에 등장한 참신한 이론이지만 1914년 제1차 세계대전의 발발 과정이 바로 이 나비 효과를 쏙 빼닮았다.

1914년 6월 28일, 보스니아의 수도 사라예보를 순방 중이던 오스트리아의 황태자 프란츠 페르디난트 대공이 세르비아 독립운동에 가담하고 있던 한 대학생이 쏜 총탄을 맞고 사망했다. 사소하다면 사소할 수 있는 이 사건이 발단이 되어 제1차 세계대전이 일어났다. 그런데 한 개인의 범행인 데다 기껏해야 오스트리아와 세르비아 간의 문제에 불과한 이 사건이 왜 유럽 국가들 전체가 가담하는 세계대전으로 번지게 된 것일까? 바로 이 사건이 카오스 이론을 연상시키는 복잡한 연쇄 반응의 시발점이었던 것이다.

이 복잡한 연쇄 반응을 이해하기 위해서는 무엇보다도 '세르비아 문

제'를 알아야만 한다. 세르비아는 1992년까지만 해도 유고슬라비아 연방 가운데 하나였지만, 유고 연방이 무너지면서 연방에서 탈퇴하려고 한 크로아티아, 보스니아-헤르체고비나와 격렬한 내전을 치른 바 있다. 이 내전은 민간인까지도 무차별적으로 살상하는 등 세계로부터 20세기 최대의 비극이라고 지탄받았지만, 도대체 전쟁의 원인이 어디에 있는가는 아무도 자신 있게 말할 수 없는 수수께끼 같은 전쟁이었다. 하지만 적어도 확실한 것 하나는 자치 공화국들이 연방으로부터 탈퇴하면서부터 세르비아인들이 그들에 대해 적개심을 품고 전쟁을 도발했다는 점이다. 그만큼 세르비아인들은 단일한 통일 국가를 유지하려는 열망이 남달리 강한 민족이었다.

세르비아인들의 민족적 자존심과 독립 의식은 그들의 역사적 전통과 시련으로부터 생겨난 것이다. 세르비아는 원래 남(南)슬라브계에 속하는 민족이지만 단일 민족의 혈통을 이어 왔고, 14세기까지만 해도 동유럽의 강대국이었다. 그러나 15세기에서 18세기까지 오스만투르크의 지배를 받아야만 했다. 이렇게 몇백 년 동안 이민족의 지배 아래 있으면서 세르비아인들의 독립 의지는 날로 강화되어 왔던 것이다.

이러한 상황에서 1877년 러시아가 오스만투르크와 전쟁에 돌입하자 세르비아인들은 같은 슬라브 계통인 러시아 편에 서서 싸웠고 마침내 독립을 쟁취했다. 세르비아인들로서는 실로 500년 만에 이룬 민족적 쾌거였다. 그런데 그 기쁨이 채 가시기도 전인 1908년, 오스트리아-헝가리 제국이 세르비아의 일부인 보스니아-헤르체고비나를 합병함으로써 다시 위기가 찾아왔다.

오스트리아가 이렇게 세르비아의 일부를 합병한 것은 여러 가지 이유가 복합된 것이었다. 오늘날의 오스트리아는 작은 영세 중립국에 불과하지만 당시의 오스트리아는 유럽의 최강국 대열에 속해 있었다. 그러나 영국과 같이 산업혁명을 통해 강대국이 된 것은 아니었다. 프랑스 대혁명 이후 혁명의 파도가 잇달아 유럽을 강타하자 두려움을 느낀 보수 세력들이 절대 왕권을 강화하면서 이에 대항하게 되었는데, 유럽의 전통적인 왕족 가문인 합스부르크가(家)의 본거지인 오스트리아가 이러한 대세에 힘입어 강국으로 떠오른 것이었다.

이러한 오스트리아가 보스니아를 합병한 것은 우선 지리적으로 지중해로 통하는 발칸 반도에 거점을 마련하려는 야심에서였지만 더욱 근본적인 배경은 다른 데 있었다. 오스트리아-헝가리 제국의 영토 내에는 많은 슬라브인들이 살고 있었는데 세르비아인들이 그들과 연계해 대(大) 세르비아 제국을 획책하고 있는 것이 못내 마음에 걸렸던 것이다. 그리고 반대로 이는 세르비아인들에게 다시 자신들이 영영 오스트리아의 속

암살범의 체포 페르디난트 대공을 암살한 세르비아 대학생이 체포되는 장면이다. 그는 자신의 행동이 유럽 전체를 전쟁으로 몰아넣을 줄은 꿈에도 몰랐을 것이다.

국으로 전락할지 모른다는 우려를 확산시켰다. 이렇게 해서 '사라예보 사건'이 발생하게 된 것이지만 여기까지는 순전히 세르비아와 오스트리아의 문제였다.

그런데 이 사건의 불똥이 당장 러시아로 튀었다. 러시아 역시 지중해로 진출하는 것이 절체절명의 과제였고, 이를 같은 슬라브 민족인 세르비아를 통해 이루려고 하던 중이었다. 그들이 오스만투르크와 전쟁을 벌인 것도 이 때문이었다. 따라서 오스트리아의 세르비아 합병은 결코 가만히 앉아 보고 있을 수만은 없는 일이었다.

그러나 러시아와 국경을 맞대고 있던 오스트리아 또한 이 점을 잘 알고 있었다. 그래서 보스니아 합병에 앞서 오스트리아는 역시 러시아와 국경을 맞대고 있는 독일에게 러시아가 쉽게 개입하지 못하도록 압력을 가해 달라고 호소했다. 당시 독일은 뒤늦게 산업혁명을 완수하고 대외 진출을 서두르고 있었다. 특히 콘스탄티노플에서 바그다드를 거쳐 페르시아 만의 바스라에 이르는 철도를 건설하겠다는 야심 찬 계획(3B 정책)을 추진하고 있었다. 이에 최대의 걸림돌은 러시아였으므로 오스트리아의 이러한 부탁은 듣던 중 반가운 소리였다.

사정이 이렇게 되자 러시아도 자구책을 마련하지 않으면 안 되었다. 독일과 경쟁 상태에 있던 프랑스와 교섭을 벌여 독일을 견제해 줄 것을 요청했다. 프랑스는 지난 1904년 아프리카 북단의 요지인 모로코를 장악해 대외 진출의 교두보를 확보했으나 독일이 강력하게 제동을 걸어 마지못해 이를 포기한 일이 있었다. 따라서 당연히 프랑스는 러시아의 요청을 받아들였다. 독일로서는 러시아와 맞서 있는 상황에서 배후에 적이 출현한 셈이 되어 버렸다.

이렇게 복잡하게 얽힌 역학 관계에서 비교적 초연할 수 있었던 나라는 영국이었다. 영국 외무 장관 에드워드 그레이는 이 모든 상황이 전면전을 유발할지도 모른다는 것을 일찌감치 깨달았고 이를 막기 위해 각국을 돌아다니며 평화 회담을 주선했다. 그러나 영국 한 나라만의 힘으로 이 꼬인 매듭을 풀기에는 역부족이었다. 왜냐하면 영국은 이미 1907년부터 프랑스, 러시아와 이른바 '3국 협상'을 맺어 상호 협력 관계를 유지하고 있었고, 이 때문에 다른 나라들을 설득하는 데에는 그만큼 한계가 있었다.

이렇게 해서 1914년 6월 28일에 사건이 일어난 지 겨우 한 달 만에 유럽 국가들은 세르비아, 러시아, 프랑스를 한 편으로 하고 오스트리아-헝가리 제국, 독일, 오스만투르크를 다른 한 편으로 하는 두 진영으로 완전하고도 확연하게 갈라섰다. 그리고 마침내 7월 28일 오스트리아가 세르비아에 선전 포고를 하자, 이는 화약 더미를 향해 방아쇠를 당긴 꼴이 되었다. 이날로부터 1주일이 지나지 않아 관련된 모든 국가들이 선전 포고를 발령하고 전쟁에 돌입한 것이다. 영국도 이제는 예외가 되지 못했다. 독일이 국제 관례를 무시하고 영국과 도버 해협을 사이에 두고 있는 벨기에를 침공하자 영국도 할 수 없이 독일에 선전 포고를 하고 전쟁에 돌입했다.

결국 독립 의지에 불타는 한 세르비아 청년의 총알 한 방이 유럽 대륙 전체를 전쟁에 휩쓸리게 했다. 그리하여 제1차 세계대전은 병사 850만 명, 민간인 1300만 명 등 전사자만 2200여만 명을 기록했고, 각국이 소비한 전쟁 비용은 모두 1800억 달러에 이르렀다. 그것은 이때까지 인류가 한 번도 겪어 보지 못한 대재앙이었다.

세계사 교과서에서는 제1차 세계대전을 "제국주의 단계에 도달한 서구 열강이 식민지 진출 경쟁의 과정에서 충돌해 발생한 전쟁"으로 설명하고 있다. 거시적으로 보면 이것은 정확한 분석이다. 그러나 역사에서 가정(假定)이란 허무한 일이기는 하지만, '만약 사라예보 사건이 없었더라도 전쟁은 필연적이었을까?'라고 할 때 자신 있게 '그렇다.'고 대답하기는 힘들다. 지나간 일들을 두고 분석할 때는 모든 것이 필연적으로 보인다. 하지만 그중의 어떤 변수들을 변경시킨 다음 다시 그 사건을 시뮬레이션하기는 거의 불가능하다.

카오스 이론은 물질계에서 유체의 임의적인 운동에는 규칙성이 없으며 따라서 그 운동의 진로를 예측하는 것은 불가능하다고 말한다. 그러나 지나간 운동의 궤적을 연결해서 보면 중복되지 않는 일정한 기하학적 무늬를 연출한다고 한다. 역사도 사건 자체를 예측하는 것은 힘들지만 그 사건들이 일으키는 연쇄 반응은 전체적으로 일정한 형태를 이룬다. 카오스 이론과 역사는 이런 점에서 비슷하다.

탱크 대 화학 무기

제1차 세계대전 때 개발된 신무기들

1914년에서 1917년까지 3년여 동안 전개된 제1차 세계대전은 유럽 전 지역이 전쟁에 돌입한, 당시까지로는 사상 최대의 전면 전쟁이었다. 그 피해를 보면 전사자가 대략 2200여만 명, 부상자가 2000만 명에 이르고 재산 피해가 1500억 달러였으며, 지출된 군사비만도 1800억 달러에 육박했다.

제1차 세계대전에서 이토록 엄청난 인명 피해가 발생한 것은 유럽 전 지역이 전쟁에 휩싸이는 등 그 규모가 엄청났기 때문이지만, 한편으로 산업혁명과 과학혁명의 결과가 전쟁에 동원되면서 이전에는 아무도 상상할 수 없었던 대량 살상 무기가 개발된 데에도 커다란 원인이 있었다. 그중에서도 탱크와 화학 무기가 바로 제1차 세계대전 초기에 처음 개발되었다. 전쟁의 양 주축인 영국과 독일이 각각 탱크와 독가스를 만들어 냈는데 이것은 절실한 전술상의 필요에 의해서였다.

최초로 전쟁을 선포한 독일은 참전 초기에 재래식 기마병과 보병을 위주로 작전을 전개했다. 이미 독일을 비롯한 교전국들은 성능이 우수한 대포와 기관총을 보유하고 있었지만 전술은 기병과 보병으로 이루어진

참호 속의 병사들 개전 초기 양측은 이 참호를 무력화하기 위해 특별한 무기들을 개발했다.

전통적인 행군 대열이 기본을 이루고 있었던 것이다.

그러나 독일군의 진격은 곧 정체 상태에 빠져 버렸다. 적군들이 저 지선에 가시철조망을 몇 겹으로 쳐 놓은 다음 그 뒤에서 참호를 파고 몸을 숨긴 채 기관총으로 응사하니, 기병이든 보병이든 더 이상 진격을 할 수가 없었던 것이다. 이미 자동차가 개발되어 있기는 했지만 진창과 곳곳에 널린 포탄 구덩이 때문에 무용지물이었다. 더구나 1미터 정도의 폭으로 길게 파여 있는 참호는 바퀴 달린 자동차로는 도저히 건널 수 없는 장벽이었다. 유일한 방법은 대포로 참호를 명중시켜 적군을 살상하는 것뿐이었는데 당시의 기술로는 이 또한 거의 불가능한 일이었다.

이렇게 새로이 등장한 참호 전술은 교전 당사국 모두에게 타격을 주었고, 각국의 참모 본부에서는 거의 동시에 이를 타개할 방법을 고민하기 시작했다. 당시 유럽에서는 산업혁명에 뒤이은 과학기술 혁명으로 각 분야에서 눈부신 혁신이 이루어지고 있던 때라 자연히 이들 첨단 과학기술을 전쟁에 어떻게 활용할 것인가가 관심의 초점이었다.

독일은 많은 물리 화학자를 배출해 낸 나라답게 화학적으로 합성한 독가스를 이용하는 방법을 고안해 냈다. 철조망을 치고 참호 속에 숨어 들어가 있는 적군들을 향해 공기보다 무거운 독가스를 흘려보내면 손쉽게 적지를 초토화할 수 있을 것이었다. 베를린의 육군성은 화학자 프리츠 하버(Fritz Haber)에게 이 연구를 의뢰했다. 하버는 유대인으로서 독일인들에게 증오의 대상이었지만 그가 이루어 놓은 업적 때문에 작업의 적임자로 여겨졌다. 하버는 제1차 세계대전 직전에 질소 비료의 원료인 암모니아를 인공적으로 합성해 내는 데 성공했던 것이다.

암모니아 합성은 식민지 쟁탈전이 날로 격화되고 전쟁이 불가피하다는 쪽으로 기울고 있던 시기에 독일로서는 매우 중요한 일이었다. 집약적 농업이 발달함에 따라 지력이 빨리 소모되고 그만큼 비료에 대한 의존도가 높아지고 있었는데 그 대표적인 것이 질소 비료였다. 그런데 질소 비료의 원료는 천연 질산칼슘으로, 대부분 남미로부터 수입되고 있었다. 만약 전쟁이 일어나게 되면 해상 수송로가 막히게 되고 자연히 원료 수급에 엄청난 차질을 빚게 될 것이었다. 하버는 이 점을 해결하기 위해 암모니아의 인공 합성을 시도하다가 공기 중의 질소와 수소로부터 이를 합성하는 데 성공했다.

하버는 독가스도 이렇게 외국에서 원료를 수입하지 않고 자체적으로 합성할 수 있어야 한다는 것에 연구의 중점을 두었다. 물론 독가스로서 역할을 하려면 독성이 강해야 하고 무엇보다도 공기보다 무거워야 했다. 그래야 독가스가 물처럼 흘러 적군의 참호 속으로 들어갈 것이기 때문이다.

하버는 곧 이 모든 조건에 적합한 화학 가스가 무엇인지 알아냈다. 바로 염소였다. 염소(Cl_2)는 독성이 아주 강해(물에 녹으면 염산이 된다), 이 기체를 들이마시면 곧바로 코나 기관지의 점막에 심한 통증을 느끼고 머지않아 사망에 이른다. 무게도 공기의 2.5배여서 참호 공격에 아주 적격이었고 운반에도 편리했다. 더구나 그 원료는 소금($NaCl$)으로, 독일에는 천연 암염 매장량이 매우 풍부했다.

이렇게 해서 독일은 1915년 4월 22일, 이플 전선에서 최초로 영국군 참호로 염소 가스를 흘려보냈다. 과연 그 효과는 대단해서 영국군들은 지독한 냄새를 풍기는 황갈색 가스가 참호 속으로 밀려들어오자 심한 기침을 하다 피를 토하며 죽어 갔다. 아침에 가스를 흘려보냈는데 점심때가 되기 전에 영국군은 5000명이 사망하고 1만 5000명이 가스 중독으로 전투력을 상실했으며 6000명이 포로로 잡혔다. 별다른 전투도 없이 이렇게 엄청난 전과를 거둔 것은 일찍이 없던 일이다.

한편 영국에서도 같은 시기에 비밀 기구인 '육선 위원회'(Landship Committee)에서 신병기 개발에 몰두하고 있었다. 기구 명칭에서도 알 수 있듯이 땅 위를 다니는 배를 만들겠다는 것인데, 이는 독일과 마찬가지로 철조망과 참호를 무력화하는 방안으로 고안된 것이었다. 그런데 묘하게도 영국인들도 독일인들처럼 농업 분야로부터 신병기의 아이디어를 빌려 왔다.

당시 영국 농촌에서는 트랙터가 개발되어 널리 활용되고 있었다. 이 트랙터는 자동차처럼 동그란 고무 바퀴가 달린 게 아니라 요즘의 탱크에서 보는 것과 같은 캐터필러(caterpillar)를 장착한 것이었다. 이는 이랑과 고랑의 높낮이 차이가 심하거나 깊은 진흙으로 된 밭에서 효과적으로 움직일 수 있게 하기 위한 장치였다. 육선 위원회는 트랙터 제조 회사인 윌

탱크 제1차 세계대전에 사용된 신예 무기인 탱크는 물탱크와 비슷하게 생겨서 붙여진 이름이다. 트랙터 제
조 회사인 윌리엄 포스터사에서 개발했다.

리엄 포스터사에 이를 원용한 신병기 개발을 의뢰했다.

　윌리엄 포스터사는 이미 트랙터 제조 경험이 축적되어 있었기 때문에 단지 몸체만 크게 하고 좀 더 두꺼운 철판을 써서 적의 공격으로부터 보호받게끔 만들면 되었다. 캐터필러가 단단한 강철로 되어 있으면 철조망 정도는 쉽게 짓뭉개고 지나갈 수 있을 것이고, 또 몸체의 크기가 충분히 크면 폭 몇 미터의 참호쯤은 그냥 건너갈 수 있을 것이었다. 더구나 몸체를 크게 하면 그 안에 병사들을 태워 이동시킬 수 있어 일석이조의 효과를 거둘 수 있었다. 그리고 이 신병기에 접근하는 적군은 몸체에 뚫린 작은 구멍을 통해 기관총을 발사함으로써 제압할 수 있을 것이었다.

　영국은 1916년 1월에 시제품을 만들어 비밀리에 실험을 해 본 결과 실제로 참호를 돌파하는 데 효과적인 병기임을 확인했다. 이때 이 신병기의 이름을 탱크라고 붙였는데, 생긴 모습이 커다란 물탱크와 닮은 데서 비롯된 것이다. 그해 9월 12일, 플레르 전선에 32대의 탱크가 투입되어 적군 참호를 완전히 무력화하는 데 성공했다. 이에 자신감을 얻은 영국군은 전쟁이 막바지에 이른 1917년 11월 20일 콩부르 전투에서 자그마치 500대의 탱크를 동원해 한나절 만에 참호 저지선 10킬로미터를 돌파하고 적군 1만여 명을 포로로 잡는 혁혁한 공적을 세웠다.

독일의 패전은 사실상 탱크전에서의 패배라고 해도 지나친 말이 아닐 정도로 탱크는 제1차 세계대전에서 위력을 발휘했다. 독일도 이 점을 뼈저리게 느끼고, 이후 제2차 세계대전 전까지 영국의 탱크를 능가하는 강력한 고성능 탱크를 개발하는 데 심혈을 기울이게 된다.

한편 독일군 측은 최초로 독가스 무기를 사용한 후 이 무기의 개발에 더 이상 심혈을 기울이지는 않았다. 화학 가스 무기는 바람이라는 자연조건에 절대적으로 좌우되기 때문에 전장에서 신속하게 활용하기에는 문제가 있었기 때문이다. 포탄에 넣어서 발사하는 방법을 생각하지 않은 것은 아니지만 당시 기술로는 포탄의 포신에는 화약을 장착하고 남는 공간이 별로 없었기 때문에 성공을 거두지 못했다. 오히려 이후 히틀러의 나치 당이 득세하면서 유대인인 하버는 외국으로 망명을 가 버렸고 제2차 세계대전 중에는 적군이 아니라 자국 내의 유대인들을 효과적으로 집단 학살하는 데 이 독가스가 이용되었다. 유대인들은 동족이 개발한 신무기에 의해 죽음을 당하는 비운을 맞은 것이다.

어떤 역사학자들은 전쟁은 비록 수많은 인명을 살상하는 부도덕한 일이지만 그 과정에서 과학기술이 발전하는 긍정적인 효과도 있다고 주장한다. 그리고 오늘날의 항공 우주 과학과 원자력 기술이 모두 제2차 세계대전 때 개발한 무기 기술로부터 파생된 것이라는 점을 증거로 든다.

하지만 제1차 세계대전은 그와는 반대로 평화시의 산업 기술이 전쟁 무기 개발에 이용된 경우이다. 제1차 세계대전은 이래저래 인류에게 별 보탬을 주지 않은 무모한 전쟁으로 기록되어야 할 것이다.

러시아 10월 혁명의 그날

볼셰비키와 레닌의 역할

소련이 고르바초프의 지도 아래 구체제를 청산하고 '페레스트로이카'라고 불리는 개혁과 개방의 대수술을 진행하던 1991년 8월 19일, 이에 반대하는 보수파 공산주의자들의 쿠데타가 발생했다. 이때 러시아 의사당 앞에서 장갑차 위에 올라 군중들에게 쿠데타 저지를 역설한 개혁파 지도자의 모습이 전 세계 신문을 타고 전해졌고 이를 계기로 그는 세계적인 유명 인사가 되었다. 그 뒤 그는 대중의 압도적인 지지를 얻어 대통령이 되었다. 바로 보리스 옐친이다.

옐친은 집권하면서 공산주의에 반대한다는 견해를 분명히 했고, 그에 따라 모스크바의 레닌 동상은 군중들에 의해 파괴되었다. 그런데 옐친이 장갑차 위에 올라 대중들에게 연설하던 모습은 실제로는 교묘하게 연출된 것이라는 사실이 밝혀졌다. 더욱 재미 있는 것은 옐친 자신의 독창적인 연출이 아니라 바로 그가 저주해 마지않는 레닌의 행동을 그대로 모방했다는 사실이다.

1917년 4월 16일 밤, 레닌은 오랜 망명 생활 끝에 혁명의 분위기로 가득 찬 도시 페트로그라드 역에 도착했다. 그가 역 구내에서 나오자 역

장갑차 위의 옐친 1991년 소련의 개혁파 지도자는 장갑차에 올라 연설한 뒤 유명 인사가 된다.

전 광장을 가득 메우고 있던 군중은 우뢰와 같은 함성과 박수를 보냈다. 이미 혁명에 가담한 병사들은 장갑 자동차를 가져와 레닌이 그 위에 올라가 연설을 할 수 있도록 배려했다. 장갑차 위에 오른 레닌은 군중을 향해 이렇게 말했다.

　"친애하는 병사와 노동자 여러분! 저는 여러분을 러시아 혁명의 승리자, 세계 프롤레타리아 군대의 전위로 보고 경의를 표하는 바입니다. 제국주의자들의 약탈 전쟁(제1차 세계대전을 가리킴)은 유럽 전역에 내란을 야기하고 있습니다. 세계는 사회주의 혁명의 여명을 향해 가고 있습니다. 독일은 전국이 들끓고 있습니다. 유럽의 제국주의는 얼마 안 가 무너져 버릴 것입니다. 여러분이 이루어 낸 러시아 혁명은 이미 새로운 시대를 열었습니다. 세계 사회주의 혁명 만세!"

서치라이트를 받으며 장갑차 위에서 열정적으로 연설하는 그의 모습은 어둠 속에 서 있는 군중들에게 글자 그대로 혁명의 화신으로 비쳤다. 그를 태운 장갑차는 천천히 역을 떠나 그가 해외에서 지도해 온 볼셰비키당 본부를 향해 움직였고, 수많은 군중들이 환호하며 그 뒤를 따랐다.

레닌이 지도하는 볼셰비키란 원래 사회민주당의 한 분파였지만 당시에는 사회민주당에서 완전히 갈라져 나와 하나의 독자적인 당 체제를 갖추고 있었다. 볼셰비키란 러시아어로 '다수파'라는 뜻이다. 그러나 1917년 당시의 러시아 제도권 정국에서 볼셰비키는 오히려 소수파였고 볼셰비키와 대립되는 '소수파'인 멘셰비키가 다수파를 이루고 있었다.

사회민주당이 볼셰비키와 멘셰비키로 분열된 것은 1903년 당 대회 때로, 당시의 논점은 당원의 자격에 관한 것이었다. 레닌은 당이 혁명의 중추 기관이 되어야 하며 그러기 위해서는 당이 직업적 혁명가들로 이루어져야 한다고 주장했다. 이에 반해 마르토프 등은 광범위한 대중을 당 주위로 결집하는 일이 우선되어야 하며 혁명이란 그런 뒤에야 따라올 수 있는 것이라는 주장을 굽히지 않았다. 이때 레닌의 지지자들이 다수를 이루고 있어 이들을 볼셰비키 분파로 부른 것이다.

하지만 1905년에 1차 혁명이 일어나고 사회민주당이 합법 정당이 되어 정부에 참여할 수 있는 길이 열리자 멘셰비키는 정부에 대거 참여하고 볼셰비키는 혁명을 계속할 것을 주장하며 이에 반대했다. 이렇게 해서 1917년에 이르기까지 적어도 제도권 정국에서는 멘셰비키가 주도권을 쥐게 된 것이다. 하지만 멘셰비키는 정부에 참여하는 순간부터 대중들로부터 멀어져 갔다. 멘셰비키 정부가 민중들의 생활 개선에 아무 역할도 하지 못했을 뿐만 아니라 제1차 세계대전에 참전하기로 결정함으로써 오히려 민중 생활을 더욱 압박했기 때문이다.

그렇다면 제도권 밖 투쟁 노선을 택한 볼셰비키가 대중들로부터 전폭적인 지지를 받았느냐 하면 반드시 그렇지는 않았다. 볼셰비키는 소수 정예 중심이었기 때문에 일반 대중들 중에는 사실 볼셰비키가 무엇인지 그 실체를 모르는 사람도 많았다. 러시아 혁명의 중심 세력은 볼셰비키라기보다는 민중들이 자발적으로 결성한 소비에트였다. 볼셰비키들은 이 소비에트 속에 들어가 그 결정을 주도하고 행동대의 역할을 하는 방식으로 혁명을 이끌었다. 레닌도 볼셰비키

레닌 혁명의 분위기가 고조된 가운데 러시아 각지에서 소비에트가 결성되었고 레닌이 중심이 된 볼셰비키가 이들을 혁명의 방향으로 이끈다.

당의 대표가 아니라 전 러시아 소비에트 의장의 자격으로 혁명 정부를 구성했던 것이다.

소비에트란 '평의회'라는 뜻으로, 민중들이 지역별, 직장별로 자발적으로 구성을 하고 대표를 선출했다. 1905년 혁명 때 파업 노동자들이 자신들의 대표부를 구성하기 위해 페트로그라드 노동자 대표 소비에트를 결성했으나 임시 정부에 의해 해체된 적이 있다. 그러나 1917년에 혁명의 분위기가 고조되자 러시아 각지에서 다시 소비에트들이 결성되었고, 이들이 모여 중앙위원회를 구성하는 데까지 나아갔다. 1917년 10월 혁명을 실질적으로 이끈 것은 바로 전 러시아 소비에트 중앙위원회였으며, 특히 '페트로그라드 노동자·병사 소비에트'가 선봉대 역할을 했다. 페트로그라드 역에서 레닌을 열광적으로 환영하고 장갑차를 준비한 이들이 바로 이 조직이었던 것이다.

민중들이 자발적으로 소비에트를 만든 것은 그렇게 할 수밖에 없는

볼셰비키 1917년 페트로그라드의 노동자 집회에서 볼셰비키가 연설하고 있다.

배경이 있었기 때문이다. 그것은 바로 러시아가 처한 현실이었다. 문제는 러시아가 제1차 세계대전에 참전하면서부터 배태되었다. 러시아는 막대한 재정을 지출하면서도 전투에서는 계속 패하기만 했다. 이에 따라 국민들의 사기가 저하된 것은 물론이고 정부 재정의 악화로 민중들의 생활이 대단히 어려워졌다.

1917년에 들어오자 민중들은 먹고살 '빵'을 구하기도 힘들어졌다. 특히 수도 페트로그라드는 밀가루 반입량이 이전보다 절반 이하로 줄었고, 시중에 나도는 우유로는 어린아이의 절반 정도밖에 먹일 수 없는 상태가 되었다. 빵과 우유를 배급받기 위해 배급소 앞에 늘어선 시민들의 행렬은 새벽부터 밤까지 이어졌다. 때마침 3월 8일은 '국제 여성의 날'이었다. 드디어 이날 여성들은 "빵과 우유를 달라."며 시위를 시작했고, 마치 봇물이 터지듯 순식간에 8만 명 이상의 공장 노동자들이 일터를 뛰쳐나와 시위 대열에 합류했다. 이날의 시위는 자연스럽게 파업으로 이어져 며칠에 걸쳐 페트로그라드는 마비 상태에 빠졌다. 이때의 시위 광경을 목격한 한 일본 대사관원은 이렇게 기록하고 있다.

"광장에는 수백 명의 군인들이 군중을 막고 있고 한편에서는 기병들이 젊은 장교의 지휘 아래 군중들을 거칠게 해산하고 있다. 곧이어 기병이 물러서자 2열 횡대의 근위병들이 일제히 총을 발사했다. 그러나 노동자들은 조금도 움직이지 않았다. 그들은 혁명가를 소리 높이 부르고 '자유를, 시민의 행복을, 조국 러시아의 부흥을!'이라고 외치며 그 자리에 그대로 서 있었다."

이러한 분위기 속에서 전장에서 패하고 돌아온 병사들이 부대에 복귀하지 않고 민중들의 시위에 가담하기 시작했고 '페트로그라드 노동자·병사 소비에트'가 결성되었다. 그리고 6월에는 전 러시아의 소비에트 대표들이 페트로그라드에 모여 제1차 전 러시아 소비에트 대회가 열린다. 이들이 결의한 요구 사항은 '빵과 평화와 토지를 달라.'는 것이었다. 그리고 연일 계속되는 소비에트의 시위행진 속에서 정부의 행정력은 점차 마비되어 갔고, 마침내 10월에 이르러 소비에트는 껍데기만 남은 정부를 인수하게 된다.

결국 러시아 사회주의 혁명을 이룩한 것은 러시아의 민중들이고 그들의 자생적 조직인 소비에트가 그 주체였다. 물론 레닌과 볼셰비키가 이 소비에트에 '침투'해 들어가 자신들이 원하는 방향으로 이끌려고 노력한 것은 사실이다. 하지만 레닌도 러시아 혁명이 성공하고 난 뒤에 "나 자신도 혁명의 순간이 이렇게 빨리 다가오리라고는 생각하지 못했다."고 술회했다고 한다. 러시아 혁명은 레닌이 기획하고 연출했다기보다는 민중들이 스스로 선택한 것이었다.

제2차 세계대전과 원자 폭탄의 비극

모험적 정치 논리에 희생된 과학자의 양심

1945년 8월 6일 오전 8시 15분, 일본 히로시마 상공에서는 여느 때와 다름없이 미군의 B-29 폭격기가 공습을 시작했다. 그즈음 일본인들은 거의 날마다 적기의 공습 사이렌 소리를 들었기 때문에 별로 긴장하지 않았을 것이다. 하지만 이 폭격기에서 투하된 폭탄은 인류가 일찍이 경험한 적도 없고 상상하지도 못했던 괴력을 가진 폭탄, 바로 원자 폭탄이었다.

폭탄이 폭발하는 그 순간 눈을 뜰 수 없을 만큼 강한 섬광과 함께 섭씨 수백만 도의 열기와 강력한 폭풍이 휘몰아치고, 대기 중으로는 거대한 버섯구름이 피어올랐다. 이 한순간의 폭발로만 중심에서 10킬로미터이내가 완전히 잿더미로 변했고 6만 수천 명이 즉사했다. 이는 원자 폭탄을 만든 과학자들 스스로도 놀라기에 충분한 결과였을 것이다. 그들은 핵분열의 원리를 알았고 모의 폭발 시험도 해 봤지만 실제로 폭탄이 도시 한가운데서 폭발하는 것은 한 번도 본 적이 없었으니까.

원자 폭탄의 위력에 겁먹은 일본은 며칠 지나지 않아서 무조건 항복을 선언했고 제2차 세계대전은 종결되었다. 그리고 50년이 지난 1995

히로시마 원자 폭탄이 터진 뒤 폐허가 된 모습이다.

년, 미국의 대표적인 국립 박물관인 스미스소니언 협회(Smithsonian Institution)가 종전 50주년을 기념해 '제2차 세계대전과 원자 폭탄'이라는 주제로 전시회를 개최하려고 했다. 그러나 이 전시회는 미국인들 사이에 격렬한 논쟁을 불러일으키고는 그 여파로 흐지부지되어 버리고 말았다. 논쟁의 핵심은 당시에 원자 폭탄을 사용한 것이 과연 정당했는가 하는 점이었다.

미국의 보수주의자들은 원자 폭탄을 사용했기 때문에 미국이 빠른 시일 안에 일본을 항복시킬 수 있었다고 주장한다. 당시 일본군은 글자그대로 싸우고 또 싸우다 정 안 되면 모두 자살해 버리는 이른바 옥쇄(玉碎) 작전으로 나왔기 때문에 만약 미군이 그냥 일본 본토에 상륙하려고 했다면 많은 희생을 치러야 했을 것이라는 얘기다. 실제로 1944년 7월의 사이판 전투, 8월의 티니안 전투와 괌 전투에서 미군이 모두 승리를 거두었지만, 이때 일본군은 항복하지 않고 전원이 '옥이 부숴지듯' 장렬하게 죽음을 택해 미군의 피해도 적지 않았다.

하지만 이 주장에는 맹점이 있다. 1945년 8월 당시의 일본군 형편을 보면 공군력은 거의 제로 상태에 있었고 해군 함정도 전투에 투입될 만한 것은 거의 없었다. 이에 비해 미군의 공군력과 해군력은 일본 열도를 포위하고 자유자재로 폭격을 할 수 있을 정도로 일본을 압도하고 있었다. 객관적인 전력으로 보아 이미 전쟁은 끝난 것이나 마찬가지였다. 따라서 원자 폭탄의 사용은 손발이 다 잘려 신음하고 있는 적군에게 망치를 휘두른 격이다. 그렇다면 미국은 왜 이토록 잔인한 수단을 동원했던 것일까?

우선 생각할 수 있는 것은 소련이 대일전에 참전하면서 생긴 국제적 역학 관계의 미묘한 변동이다. 연합군을 이끌고 있던 영국과 미국은 전쟁 초기에는 소련에게 전쟁에 참가하라고 적극적으로 다그쳤다. 소련이 연합군의 일원으로 참전하게 되면 독일은 동서 양측으로부터 공격받는 상황이 되고 일본도 남북 양측으로부터 압박을 받게 되기 때문이었다.

그러나 소련의 사회주의 정권은 제1차 세계대전에 반대하면서 혁명을 이끌어 집권한 정부였고 그 연장선상에서 제2차 세계대전도 기본적으로 자본주의 국가들 간의 식민지 쟁탈전이라고 보고 있었기 때문에 쉽사리 전쟁에 끼어들려고 하지 않았다. 그러다가 독일이 먼저 소련을 침공하자 마지못해 유럽 전선에 참전해야만 했다. 그러자 영국의 처칠 수상과 미국의 트루먼 대통령은 스탈린에게 극동의 대일전에도 참가할 것을 여러 차례 강요했다. 결국 스탈린은 얄타 회담에서 독일이 항복해 유럽 전이 종결되면 그로부터 3개월 이내에 대일전에 참전하겠다고 약속했다. 그리고 실제로 독일이 항복한 지 정확하게 3개월이 되는 날인 1945년 8

월 9일 소련의 시베리아군과 극동 함대는 대일전에 참전했다.

그러나 독일이 항복한 뒤 3개월 동안 국제 정세는 이상한 방향으로 흐르고 있었다. 영국·미국·소련 간의 전시 협동 체제에 금이 가기 시작한 것이다. 연합군이 점령한 독일 지역 중 소련과 국경을 접하고 있는 동유럽에서는 친소련적인 사회주의 정권이 수립될 기미를 보이고 독일 자체도 미국과 소련 양 진영으로 분단될 조짐이 일었다. 자본주의와 사회주의 진영 사이에 이른바 냉전이 시작되고 있었던 것이다.

미국이 보기에 만약 소련이 시베리아에서 남하해 중국과 일본을 점령한다면 여기에서도 유럽과 비슷하게 친소련적 사회주의 정권이 들어설 가능성이 높았다. 이를 막기 위해서는 어떻게든 미군이 소련군에 앞서 이들 지역을 접수해야 하는데, 미국 본토는 멀리 태평양 건너에 있어 아무래도 소련군을 앞지르기에는 무리였다. 더구나 일본군은 패색이 짙어지자 소련군에 별다른 저항도 하지 않고 있었다.

원자 폭탄은 미국이 이런 난처한 처지를 한 번에 해결하기 위해 사용한 비장의 카드였다. 미국의 입장에서 보면 원자 폭탄 때문에 일본은 소련군이 일본 영토에 발을 들여놓기 전에 일찌감치 항복했고 이는 천만다행스러운 일이었던 것이다. 그리고 그 후 한반도에서 미국과 소련이 세력권을 확보하기 위해 치열하게 경쟁하다가 마침내 전쟁에 돌입하게 된 것을 보더라도 이 시나리오는 타당성을 지닌다고 하겠다.

결국 원자 폭탄의 사용은 제2차 세계대전 자체의 논리에 의해서가 아니라, 이후 20세기 후반을 규정하게 될 국제 질서의 준칙인 동서 냉전의 논리에 의해서 모험적으로 실험된 정치 게임이었다. 이것이 '모험적'인 이유는 원자 폭탄의 파괴력이 너무도 엄청나서 단 한 번의 피폭으로도 회생 불능의 타격을 입는다는 사실을 보여 주었기 때문이다. 따라서

원자 폭탄을 개발한 과학자들 위에서
부터 페르미, 오펜하이머, 텔러이다.

상대방이 원자 폭탄을 소유하고 반격 능력이 있는 한 그 나라에 대해 원자 폭탄 공격을 가하는 것은 불가능하다는 결론이 나온다. 단 한 방의 반격만 받아도 괴멸적인 타격을 입게 되기 때문이다. 결국 원자 폭탄 공격으로부터 자신을 보호하는 최선의 방법은 스스로 원자 폭탄을 소유하는 것이 된다. 실제로 1949년 소련이 원자 폭탄 개발에 성공함으로써 이를 증명했다. 이렇게 해서 원자 폭탄을 소유함으로써 그 사용을 억제한다는 이른바 '핵 억지 전략'이 성립되었다.

핵 억지 전략에 따르면 전혀 사용하지 않을 쓸모없는 물건을 반드시 가져야만 한다. 이것은 아마도 훗날 인류 역사에 20세기 최대의 역설로 기록될 것이다. 이러한 상황을 만든 것은 물론 정치가들이지만 핵무기의 개발에 참여한 과학자들의 윤리성 문제도 지나쳐 버릴 수는 없다.

1938년 독일의 과학자 오토 한과 슈트라스만이 당시 주기율표의 맨 마지막에 들어 있는, 원자량이 가장 무거운 물질인 우라늄이 중성자와 충돌하면 절반으로 쪼개지고 이때 여분의 중성자가 생성되어 연쇄적으로 다른 우라늄 핵들을 쪼갠다는 사실을 발견했을 때만 해도 무기를 만드는 데 이것을 응용할 생각을 하지는 않았다. 그러나 이 발견이 널리 알려지면서 핵분열 연쇄 반응에서 발생되는 막대한 에너지를 무기에 응용할 수 있다는 생각이 제기되었다. 이것을 인지한 과학자는 덴마크의 물리학자 닐스 보어, 이탈리아의 물리학자 페르미, 당시 미국에서 활동하고 있던 아인슈타인 등이었다. 이들은 핵무기의 제조 가능성을 미국 정부에 보고했고 이에 따라 미국은 '맨해튼 계획'이라고 알려진 비밀 핵무기 제조 계획에 착수하게 된다. 흔히 우리는 이들 과학자들이 핵분열이라는 과학적 사실만을 발견했을 뿐 핵무기를 제조한 것은 아니라고 알고 있지만, 이들이 어떤 형태로든 핵무기 제조에 가담한 것은 사실이다.

이들이 미국 정부에 핵무기 제조를 조언한 것은 독일이 먼저 이를 개발할 것을 두려워했기 때문이라고 한다. 만약 독일이 먼저 핵무기를 개발해서 런던 시내에 투하했다고 생각하면 등골이 오싹해지는 일이기는 하다. 그러나 이후의 핵 억지 이론에서 드러났듯이 핵무기를 막기 위해 핵무기를 개발한다는 것은 어리석은 일이었다. 더구나 그들이 모두 노벨상을 수상한 세계 최고의 과학자들이라는 점에서 핵무기의 파괴력을 예상하고 이를 미리 막지 않은 것은 도덕적으로 비난받아 마땅할 것이다. 이들은 뒤늦게나마 자신들의 잘못을 깨닫고 1950년대 이후 핵무기 반대 운동에 앞장섰지만 이미 강대국들의 핵무기 경쟁을 막기에는 역부족이 되어 버린 상태였다.

20세기에 부활한 마녀사냥

매카시 선풍

1997년에 한국으로 망명한 전 북한노동당 비서 황장엽 씨는 "한국 사회 곳곳에, 심지어 정부 안에도 북한의 첩자가 활동하고 있다."고 말해 한국 사회를 발칵 뒤집어 놓은 바 있다. 황 씨의 이런 엄청난 주장이 사실인가 하는 것은 그가 구체적인 명단을 제시하지 않는 한 검증되기 어려울 것이다. 아마 영원히 검증되지 않을지도 모른다. 그런데 황 씨의 이러한 주장은 1950년 미국 상원 의원 조지프 매카시가 의회에서 터뜨린 폭탄 발언과 놀랄 만큼 비슷하다.

1950년 2월 9일, 검사 출신의 공화당 상원 의원인 매카시는 웨스트버지니아의 한 작은 도시에서 열린 여성 당원 대회에서 느닷없이 "국무부 내에 공산주의자와 그들의 스파이망이 침투해 몰래 활동하고 있다. 지금 그 이름을 모두 밝힐 수는 없지만 나는 205명의 명단을 갖고 있다."고 폭로했다. 결과적으로 봐서 그는 실제로 명단을 갖고 있었던 것은 아니고 아마도 자신의 발언에 신빙성을 높이기 위해 구체적인 숫자를 제시했던 것 같다. 하지만 그의 발언이 나가자 바로 다음 날 조간신문의 톱기사는 모두 그의 발언으로 뒤덮였고, 미국 사회 전체가 그의 발언으로 들끓었다. 정부의 핵심 부서 안에 수백 명의 적들이 침투해 있다는 것은 만약 그것이 사실이라면 글자 그대로 국가적 위기였으므로 어쩌면 이러한 현상은 자연스러운 것이었다.

그런데 매카시가 자신이 갖고 있다고 한 205명의 명단을 밝히길 거부하면서 사태는 이상한 방향으로 흐르기 시작했다. 긴급히 소집

조지프 매카시 냉전의 흐름 속에서 매카시와 같이 정치적으로 반공을 이용하려는 인물도 등장한다.

된 청문회에서 그는 명단 공개는 하지 않은 채 자신의 행동이 미국의 현실과 장래를 걱정하는 애국심에서 나온 것이라며 오히려 민주당 정부의 실정에 대해 맹렬한 비난을 퍼부은 것이다. 청문회의 규칙에 따르자면 그는 핵심을 회피한 것이었지만, 이상하게도 여론은 전폭적으로 그의 편이 되어 주었다.

여론의 지지를 등에 업은 매카시는 기세가 등등해졌다. 대중들 앞에 나가 핏대를 올리면서 "도처에 빨갱이들이 날뛰고 있다."며 흥분하기만 하면 대중들도 그를 따라 "빨갱이를 몰아내자."며 열광했다. 더구나 때마침 한국 전쟁이 발발했기 때문에 그의 주장이 사실인지 아닌지 가려야 한다는 이성적인 목소리는 열정에 찬 반공 캠페인 속에 묻혀 버렸다.

그러나 매카시는 자신이 갖고 있다고 한 명단에 대해 무작정 입을 닫고만 있을 수는 없는 일이었고 다만 몇 명이라도 사람의 이름을 제시해야만 했다. 결국 그는 정부 내의 수많은 공직자들을 아무 증거 없이 공산주의자로 지목했고, 더욱 충격적인 것을 원하는 대중의 요구에 따라

전임 대통령 루스벨트와 현직 대통령 트루먼에게도 화살을 겨누었다. 논리는 간단했다. 제2차 세계대전에서 국제 공산주의의 아성인 소련과 협력해 전쟁을 치렀으니 당연히 그들도 공산주의 동조자 혐의를 피할 수 없다는 것이었다.

매카시에 의해 붉은색 딱지가 붙여진 사람은 곧바로 사회에서 매장당했다. 따라서 일단 지목이 된 당사자는 있는 힘을 다해 자신의 무고함을 변명해야 했는데, 이성을 잃은 대중들 앞에서 아무리 논리 정연하게 결백을 증명해 봤자 헛수고였다. 유일한 탈출구는 자신이 아는 다른 공산주의자를 고발함으로써 잘못을 속죄하는 것이었다. 이것은 완벽하게 중세 암흑시대의 '마녀재판'을 복제한 것이었다.

미국인들이 이렇게 광적인 반공주의에 사로잡히게 된 것이 단지 매카시 한 사람의 선동에 의한 것이 아님은 물론이다. 사실 매카시는 1945년 제2차 세계대전 이후 미국 사회에 널리 퍼져 있던 '공산주의 공포증'을 이용한 것에 지나지 않았다. 무엇이 미국인들로 하여금 공산주의에 대해 극도의 공포심을 갖게 한 것일까?

제2차 세계대전은 파시즘 대 반파시즘 전쟁으로, 결국 반파시스트 연합국의 승리로 귀결되었다. 하지만 한편으로 제2차 세계대전은 소련이라는 반자본주의 강대국의 출현을 알리는 전쟁이기도 했다. 그 결과 미국은 항복한 독일 영토를 소련과 절반씩 나눠 가져야 했고 유럽에는 동서를 나누는 '철의 장막'이 쳐졌다. 세계 제일의 강대국으로 떠오른 미국에게는 무척 자존심이 상하는 일이었다. 1949년에는 엄청난 넓이의 중국 대륙마저 모택동이 이끄는 '빨갱이'의 수중에 떨어졌다. 소련은 미국만이 가지고 있다고 믿어 온 원자 폭탄 개발에 성공했다는 소식도 들려왔다. 이런 식으로 가다가는 공산주의자들이 미국마저 먹어 치

우려고 달려들지도 모를 일이었다. 이때부터 일
부 정치인들은 실제로 미국 내에 공산주의자들
이 침투해 활동하고 있다는 주장을 공공연
히 하기 시작한다.

　표적 찾기에 혈안이 된 반공주의자들
에게 첫번째로 걸려든 것은 영화였다. 찰리
채플린은 당시에는 유성 영화에 밀려 이미 한물
간 원로가 되어 있었지만, 그가 1947년에 제작
한 〈살인광 시대〉가 문제였다. 대공황으로 실직
한 한 말단 은행원이 노처녀나 이혼녀에게 접근
하여 돈을 빼앗고는 죽여 버리는 것을 업으로 삼
는다는 줄거리인데, 대중적으로 전혀 주목을
받지 못하고 있었다. 그러나 반공주의자
들의 눈에 이것은 분명히 체제를 비판하
는 것이었다. 특히 그는 일찍이 〈모던 타

찰리 채플린 반공주의자들의 선동에
원로 영화인인 채플린도 곤욕을 치른다.

임스〉에서 자본주의에 의해 인간성을 상실해 가는 공장 노동자를 풍자한
전력(?)도 있던 참이었다.

　채플린을 탄핵하는 데 앞장선 사람은 지금까지도 가장 미국적인 배
우로 존경받는 존 웨인(당시 '반공 영화 동맹' 회장), 1980년대에 대통령을
지낸 로널드 레이건(당시 '영화 배우 조합' 대표) 같은 이들이었다. 이들의
선동에 의해 채플린은 1952년 국외로 추방되었고, 의회에는 '반미 활동
조사 위원회'가 구성되었다. 이 위원회는 19명의 저명한 영화인들에게
청문회 출석을 통고했는데 통고를 받은 당사자들로서는 기가 막힌 일이
었다. 자신이 무슨 주의자라는 것을 증명하는 것은 쉬운 일이지만 무슨

주의자가 아니라는 것을 증명하기란 좀처럼 쉬운 일이 아니었기 때문이다. 결국 이들 중 10명은 "창작의 자유를 침해당할 수 없다."는 이유로 출석을 거부했고 '의회 모독죄'로 구속되어 유죄 판결을 받았다.

이러한 음산한 분위기 속에서 매카시가 등장한 것이다. 그는 영화계에 쏠려 있는 대중들의 관심을 일거에 정치계로 돌리려 했고, 그의 시도는 의도한 것 이상으로 엄청난 성공을 거두었다.

그런데 미국의 대중들이 이렇게 비이성적인 반공 히스테리에 휘둘리게 된 원인이 오직 사회주의권이 강력하게 등장한 국제 정세에만 있는 것은 아니었다. 좀 더 근원적인 배경은 미국이 처해 있던 경제 상황이었다. 1929년 대공황으로 하루아침에 알거지가 되어 길거리에 나앉았던 사태는 미국인들의 뇌리에 끔찍한 악몽으로 남아 있었는데, 제2차 세계대전이 끝나자 그때와 비슷한 상황이 재연될 조짐을 보였던 것이다.

제2차 세계대전은 미국을 세계 제일의 경제 대국으로 만들어 주었다. 그러나 그것은 전쟁으로 생긴 막대한 수요를 토대로 하여 가능했던 것이다. 그래서 전쟁이 끝나자 미국의 자본들은 당장 과잉 생산의 위기에 부닥치게 되었다. 대중들에게는 실업의 공포가 서서히 밀려들기 시작했고 이것은 곧바로 정부에 대한 반감으로 바뀌어 갔다. 야당 처지에 있던 공화당의 우익 정치인들이 이러한 대중들의 불만을 가장 효과적으로 선동하는 방법이 반공 캠페인이라는 것을 깨닫는 데는 그리 오랜 시간이 필요하지 않았다.

그렇지만 매카시는 좀 지나쳤다. 대중들의 뜨거운 지지에 기고만장해진 그는 마침내 자기 당 출신 대통령인 아이젠하워마저도 공격하기 시작했고, 끝내는 국가의 방위를 책임지고 있는 군대 안에도 공산주의자가 있다고 몰아붙였다. 공화당도 이제는 더 이상 참을 수 없게 되었다. 1954

년 그가 지목한 육군 장성들에 대한 청문회가 열렸고, 이 청문회는 36일 동안 전국에 생중계로 방영되었다. 육군 측 변호사들의 집요한 추궁에 매카시는 내내 허풍에 찬 주장만 펼쳤으며, 대중들도 이제 더는 그의 선동에 귀를 기울여 주지 않았다. 동료 정치인들도 더 이상 그의 편이 되어 주지 않았다. 효용성이 상실된 폐품으로 전락한 그는 쓸쓸히 술독에 빠져 세월을 보내다가 알코올 중독으로 세상을 떠났다.

이렇게 해서 1950년대 초반 미국 사회를 광풍에 휩쓸리게 했던 매카시즘은 종말을 고했다. 그렇지만 그 상처는 아직도 미국 사회에 깊이 남아 있다. 유럽에서는 극심한 동서 냉전 속에서도 사회주의를 표방하는 정당이나 학자나 예술가들이 아무 제약 없이 활동해 왔고 지금도 그렇지만 미국에서 사회주의는 씨가 말라 버려서 그 그림자조차도 찾아보기 힘든 상황이 이를 말해 준다.

상류층 클래식에 도전한 대중음악

로큰롤의 탄생

오늘날 한국의 젊은이들에게 록(rock) 음악이라는 것은 어느 특정한 장르를 가리키는 말로 이해되는 것 같다. 전자 기타와 드럼의 귀청 찢어지는 듯한 연주에다 남녀를 구분할 수 없는 긴 머리와 가죽옷 등으로 치장한 연주자들의 모습이 아마도 록 음악이 연상시켜 주는 일반적 인상일 듯싶다. 록은 로큰롤(록 앤드 롤:rock and roll)에서 분화된 여러 갈래 중 하나이다. 그렇다면 로큰롤이란 어떤 음악일까? 한마디로 서양의 대중음악 전체를 가리킨다고 할 수 있다.

로큰롤은 1950년대 중반에 미국과 유럽에서 갑자기 나타나 서구의 음악계를 평정해 버린 뒤 그 여세를 오늘날까지 이어 오고 있다. 여기서 '서양의 음악계를 평정했다.'는 말은 조금 부적절한데, 왜냐하면 그 전까지 서양의 음악계라는 것이 일부 귀족과 상류층에 한정된 채 이루어져 있었고 일반 대중들이 함께 누리는 공동의 음악 장르는 아예 없었기 때문이다. 따라서 로큰롤은 이전에 존재하던 어떤 것을 대체하고 들어선 것이 아니라 아무것도 없는 무의 상황에서 유를 창조한 것이었다.

로큰롤이 등장하기 전의 서양 음악은 오케스트라의 연주와 오페라가 주류였다. 오늘날 우리는 이런 음악을 클래식(classic)이라고 부르는데, 글자 그대로 서양의 '고전적인' 음악이고 따라서 그 감상은 귀족과 상류층의 전유물이었다. 오늘날 동양인들이 유럽 여행 중에 운동화와 점퍼 차림으로 오페라 극장에 들어가려다 정문에서 제지당하곤 하는 것은 그런 귀족적 격식이 아직 남아 있어서이다.

그렇다고 일반 평민들이 즐기는 음악이 전혀 없었던 것은 아니다. 유럽에서는 오래전부터 평민들 사이에서 민담이나 전설에 적당한 곡조를 붙여 암송하는 전통이 내려오고 있었는데, 이것을 발라드(ballad)라고 했다. 그러나 이 발라드는 지방에 따라 가사와 곡조의 차이가 심해서 지방 차원을 뛰어넘어 통용되는 장르로는 발전하지 못했다. 더구나 발라드는 기본적으로 농경 시대의 생활 기반에서 생겨난 느린 곡조의 음악이었기 때문에 산업혁명에 의해 조성된 빠른 공장 생활과는 어울리지 않는 측면도 있었다.

이렇듯 고전과 전통의 속박에 얽매여 있던 음악에 변화가 일기 시작한 곳은 미국이었다. 유럽에서 건너간 이주민들 중에도 물론 상류층은 클래식 음악을 그대로 가져갔지만 가혹한 자연조건과 인디언이라는 장벽에 몸을 부딪치며 서부로 나아간 개척자들은 그들 나름의 음악을 만들어 냈다. 그들의 출신으로 보아 발라드의 영향을 전혀 벗어난 것은 아니지만 확실히 미국적이라고 할 수 있는 음악이 형성되었는데, 이것이 이른바 '컨트리 앤드 웨스턴'(country and western)이다. 흔히 줄여서 컨트리 음악이라고 하는 것인데, 1997년 비행기 사고로 죽은 존 덴버의 노래가 대표적이다.

미국에서는 유럽과 전혀 다른 음악 환경이 하나 더 있었는데 바로 흑인 음악이다. 원래 노예로서 미국으로 이주한 흑인들은 유럽의 음악

재즈 오케스트라 흑인 음악에서 리듬 앤드 블루스가 생겨났고 이
것이 발전하여 재즈가 되었다.

전통으로부터 완전히 자유로울 수 있었고 오히려 어느 정도는 아프리카 토속 음악의 전통을 보존하고 있었다. 힘든 노동에 시달리던 그들이 음악을 접할 수 있는 유일한 곳이 어디였을까? 바로 교회였다. 교회의 목사나 선교사들은 대부분 백인이었지만 문맹인 흑인들에게 유럽식 고급 찬송가를 가르치는 것은 무리였다. 그래서 흑인들의 음악적 특성에 맞게 찬송가를 적당히 고쳐 부를 수밖에 없었다. 여기서 나중에 로큰롤의 모태가 될 중요한 음악이 생겨나는데, 이것이 바로 '리듬 앤드 블루스'(rhythm and blues)였다. 흔히 'R & B'로 줄여서 부르는 이 경쾌하고 율동적인 음악은 그 나름으로 발전해서 재즈(jazz)가 되어 오늘날에 이르고 있다.

이렇게 나타난 두 음악적 흐름, 곧 '컨트리 앤드 웨스턴'과 '리듬 앤드 블루스'가 결합해서 로큰롤이라는 엄청난 파괴력을 지닌 대중음악이 만들어지게 된다. 그러나 이것은 그냥 이루어질 성질의 것이 아니었다. 1, 2차 세계대전이라는 인류 최대의 비극을 겪고 나서야 비로소 그 결합이 현실화될 수 있었다.

20세기 초는 이미 서양 각국이 산업혁명을 완수하고도 한참 지난 시점이다. 산업혁명은 엄청난 수의 공장 노동자를 양산해 낼 수밖에 없었는데, 공장 노동자라는 새 계급은 이전 중세 시대의 농노에 비해 훨씬 자유로운 처지였다. 누구에게도 구속받지 않은 채 자유로운 계약에 의해 취업이 되고 신체의 자유는 완전히 보장되었다. 더구나 돈만 벌면 누구나 상류 계층으로 신분 상승을 할 수도 있었다. 하지만 이것은 가능성이 있다는 것일 뿐이지, 실제로 그렇게 된 것은 아니었다. 노동자들은 탐욕스런 자본가들에 맞서 힘겨운 투쟁을 해 나가야만 했다. 더욱이 문화적으로는 여전히 혜택받지 못하는 하류 계층에 머물러 있었다.

그런데 1, 2차 세계대전은 노동자들에게 오로지 노동력만이 아니라 전투력의 기본 단위로 역할을 부여했고, 이것이 노동자들의 지위를 상승시켜 주었다. 1, 2차 세계대전은 이른바 총력전이라는 새 개념을 도입하게 했는데, 이는 국가의 구성원이 모두 전쟁이라는 한 가지 목적을 위해 재편성되는 것을 의미하는 것이었다. 따라서 만약 한 국가가 전쟁에서 승리했다면 그 공은 전투력의 상당 부분을 담당한 노동자들에게도 있는 것이었다. 만약 병사들이 전쟁터에서 전쟁 거부 파업을 벌였다면 어떻게 되었겠는가.

따라서 전쟁이 끝나자 여성 노동자를 포함해 전체 노동자들의 지위는 이전에 비해 훨씬 상승되어 있었다. 특히 최대 전승국인 미국의 병사들은 승전의 기쁨을 안고 의기양양하게 고향으로 돌아갔다. 그러나 그들의 변화된 지위에 걸맞은 문화적인 욕구를 채워 줄 장치는 아무것도 없었다. 그들은 불만을 분출할 탈출구가 필요했고 그에 가장 적합한 것이 바로 음악이었다. 이렇게 해서 백인 하층민들의 '컨트리 앤드 웨스턴'과 흑인들의 '리듬 앤드 블루스'가 자연스럽게 결합되어 '로큰롤'이 탄생한 것이다.

로큰롤은 대중들의 음악이었기 때문에 형식과 내용이 간소하고 자유분방했다. 기존의 오케스트라나 합창단과 달리 최소한 기타와 드럼과 보컬리스트 1명만 있으면 구성할 수 있었고, 악보가 있어도 그에 구애받지 않고 즉흥적으로 연주하는 일이 흔했다. 가사도 자신들이 평소 술집에서 지껄이던 음담패설이나 잡담이면 충분했다. 춤도 왈츠나 탱고와 같은 격식 차린 것은 다 던져 버리고 제멋대로 몸을 흔들기만 하면 되었다.

　　로큰롤의 이 모든 성격을 한마디로 말한다면 기성 상류층의 고급 문화에 대한 저항이었다. '록 앤드 롤'의 뜻이 '부딪치고 돌린다.'인데, 이것은 민중들 사이에서 성행위를 암시하는 속어였다. 이런 속어를 공공연하게 음악 장르에 갖다 붙인 것 자체가 본능적인 욕구는 감춘 채 도덕적인 척하는 기성 문화에 대한 직설적인 공격이었다.

　　로큰롤의 급속한 확산과 함께 처음으로 대중들 속에서 대중들의 우상이 탄생하기도 했다. 미국의 엘비스 프레슬리와 영국의 비틀스가 그들이다. 이들이 대중들로부터 받는 인기는 가히 폭발적이어서, 때마침 발전을 거듭하던 방송 기술의 도움으로 로큰롤은 단번에 주류 음악으로

비틀스와 엘비스 프레슬리 로큰롤의 확산으로 대중의 우상이 된 가수들이다.

떠올랐다. 이제 클래식 음악은 주류의 자리를 내주고 변방으로 물러앉을 수밖에 없게 되었다. 이것은 분명히 상류층 문화에 대한 대중문화의 승리였다.

로큰롤이 대중적으로 성공함에 따라 곧이어 상업적 성공도 뒤따랐다. 그리고 음악도 하나의 산업으로 변모하기 시작했다. 그 결과 세련미가 한층 강화되고 다양한 갈래로 분화, 발전하는 등 음악적으로 성숙한 단계에 도달했다. 하지만 단순히 한몫 잡기 위해 로큰롤에 뛰어드는 음악가들도 양산되었고, 그에 비례해서 주류 로큰롤의 저항적 성격은 사라져 갔다. 엘비스 프레슬리 같은 초대 대중 스타마저도 후기에 이르면 저항성을 완전히 탈색하고 나긋나긋한 목소리로 달콤한 연애 이야기만 불러 댔다.

그러나 소수이긴 하지만 로큰롤의 저항적 성격을 고수한 이들도 있다. 1960년대부터 활동을 시작한 음악가 밥 딜런이 그러한 경우인데, 60년대 초반에 그가 작곡하고 노래한 'Blowing in the wind'는 흑인 민권운동 가요로 널리 애창되었다. 우리나라에서도 개사되어 60, 70년대 학생 운동에서 널리 불린 바 있다.

사회주의, 역사의 뒤안으로 사라지다

페레스트로이카와 글라스노스트

1989년, 미국에서 활동하고 있던 일본인 역사학자 프랜시스 후쿠야마는 『역사의 종말』이란 책에서 "인류의 이데올로기 진화는 이제 종착점에 도달했다."고 선언했다. 즉, 현재의 자본주의와 그에 바탕을 둔 자유민주주의 정부 형태는 인류가 도달할 수 있는 최고 체제이며, 그 이상의 발전된 형태는 없을 것이라는 주장이다. 이것은 다름 아니라 소련과 동유럽에서 사회주의가 완전히 폐기 처분된 상황을 두고 한 말이다. 카를 마르크스 이래 사회주의자들은 그들의 변증법적 역사관에 따라 줄기차게 자본주의 이후의 진보된 사회 형태로서 사회주의와 공산주의를 주장해 왔던 것이다.

후쿠야마가 의기양양하게 승리를 호언장담할 정도로 오늘날 사회주의는 초토화되어 버렸다. 그런데 제2차 세계대전 이후 40년 동안 기세등등하던 사회주의 국가들이 왜 이렇게 한꺼번에 몰락해 버리게 된 것일까? 당연히 그렇게 될 일이었다고 하면 간단하기는 하지만 그것은 '역사학적 사고방식'과는 거리가 멀다. 그렇게 되게 한 인물이 있었다. 바로 1985년에 소련 공산당 서기장이자 최고인민회의 의장으로 선출된 미하

고르바초프 개혁과 개방으로 사회주의를 재건설하려고 했으나 그의 의도와 달리 사회주의는 일거에 무너져 버렸다.

일 고르바초프였다.

고르바초프는 소련의 최고 지도자로 등장하면서 정치적 슬로건으로 페레스트로이카와 글라스노스트를 내걸었다. 우리말로 번역하면 '재편'(再編)과 '개방' 정도가 되는 이 두 정책 슬로건은 당시 전 세계에 충격을 주었고, 우리나라 사람들에게도 많은 관심을 불러일으켰다. 왜냐하면 1985년의 시점에서 소련이 국가 정책의 방향을 크게 바꾸어야 할 만큼 국제 정치 질서에서 큰 변동 사항은 없었으므로 페레스트로이카가 갑작스런 것으로 여겨질 수밖에 없었던 것이다.

변화가 있었다면, 소련이 1979년 아프가니스탄을 침공했고 그 여파로 1980년의 모스크바 올림픽이 미국 등 서방 60여 개국이 불참한 가운데 반쪽 대회로 치러진 일 정도였다. 그러나 소련은 이에 대한 보복으로 동구권 국가들과 함께 1984년의 로스앤젤레스 올림픽을 보이콧하는 등

지난 수십 년 동안의 냉전 정책을 견지했다. 이러한 상황에서 갑자기 소련이 '사회주의 체제가 잘못됐다.'며 반성하고 나온 셈이었다.

그러나 결과적으로 고르바초프의 개혁 정책은 완전히 실패했다. 그가 계획한 페레스트로이카와 글라스노스트는 어디까지나 사회주의 체제를 유지하는 것을 전제로 하는 것이었다. 하지만 그의 개혁 정책이 기존 체제에 손을 대자마자 그 체제는 기다렸다는 듯이 한꺼번에 허물어져 버리고 말았다. 그렇다면 기존 사회주의 체제는 이미 붕괴 일보 직전에 와 있었던 것이고, 고르바초프는 단지 그 빗장을 연 데 불과한 것일까? 아니면 아직도 생명력이 있던 사회주의 체제가 방향을 잘못 잡은 그의 개혁 정책에 의해 패망의 길로 인도된 것일까?

이 문제의 해답을 찾기 위해서는 먼저 페레스트로이카와 글라스노스트의 구체적 내용을 살펴볼 필요가 있다.

고르바초프는 경제 부문에서 계획 경제를 자율 경제로 전환해야 하며, 그 연장선상에서 기존 사회주의 체제에서 금기시되어 온 시장 경제를 이제는 도입해야 한다고 주장했다. 정통 마르크스주의 경제학 이론에 따르면 시장이란 자본주의 체제의 고유한 장치이며 이 시장 기구를 통해 공황이나 실업과 같은 자본주의적 모순이 발생한다. 따라서 생산에서 사적(私的) 영역이 사라진 사회주의 경제 체제에서는 모든 것이 사회화(계획화)되고 시장은 소멸된다. 언뜻 보면 고르바초프는 이 기본 명제를 전면적으로 부정한 것처럼 보인다.

그러나 고르바초프는 자신이 말하는 시장이란 자본주의에서와 같은 시장이 아니며 '사회주의적 시장'이라고 주장했다. 그는 시장이 갖는 효율성, 즉 수요-공급 법칙에 의한 가격 결정의 합리성과 생산 의욕의 고취라는 측면을 적극 활용해야 한다고 하면서도 최종적인 목표는 그러한 시장을 통해 더욱 튼튼한 계획 경제를 운용하는 것이라고 했다. 말하자면 사회주의 계획 경제를 위해 자본주의의 장점을 차용할 수 있다는 것이다. 그리고 실제로 그가 집권할 당시의 소련 경제는 심각한 정체 상태에 빠져 있었고 무언가 획기적인 대책을 요구하고 있기는 했다.

정치 부문에 대한 개혁안은 더욱 충격적이었는데, 국내적으로는 다당제를 인정하고 국제적으로는 각국의 공산당에게 자율권을 주겠다고 했다. 이 역시 마르크스-레닌주의의 원칙에 따르면 정당이란 본질적으로 특정 계급의 이해를 대표하는 기구이기 때문에 계급이 소멸된 사회에서는 다당제도 소멸한다고 되어 있다. 다만 계급이 완전히 소멸된 공산주의의 전 단계인 사회주의에서는 과도기적으로 프롤레타리아 계급의 독재가 실시된다. 하지만 스탈린은 이미 1936년에 "소련에서 계급은 소멸됐다."고 공표한 터였다.

다당제를 인정한다는 것은 곧 정치적 의사 표현의 다원성을 인정하는 것이다. 그리고 이것이 말뿐인 수식어가 아니라면 정책 결정에서 경쟁을 도입해야 하고 자유 민주주의 체제에서와 같이 선거에 의한 정권 교체까지도 받아들여야 한다. 물론 고르바초프는 이 모든 것을 알고 있었고 그러한 방향으로 나아갔다. 그렇게 해서 1989년, 개정된 헌법에 의해 고르바초프는 최초로 민선 대통령에 선출되었다. 그럼에도 그는 이것이 사회주의를 포기한 것은 아니라고 했다. 그는 사회주의는 다양성 속에서 단련받음으로써 더욱 강력해질 수 있다고 생각했다. 특히 당시의 소련 공산당은 당 관료들의 경직화와 무능력, 그리고 극심한 부정부패에 빠져 있었다. 아마도 고르바초프의 머릿속에는 이러한 공산당의 체질을 개선하지 않으면 안 된다는 일념만이 자리잡고 있었는지도 모른다.

그리고 고르바초프는 서방 세계를 향해서는 각 진영의 이해에 따라

첨예하게 맞서 온 이전의 냉전 체제를 버리고 앞으로는 머리를 맞대고 전 지구적 문제를 해결하는 방향으로 국제 정치 질서가 재편되어야 한다고 호소했다. 오늘날 오존층 파괴와 같은 환경문제가 더 이상 개별 국가의 문제가 아니게 된 현실을 생각해 볼 때 이 주장은 미래를 정확하게 꿰뚫어 본 것이라 할 수 있다. 하지만 각국의 이해가 첨예하게 대립하는 문제 역시 엄연히 버티고 있다는 점에서 이 주장이 지나치게 이상주의에 흐른 느낌을 주는 것도 사실이다.

이러한 고르바초프의 개혁 구상이 과연 사회주의 체제를 유지하면서 가능한 것인지에 대해서는 보는 관점에 따라 의견이 다를 수 있다. 그리고 실제로 그가 이러한 안을 내놓았을 때 소련 내에서 찬반 양론이 들끓었다. 아마도 고르바초프는 사회주의와 자본주의 양 체제에서 장점만을 취하자는 생각을 하고 있었던 것 같다. 도표 상으로야 양 체제의 장점만 모아 놓으면 그보다 좋은 사회가 없을 것이다. 그러나 그것은 현실적으로는 불가능했다. 무엇보다도 대중들이 그것을 외면했다. 대중들은 기존의 체제, 즉 공산당에 의한 중앙집권적 통제 체제를 적당히 고쳐서 쓸 수 있다는 기대를 이미 버리고 있었다.

고르바초프는 바로 이 점, 그의 개혁 정책을 대중들이 지지해 주지 않을 것이라는 점을 알지 못했다. 결국 그는 양 체제의 단점만 드러낸 셈이 되었다. 그는 현재도 러시아 사람들이 가장 싫어하는 사람 중 한 사람으로 꼽힌다. 구소련의 각 공화국들이 연방으로부터 이탈하려고 했을 때, 또 동유럽 각국에서 민중 폭동이 일어나 정부가 무너질 위기에 놓였을 때 이전의 소련 지도자였다면 무력을 동원해서라도 그러한 상황을 막으려고 했을 것이다. 그러나 그는 놀랄 만큼 자제력을 발휘했고 자신의 개혁 원칙에 따라 합리적으로 대응했다. 그럼에도 그가 대중들로부터 푸

대접받는 이유는 무엇일까?

그 해답은 현재 소련 국민들이 처한 상황에 있다. 기존 체제가 급속히 붕괴하는 바람에 경제활동은 거의 정지되다시피 했다. 그에 따라 엄청난 실업자가 생겼고 천문학적인 수치의 인플레이션이 덮쳐 왔다. 소련 국민들은 이 모든 사태가 자신들이 선택을 잘못했기 때문이라고는 생각하지 않는다. 그러면서도 이 지경이 되도록 처음에 상황을 만든 인물, 바로 고르바초프에게 원망의 눈길을 보내고 있다.

1991년, 소련의 초대 대통령 고르바초프가 물러나고 옐친이 들어서면서 소련, 즉 소비에트 연방은 돌연 붕괴해 버렸다. 그리고 동독이 서독에 흡수 통일되고, 동유럽의 사회주의 국가들은 도미노 현상을 일으키면서 사회주의로부터 급속하게 이탈해 나갔다. 소련과 동유럽 국가들의 자본주의화는 루마니아나 알바니아 같은 일부 국가를 제외하고는 아주 평화적으로 전개되었다.

그런데 세계지도에서 붉은 국가들이 모두 사라져 버리자 이상한 현상이 일어나기 시작했다. 유고슬라비아에서, 그리고 르완다를 비롯한 아프리카 국가들에서 서로 다른 인종과 서로 다른 종교 신도에 대한 무차별 학살 전쟁이 시작된 것이다. 마치 그동안 사회주의권과의 냉전 체제가 이러한 사태를 강력하게 막아 주고 있었던 것처럼 말이다. 어떤 국가도 이를 막지 못했다. 후쿠야마는 이런 참상을 보고도 "인류 이데올로기 진화의 최고점에 도달했다."고 말할 수 있을까?

19 ⓒGettyImages/멀티비츠 / 27 ⓒhardnfast/위키미디어 공개자료실 / 30 트라야누스 황제의 승전 기념비(부분), 106~113년, 로마. / 31 보티첼리, 〈동방박사의 경배〉. 1475년. 우피치 미술관, 피렌체. / 32 스키타이의 빗. 에르미타슈 박물관, 러시아 상트페테르부르그. / 42 니콜슨 고대유물 박물관, 시드니 대학교. / 43 그리스 조각가 크레실라스의 원작을 로마시대에 모각. 알테 박물관, 베를린. / 44 위키미디 어 공개자료실 / 47 노가 없는 왼쪽 배가 상선이고 적선을 들이받기 위한 청동 뱃머리가 있는 것이 전함 이다. 기원전 5세기 경의 도자기. / 50 〈스파르타쿠스〉 1960년, 스탠리 큐브릭 감독, 유니버셜 영화사. / 52 ⓒ이원석 / 57 ⓒLalupa/위키미디어 공개자료실 / 59 기원전 4세기 그리스 조각가 티모테오스 작 품의 로마 시대 모각. 루브르 박물관, 파리. / 61 카피톨리니 박물관, 로마. ⓒJean-Christophe BENOIST/위키미디어 공개자료실 / 66 〈카멜롯의 전설〉 1995년, 제리 주커 감독, 콜럼비아 픽처스. / 69 랭부르 형제, 『베리 공작의 호화로운 기도서』 3월 그림, 1412~1416년. 콩데 박물관, 프랑스 샹티이. / 72 코란의 권두 삽화와 본문. 1000년경, 바그다드. 체스터 비티 도서관, 더블린. / 75 『마호메트의 놀라운 이야기』(L'Histoire Merveilleuse en Vers de Mahomet)의 삽화. 11세기. / 76 1010년경, 마드리드의 필사본. 77 성묘교회 ⓒEnrique Bermejo Cabrera / http://198.62.75.1/www1/ofm/news/TSnews Plac.html / 77 통곡의 벽 ⓒChmouel/위키미디어 공개자료실 / 77 바위 성원 ⓒThomas Guignard / http://mtidry.wordpress.com/2010/02/10/domeoftherock/ / 80 야자수 잎에 그린 세밀화. 북인도, 1177년. 인도미술 박물관, 베를린. / 83 산치, 인도 ⓒRaveesh Vyas/위키미디어 공개자료실 / 86 ⓒ Gokhan/위키미디어 공개자료실 / 88 하기아 소피아 남서쪽 입구. 이스탄불, 터키 ⓒJojan/위키미디어 공개자료실 / 89 라파엘로, 〈샤를마뉴의 대관식〉, 1516~1517년. 바티칸 궁전, 바티칸시. / 91 스테인드글 라스에 그려진 샤를마뉴 대제와 롤랑. 샤르트르 대성당, 프랑스 / 94 이 옷의 제작 연대는 정확하지 않 지만 부정행위용 속옷은 아주 오래된 관행이다. 유린칸 박물관, 교토. / 95 중국 화가 염립본의 그림, 7세

기. 보스턴미술관. / **97** 중국의 인물들에 대해 서술해 놓은 책 『만소당죽장화전』(晚笑堂竹莊畫傳)에 나온 왕안석의 초상, 1743년. / **100** 선박박물관, 덴마크 뷔그데이. / **101** ⓒNational Geographic/Getty Images / **103** 키예프의 중심가, 19세기말경. 지금은 우크라이나에 속한다. 미국 의회 도서관 자료 사진. / **104** 빅토르 바스네트소프, 1890년. 키예프에 있는 블라디미르 성당의 프레스코를 위해 그렸다. 트레야 코브 미술관, 모스크바. / **106** ⓒMussklprozz/위키미디어 공개자료실 / **110** 1099년 1차 십자군 원정 때 점령된 예루살렘, 중세 필사본. / **115** 원 황제들을 그린 화집에 나오는 초상. 14세기. 국립고궁박물관, 타이베이. / **116** 라시드 앗 딘이 지은 몽골제국의 역사서, 『집사(연대기의 집성)』(Jami at-tavarikh)에 나오는 삽화, 1305년경. 베를린 국립 도서관. / **118** 원대의 화가 유관도의 그림, 1280년경, 국립고궁박물관, 타이베이. **124** 리수아르테 데 아브레우의 그림. 1556년. 포르투갈. / **125** 라비다 수도원장 페레스 신부의 축복을 받으며 항해에 나서는 콜럼버스를 그렸다. 후안 카브레라 베하로의 프레스코화. 라비다 수도원, 에스파냐. / **127** 1763년 중국의 세계지도, 정화의 항해 때 만든 지도의 복제본으로 주장된다. 2005년 발견되었다. / **127** 〈정화의 동상〉. 스태더이스 박물관, 말레이시아 말라카. 위키미디어 공개자료실 / **128** 15세기 중반의 세밀화. 톱카피 궁전 박물관, 이스탄불. / **131** 1455년 마인츠에서 제작된 구텐베르크 성서. 영국 국립 도서관, 런던. / **131** 동국이상국집에서 상정예문에 대한 내용이 나와 있는 부분이다. 규장각, 서울 ⓒhappy115/http://blog.ohmynews.com/goodboy/162196 / **133** 한스 홀바인 더 영거, 〈책상에 앉아 있는 로테르담의 에라스무스〉, 1523년. 루브르 박물관, 파리. / **134** 15세기 이탈리아의 세밀화. / **137** 라파엘로, 〈레오 10세와 두 추기경〉. 1518~1519년. 우피치 미술관, 피렌체. / **138** 루카스 크라나흐 더 엘더, 〈마르틴 루터의 초상화〉. 1530년경. 우피치 미술관, 피렌체. / **139** 루트비히 라부스, 『신이 선택한 신성한 증인 이야기』(Historien der heiligen auserwählten Gotteszeugen)에 나온 판화. 1557년. 프랑스 스트라스부르. / **140** 루카스 크라나흐 더 엘더, 〈개혁가들과 함께한 작센주의 선제후 프리드리히 1세〉, 1532~1539년. 톨레도 미술관, 에스파냐. / **141** 〈토마스 뮌처 상〉, 독일 튀링겐주 뮐하우젠. / **143** ⓒ조재길 / **145** 루벤스, 〈프랜시스 자비에르의 기적〉(부분). 1616~1617년. 안트베르펜 예수회 성당, 벨기에. / **146** 카노 탄유, 〈도쿠가와 이에야스〉, 17세기. / **146** 〈도쿠가와 히데타다〉, 송평서복사, 도쿄. / **150** 구스타프 도레, 『라 만차의 돈키호테』(Don Quixote de la Mancha)에 그린 삽화, 1863년. / **152** 요제프 브람하트, 〈레판토 해전〉 1571년. 국립 해양 박물관, 런던. / **152** 작자 미상, 〈펠리페 2세〉, 국립 초상화 미술관, 런던. / **154** 달의 피라미드. 멕시코 테오티우아칸. / **154** 전사의 사원 부분. 앞쪽에 제단 형태의 인물상 차크몰이 있다. 멕시코 치첸이차. / **157** 고야, 〈종교재판소의 재판〉, 1812년. 산페르난도 왕립 아카데미, 마드리드. / **157** 〈갈릴레오의 재판〉, 1633년. 이탈리아 그림 학교의 그림. / **159** 주세페 베르티니의 프레스코화, 1858년. 안드레아 폰티의 빌라. 이탈리아 바레세. / **161** 작자 미상, 〈케플러의 초상〉, 1610년. 과학박물관, 런던. / **164** E. C. 브로흐, 『걸리버 여행기』에 그린 삽화. 1894년. / **165** 1649년 런던의 뱅퀴팅하우스 앞에서 있었던 찰스 1세의 처형 장면을 그린 당대의 독일 인쇄물. / **166** 찰스 저버스, 〈조너선 스위프트〉 국립초상화미술관, 런던. / **171** 너새니

얼 커리어의 석판화, 〈보스턴 항의 차 파괴〉, 1846년. / **172** 펜실베이니아와 필라델피아를 건설한 윌리엄 펜이 인디언과 계약을 하고 있다. 윌리엄 펜의 아들인 토마스 펜의 의뢰로 벤자민 웨스트가 그림, 1771년. 펜실베이니아 미술 아카데미, 필라델피아. / **174** N. C. 위스, 『사슴 사냥꾼』(*Deerslayer*)의 삽화. 1841년. / **180** 작가 미상, 18세기 말. 베르사유 궁전 박물관, 파리. / **181** 자크 루이 다비드, 〈테니스코트의 선서〉, 1791년. 베르사유 궁전 박물관, 파리. / **183** 르냉, 〈실내에 있는 농부 가족〉, 1642년. 루브르 박물관, 파리. / **187** 조지 크룩섕크의 풍자화, 〈피털루의 학살〉, 1819년. 영국 박물관, 런던. / **189** 아이작 크룩섕크의 풍자화, 〈토머스 페인〉, 1791년. 영국 국립 도서관, 런던. / **193** 프랜시스 트롤로프의 『공장소년 : 미카엘 암스트롱의 삶과 모험』(*The Life and Adventures of Michael Amstrong : Factory Boy*)에 나오는 삽화. 1840년. / **194** 존 린넬, 〈맬서스의 초상〉, 1901년. 파리. / **196** 포드 매독스 브라운, 〈영국에서의 마지막〉, 1855년. 버밍엄 박물관 미술 갤러리, 영국. / **199** 1997년 7월 1일 홍콩 컨벤션 센터에서 열린 주권 이양식에서 중국의 국기인 오성홍기가 올라가고 있다. ©AFP/GettyImages/멀티비츠 / **202** 증기선 네메시스가 중국의 목선을 파괴하고 있다. 1841년. 국립 해양 박물관, 런던. / **208** 유진 들라크르와, 〈쇼팽〉, 1838년, 루브르 박물관, 파리. / **213** 귀스타브 쿠르베, 〈프루동과 아이들〉, 1865년. 프티 팔레 박물관, 파리. / **218** 조지 루드비히 엥겔바흐, 1852년경. / **219** 페르디난드 횔러, 〈해방전쟁에 참가하는 예나의 학생들〉, 1813년. 프리드리히쉴러 대학교(일명 예나 대학교), 독일 예나. / **221** 1936년 베를린올림픽 개회식에서 거수경례를 하는 히틀러와 보좌관들. ©GettyImages/멀티비츠 / **224** 모네, 〈인상, 해돋이〉, 모네미술관, 파리. / **225** 다비드, 〈호라티우스 형제의 맹세〉, 1784년. 루브르 박물관, 파리. / **228** 세잔, 〈부엌의 정물〉, 1888~1889년, 오르세 미술관, 파리. / **233** 〈바람과 함께 사라지다〉, 1939년, 빅터 플레밍 감독, MGM사. / **235** 월터 크레인, 1895년 메이데이 행사를 위해 그린 포스터이다. 위트워스 미술관, 맨체스터 대학교. 영국. / **237** 1993년 요하네스버그의 한 학교에 방문한 넬슨 만델라의 모습. ©Louise Gubb/CORBIS / **239** 1899년 나탈의 뉴캐슬을 점령한 보어군 장군 주베르와 그의 부하들이다. ©Popperfoto/GettyImages/멀티비츠 / **246** 페르디난트 대공이 암살당하기 직전의 모습이다. ©GettyImages/멀티비츠 / **248** ©Time & Life Pictures/GettyImages/멀티비츠 / **259** 1991년 8월 19일, 모스크바 러시아 의회 건물 앞 탱크 위에서 보리스 옐친이 공산주의 쿠데타 저지를 역설하고 있다. ©ASSOCIATED PRESS / **265** ©GettyImages/멀티비츠 **271** 1954년 5월, 워싱턴 DC에서 발언하는 매카시. ©Bettmann/CORBIS / **278** 킹앤카터 재즈 오케스트라. 1921년경. 위키미디어 공개자료실 / **283** 1990년 3월 12일 소비에트 의회에서 연설하는 고르바초프. ©ASSOCIATED PRESS

● 이 책에 쓴 도판에 출처와 저작권자를 찾고, 사용 허락을 받는 데 최선을 다했습니다.
위 내용에서 착오나 누락이 있으면 다음 쇄에 바로잡겠습니다.